Postales del tiempo.

Una Historia de España cercana.

Alberto Cervantes Galindo

POSTALES DEL TIEMPO

Diseño de portada y maquetación: Alberto Cervantes Galindo y Lucía Cervantes Barceló

Ediciones

Primera edición: agosto 2014

Segunda edición: marzo 2015

Tercera edición: marzo 2016

Cuarta edición: septiembre 2016

Quinta edición: septiembre 2017

Sexta edición: septiembre 2018

Séptima edición: septiembre 2020

Octava edición: septiembre 2021

Novena edición: septiembre 2022

Décima edición: septiembre 2023

Undécima edición: septiembre 2024

Duocécima edición: septiembre 2025

©Alberto Cervantes Galindo © Gami Editorial

ISBN: 9788415956297

Depósito Legal: Registro de la Propiedad Intelectual: 529/2014 Impreso en España / Impresión Digital Gami

Todos los derechos reservados. Esta publicación no puede ser reproducida, ni en todo ni en parte, ni registrada en, o transmitida por, un sistema de recuperación de información, en ninguna forma ni por ningún medio, sea mecánico, fotoquímico, electrónico, magnético, electroóptico, por fotocopia, o cualquier otro, sin el permiso previo por escrito de la editorial.

Palabras

Ante todo, reconocer el esfuerzo de los que me rodean. La soledad del que escribe es una soledad compartida. Nunca un trabajo tan individual y reflexivo estuvo acompañado de tanta ayuda, y de eso, mi familia, los cinco, saben mucho; gracias a todos ellos.

No me olvido tampoco de aquellas personas que han contribuido, con su esfuerzo personal, y también en soledad, a la creación del libro.

De nada serviría tanta palabrería sin las ilustraciones de mi padre, José Juan Cervantes, que ha llenado el libro de mapas históricos de una belleza y colorido que magnifican, y mucho, esta obra. La "columna" de soldados, ilustrativa muestra de nuestra historia militar. Aconsejo disfrutar de ellos en su conjunto, son un ejemplo de trabajo y de ilusión.

Pero, para mi suerte, he recibido también, el emotivo regalo de una hermosa representación de la "enigmática mujer" de la República, y que, surgida de las manos de Alicia May Antón, ilustran mucho más que un periodo histórico; gracias y mil gracias más, Alicia.

Gracias a Marina por sus manos de artista y embellecer con su "señora García" este libro. Un aplauso y gracias por tu tiempo; orgullo y emoción.

Nunca antes las correcciones de un suegro fueron tan útiles y bien recibidas. A Antonio Barceló le debo la primera lectura completa de un borrador de más de trescientas páginas, y sus cientos de correcciones y sugerencias. Sin duda, su trabajo ha servido para dar cierta "legitimidad literaria" a la maraña de hechos históricos que discurren a lo largo del libro. De nuevo, gracias.

Gracias a mis hijas Lucía y Amara que han aportado su arte en el dibujo con dos bellos ejemplos; sin ellas todo sería más difícil; les recomiendo que los busquen.

Este trabajo no es sino la "puesta de largo" de todo aquello que representan mis clases y mis alumnos. Ningún saber, ningún conocimiento, debería estar embutido en las frías líneas sin vida de un libro de texto.

En mi ánimo está tratar la Historia de España como un proceso cercano, útil y necesario para las futuras generaciones que deben consolidar los logros alcanzados tras años y años de luchas y obstáculos.

De nada serviría su estudio y comprensión, si su lectura y aprendizaje aleja al alumno de su narración. El centro de la educación, como germen cultural, no puede alejarse de sus verdaderos protagonistas, y la labor del docente sólo puede ser la de animador y guía del alumno.

Sería conveniente dejar claro una evidencia: el conocimiento y saber acumulado dentro de una clase por todos sus alumnos, siempre será mayor a la del profesor.

El uso de este manual necesita, evidentemente, de un cambio en el proceso de aprendizaje por parte del docente, pero también del alumno. Juntos, debemos crear auténticas aulas creativas donde el conocimiento no sea un objetivo final, sino un medio para alcanzar la madurez personal. Solamente nos queda acometer dicha tarea con entusiasmo y convencimiento, pues la recompensa, quizá lejana, llegará a todos.

Estamos a septiembre de 2020, el mundo que conocemos sufre continuos cambios y golpes que nos afectan como sociedad; cada vez parece más difícil poner cara y nombre a la historia costumbres de los pueblos, del pueblo español. Espero la llegada del 2021 con ansias, para volver a la normalidad que nosotros hemos construido, no la que nos obligan a cumplir.

El trabajo, el tiempo y los sueños dedicados en este manual se reconfortan con el paso del tiempo y el uso que mis alumnos hacen de él. Espero que lleguen a valorar la importancia de la honestidad y el respeto en el día a día.

Esta edición, y las posteriores, están dedicadas en exclusiva a mi familia, las artistas Lucía y Amara; la creativa Emma y a mi mujer, Teresa; pilar básico de todo lo que nos une, incluida mi foto de portada.

Gracias.

Alberto Cervantes, julio 2025.

Biografía breve

Alberto Cervantes nace en 1974 en Murcia, ciudad donde crece y realiza toda su etapa educativa, incluidos sus estudios de Historia del Arte en la Universidad. Rápidamente se embarca en las primeras experiencias educativas en Orihuela, ciudad en la que actualmente reside junto a su mujer, Teresa y a sus tres hijas, Lucía, Amara y Emma.

Tras años de sustituciones en diversos colegios, recala en el Newton College de Elche, colegio donde imparte actualmente las asignaturas de humanidades, y donde ha sido gestado este libro.

Su futuro parece ligado a la creación; bien impartiendo clases, bien escribiendo nuevos textos académicos, o quizá, como futuro creador literario; pero esa, será otra historia.

Alberto Cervantes.

Índice

Cap 1 Prehistoria y Romanización, 6500 a.C.-VI 11

Cap 2 Al-Andalus; VII-XV 29

Cap 3 La Hispania cristiana, VIII-XIII 41

Cap 4 La Baja Edad Media, XIV-XV 53

Cap 5 Los Reyes Católicos 69

Cap 6 El viaje al Nuevo Mundo 85

Cap 7 El siglo XVI. Los Habsburgo "Mayores" 97

Cap 8 El siglo XVII. Los Habsburgo "Menores" 111

Cap 9 La España del siglo XVIII 121

Cap 10 Del absolutismo al liberalismo. Siglos XVII-XIX 137

Cap 11 La formación del Estado liberal; 1833-1868 157

Cap 12 El Sexenio Democrático, 1868-1874 177

Cap 13 La Restauración y su crisis, 1874-1931 187

Cap 14 El reinado de Alfonso XIII y la llegada de la II República; 1902-1931 199

Cap 15 La II República, 1931-36 219

Cap 16 La Guerra Civil, 1936-39 237

Cap 17 El Franquismo; 1939-1975 257

Cap 18 El camino hacia la democracia 283

Cap 19 2014, el año del cambio. Un futuro incierto 307

Cap 20 España en Europa y en el contexto mundial 315

Cap 21 La democracia ante el difícil reto de su consolidación 321

Cap 22 El renacimiento de las artes. Arte, historia y cultura a partir del siglo XVI 329

Cap 23 El papel de la mujer entre los siglos XIX y XX. Un proceso de lucha y liberación ... 335

Anexo 1 Transformaciones económicas y sociales, siglo XIX y primer tercio del siglo XX .. 339

Anexo 2. Las desamortizaciones del siglo XIX 351

Anexo 3. Cuadro de las constituciones españolas 355

Bibliografía 362

POSTALES DEL TIEMPO

Capítulo 1

Prehistoria y Romanización, 6500 a.C.-VI

Primero, y antes de comenzar a andar, debemos fijar nuestros pasos sobre la línea temporal que marcará nuestra futura evolución.

1. PERIODOS PREHISTÓRICOS FUNDAMENTALES

Por un lado, la Edad de Piedra; dividida en Paleolítico Inferior (2,5 millones-100.000 a.C).; Paleolítico Medio (150.000-35.000 años a.C.); Paleolítico Superior (100.000-10.000 años a.C.); Mesolítico, unido a un salto evolutivo, (10.000-5.000 años a.C.); y Neolítico, última fase de la Edad de Piedra, (5.000 y 3.000 años a.C.)

Por otro lado, la Edad de los Metales; dividida en dos periodos prehistóricos: la Edad de Bronce, (3.000-1.200 años a.C.); y la Edad de Hierro, (1.200-año 1 de nuestra era.)

La historia del homínido es una historia de superación continua, de aprendizaje y de dominio de su entorno.

Así podemos identificar, dentro de las sucesivas fases prehistóricas, las diferentes especies de homínido que representan la evolución del hombre: desde el "primitivo" y de aspecto simiesco Australopithecus, el Homo habilis, el Homo erectus, el Homo antecessor o el Homo heidelbergensis, para finalizar en el proceso humanoide con el Homo neanderthalensis y el definitivo Homo sapiens.

Nuestra misión será, ahora, enlazar ambos aspectos, las fases prehistóricas y la evolución de los homínidos dentro de una misma línea temporal en nuestro entorno peninsular.

2. LOS ANTECEDENTES HISPANOS

Durante la Edad de Piedra, y más concretamente durante el Paleolítico Inferior, encontramos nuestro primer antecedente registrado en el yacimiento de Atapuerca en Burgos, y que identificamos como Homo antecessor, fechado hace 800.000 años. Es la muestra más antigua registrada de un homínido en la Península, aunque en el mismo yacimiento se descubrieron en 2013 restos de cuchillos y otros enseres que se han fechado con una antigüedad de 1,4 millones de años.

En julio de 2016, se han hallado en la cueva del Fantasma, en Atapuerca, restos datados hace 400.000 años, y se espera encontrar restos fósiles humanos de 1.5 millones de años.

Si el Homo antecessor es nuestro "pariente" más lejano, debemos avanzar en el tiempo hasta situarnos hace unos 600.000 años con la aparición en todo el continente europeo del Homo heidelbergensis, vital para entender la última fase evolutiva del homínido ante los nuevos y diferentes usos que hace de los pequeños utensilios destinados a la caza, pero sobre todo por la creación y adaptación que hace de su hábitat como "hogar".

El siguiente escalón evolutivo lo encontramos con el Homo neanderthalensis, que aparece en Asia hace unos 230.000 años y que competirá como homínido preponderante, con el Homo sapiens hasta su extinción hace unos 45.000 años.

El Homo sapiens, de origen incierto, se le sitúa en el continente africano hace unos 100.000 años, durante el Paleolítico Medio, y que en algunos casos se conoce como Hombre de Neandertal.

El Homo sapiens supone el escalafón definitivo de esta evolución. Aparecen ya sociedades que regulan su vida cotidiana en torno a las tareas propias de la caza, la pesca o la recolección; para ello, comienzan a crear utensilios más sofisticados y precisos como los primeros cuchillos y bifaces.

No podemos hablar todavía de poblados o recintos estables, pero sí de una vida organizada socialmente alrededor del fuego y en el interior de las cuevas.

En algunos casos se habla, también, del Homo sapiens sapiens, (100.000 y los 45.000 años a.C.), proveniente de África, y conocido como el Hombre de Cromañón; el cual presenta nuevos signos evolutivos que lo diferencian del Homo sapiens, como la utilización y el dominio de la pintura rupestre que hace en Altamira y Santillana del Mar, o por los rituales mágicos de caza y muerte que nos hablan de un colectivo social y jerárquico, donde el culto por la muerte se convierte en eje de su vida doméstica.

Este Homo sapiens sapiens vivió durante la glaciación de Würm, (10.000 - 6.000 a. C.), un período de transición y de asentamiento social y humano. El calentamiento global y el deshielo provocará una bonanza climatológica que pondrá fin a la vida en las cuevas y el fin a la oscuridad, para vivir, volcado ya al exterior, en simbiosis con la generosa, aunque fiera, naturaleza.

La abundante fauna activará la necesidad del Homo Sapiens Sapiens por adquirir habilidades y destrezas nuevas, que aplicarán de nuevo en la caza y la pesca, como es la fabricación de nuevos utensilios de utillaje hechos con microlitos, pequeñas piezas talladas en piedra, y ante la multiplicación de nuevas especies animales que pueblan ahora los continentes. Ante unas condiciones de vida más "humanas" la población homínida crecerá enormemente.

Durante el Neolítico (5.000-3.000 a.C.), el Homo sapiens sapiens va a continuar evolucionando, y unido al desarrollo de la agricultura y la ganadería, pasará de ser nómada o estacional, a sedentario con la domesticación de los animales y la construcción de los primeros asentamientos definitivos.

Por lo tanto, en torno al 3.000 a.C., surge una nueva forma de vida que podemos reconocer como más "actual" y basada en la división del trabajo en oficios como agricultor, ganadero, soldado, monje o mago; y la aparición de una diferenciación social y de jerarquías de poder dentro del colectivo.

2.1. EDAD DE LOS METALES (6.500-siglo I a.C.)

Desde el punto de vista del uso de nuevos materiales y herramientas, el Neolítico en la Península significa el puente hacia la auténtica revolución del "Homo" que será la Edad de los Metales. Cada vez se van elaborando nuevos y más sofisticados utensilios, se desarrolla el dominio del hueso y la madera y surge, aunque de manera básica, la cerámica.

El asentamiento definitivo en poblados y la creación de sociedades jerarquizadas van unidas al desarrollo de los monumentos funerarios megalíticos utilizando para ello grandes piedras "creando" espacios de enterramientos colectivos como los menhires, bloques de piedra en vertical; y los dólmenes, combinación de bloques de piedra vertical y horizontal.

2.2. EDAD DE BRONCE

Durante la Edad de Bronce, también conocida como Calcolítico, (3.000-1.200 a.C.), se van a dar los procesos y transformaciones propios de una sociedad asentada y "primitivamente desarrollada". Su característica más significativa será el inicio de la metalurgia, (2.500-1.800 a.C.), fecha en la que encontramos amplios restos del uso de piedras dúctiles, aquellas que a través de diversas condiciones externas pueden ser deformadas, y de asentamientos junto a yacimientos de minerales de cobre.

2.3. CULTURA DE LOS MILLARES

En la Península, los restos de asentamientos humanos más importantes, fechados entre el (3.000-2.200 a.C.), serán los de la cultura de Los Millares, localizada en Andalucía Oriental y Levante. Destaca por sus construcciones megalíticas de trazado circular rodeado por un recinto amurallado.

Aparecen restos de utensilios de piedra y barro y enterramientos que nos hablan de una amplia cultura funeraria. Al asentarse definitivamente en estos lugares, se inicia el desarrollo de los sistemas de regadío y su aplicación a la agricultura.

2.4. CULTURA DEL VASO CAMPANIFORME

Encontramos otras culturas importantes durante este periodo. La del Vaso campaniforme, (2.500-1.800 a.C.), y localizada en los márgenes del Duero, Tajo y Guadalquivir. Destaca por el uso avanzado de la cerámica en la fabricación y uso de vasos de cerámica con forma de campana invertida. Gran parte de estos vasos formaban parte de ritos de su cultura funeraria.

2.5. CULTURA TALAYÓTICA

A partir del 2.000 a.C. encontramos dos tipos de cultura muy diferenciados entre sí. Por un lado la cultura Talayótica, 2.000 a.C., situada en las Islas Baleares. Destaca por el uso de construcciones megalíticas orientadas a levantar torres defensivas, altares para sacrificios o monumentos funerarios de tipo colosal; esto nos habla de una cultura de carácter "isleño" que busca protegerse de cualquier amenaza exterior.

2.6. CULTURA ARGÁRICA

Durante la última fase de la Edad de Bronce, (1.800-750 a.C.), encontramos la siguiente cultura diferenciada. Situada en Almería y el sureste español, se va a desarrollar la importante cultura del Argar o Argárica, y que supone la conexión previa a la llegada de fenicios y griegos a la Península.

En ella se van a desarrollar los trabajos metalúrgicos del bronce, el cobre y el hierro. Las bondades del clima y su predisposición a la agricultura de regadío, hace que proliferen nuevos y "modernos" sistemas como las acequias o el desarrollo del cultivo en terrazas.

Al igual que en la cultura de Los Millares, sus recintos se encuentran amurallados y fortificados, y presentan una sociedad fuertemente unida y jerarquizada, donde se establece un determinado poder social que se puede observar en los diferentes ritos funerarios y enterramientos individuales recientemente descubiertos.

3. LOS PUEBLOS INDOEUROPEOS, XII-III a.C

A partir del año 1.000 a.C., se produce la llegada a la Península de diferentes pueblos indoeuropeos como son fenicios y griegos, poniendo fin a una etapa marcada por el lento desarrollo de los pobladores peninsulares e iniciando una etapa evolutiva rápida y global que nos llevará hasta el mundo romano.

La constante llegada de pueblos comerciantes a la Península, va a dinamizar enormemente la economía y la diversificación cultural. Estos pueblos se irán asentando a lo largo y ancho de nuestra geografía, marcando las trazas culturales y costumbristas de muchos territorios.

3.1. LOS CELTAS

Los celtas serán los primeros pueblos en llegar a la Península, se asentaron al norte, centro y oeste, y su unión con los pueblos autóctonos derivará en en la formación de una nueva sociedad, la de los celtíberos, pueblo que tuvo un papel histórico relevante en la formación del espíritu y de las tradiciones locales, creando mitos inmortales como la destrucción de la ciudad de Numancia el año 133 a.C., descrito por diversos escritores grecorromanos.

3.2. LOS FENICIOS

Los fenicios avistaron nuestras costas en torno al año 1.100. Pueblo formado por colonos de tradición minera y por comerciantes. Al llegar a nuestras costas van a establecerse en "factorías", asentamientos de carácter económico y comercial, en busca de oro, plata y cobre. Su vocación comercial les hará buscar asentamientos con salida al mar y debidamente amurallados para proteger sus negocios y el incipiente comercio por el Mediterráneo.

A pesar de la poca herencia histórica que ha llegado a la actualidad, los fenicios van a dejar una importante influencia en la península a través del uso de la metalurgia del hierro, el torno alfarero, el cultivo del olivo o, la más importante, nuestra propia escritura.

3.3. LOS GRIEGOS

Los griegos, provenientes de Marsella, van a colonizar la Península sobre el 800 a.C. de norte a sur y a través del litoral Mediterráneo. Iniciando su expansión en la costa catalana, y en puntos como Ampurias y Roses en la actual Girona, donde van a establecer factorías y colonias comerciales rodeadas de una muralla defensiva.

Su hegemonía en mar les va a permitir realizar un rápido asentamiento y ejercer su dominio comercial por el Mediterráneo. Entre factorías, impondrán el uso de su moneda y la dedicación exclusiva a la exportación de cerámica, vino y aceite.

4. LA CULTURA PRERROMANA

La presencia griega y fenicia pronto va a alcanzar "hondo calado" en la Península. Del asentamiento definitivo de estos pueblos y de su unión con las tribus autóctonas van a surgir diferentes pueblos con diferentes costumbres y tradiciones, y que más tarde darán paso a la dominación romana definitiva.

4.1. LOS IBEROS

El primer pueblo que surge con identidad propia es el de los iberos. Aparecen ya asentamientos en torno al 1.000 a.C., pero no será hasta los siglos V-III a.C. cuando obtengan su máximo esplendor. Fue una cultura homogénea que se extendió por todo el litoral Mediterráneo, el sur peninsular y el rico valle del Ebro.

Al igual que fenicios y griegos, fue una cultura orientada al comercio, aunque también trabajó la metalurgia del hierro, y que acuñó una moneda propia que le propició un gran desarrollo económico. Nos dejó importantes herencias en la Península: desarrolló un regadío moderno orientado a la producción agrícola y al comercio, mejoró los caminos para agilizar el transporte de mercancías, fabricó nuevas herramientas y utensilios para la agricultura y la ganadería, y forjó armas tan devastadoras como la falcata.

Quizás lo más destacable, y lo que los diferencia de los pueblos anteriores, es su compleja organización política y social.

Las ciudades estaban constituidas como ciudades-estado, y el poder establecido en ellas se jerarquiza a través del monarca, quien gobernaba asociado a un buen número de oligarcas enriquecidos por el comercio, terratenientes, líderes militares y por la Asamblea de Magistrados.

La distribución del poder se relaciona ampliamente con las costumbres religiosas, así, se levantan necrópolis, o ciudades de los muertos, donde se rendía homenaje a las grandes personalidades ibéricas.

Unida a estos enterramientos, aumenta la producción de escultura religiosa, de las que encontramos ejemplos importantes en las urnas funerarias de la Dama de Elche o la Dama de Baza y en la escultura exenta de la Bicha de Balazote encontrada en la provincia de Albacete.

Tal jerarquía de poder propiciaba la creación de una sociedad de clases, donde la aristocracia ocupaba la cúspide de la pirámide social con su control sobre las minas, las tierras en producción, el comercio exterior y los altos cargos del ejército y de la política.

La clase media se asociaba a los pequeños cargos públicos y militares, los artesanos y los mercaderes.

En la base de la pirámide se encontraban los campesinos y trabajadores no cualificados y que soportaban el trabajo y la producción diaria.

Los esclavos, sin ningún tipo de derechos, sobrevivían a duras penas en una sociedad que no les respetaba. La mujer, en su papel de matriarca familiar, se tiene en alta estima.

4.2. LOS TARTESSOS

Junto a los iberos se establecen en el valle del Guadalquivir, en torno al año 1.000 a.C., los Tartessos, mítica civilización antigua, y considerada por los historiadores antiguos como la primera civilización de Occidente. Pueblo dedicado fundamentalmente a la minería y al comercio de metales como el bronce y la plata.

De dicho asentamiento cabe destacar la fabulosa orfebrería del Tesoro de El Carambolo de Sevilla. Al igual que el resto de pueblos prerromanos, la llegada de los cartagineses a la Península pondrá fin a sus asentamientos.

4.3. LOS CELTÍBEROS

Los celtíberos, pueblo influenciado por fenicios y griegos, llegaron a la Península sobre el año 1.000 a.C., y se establecieron en la mitad norte peninsular.

Sus asentamientos tendrán un gran desarrollo económico, político, social y urbanístico con el levantamiento de grandes ciudades como Numancia, que llegó a tener más de 10.000 habitantes.

Políticamente la monarquía se organizaba en torno a las llamadas Asambleas de Hombres Libres, auténtico parlamento y voz para las "familias" más importantes.

Debemos nombrar, también, a los pueblos que se asentaron por todo el norte peninsular, Cordillera Cantábrica, Montes de León y el Macizo Galaico. Son pueblos independientes entre sí, orientados a la vida interior, y donde el comercio exterior es prácticamente inexistente.

4.4. LA CULTURA CASTREÑA

De todos ellos destaca la Cultura Castreña y sus asentamientos llamados Castros. Esa vida alejada del exterior les obliga a construir recintos amurallados para su defensa, y destaca por sus viviendas circulares de piedra. El hombre se dedica a la caza y el saqueo, la mujer, en una vida orientada al interior, se dedica a la recolección, el pastoreo o a las labores domésticas.

5. LOS CARTAGINESES, IX a. C.

Los cartagineses fundan Cartago en el siglo IX a.C., y van a emprender, con la ayuda de su gigantesco ejército, la conquista del Mediterráneo. En esa época, otra gran cultura planea el dominio no sólo del Mediterráneo, sino del mundo conocido, Roma. Tal choque de culturas e intereses, llevó al mundo Mediterráneo a ser escenario de las Guerras Púnicas.

5.1. LAS GUERRAS PÚNICAS

La Primera Guerra Púnica, 264-241 a.C.; será una guerra por el control absoluto del Mediterráneo y del comercio marítimo. En ésta primera guerra, Roma derrota a Cartago controlando las islas de Sicilia, Córcega y Cerdeña. La respuesta cartaginesa se hará esperar, y no será hasta el año 273 a.C., cuando Amilcar Barca desembarque en el puerto de Cádiz junto a Asdrúbal, quien funda la ciudad de Qart Hadast, actual Cartagena, y a su hijo Aníbal Barca. Finalmente se llega a un pacto entre las dos potencias, por el cual, el río Ebro se convertía en frontera "natural" entre Roma y Cartago.

La Segunda Guerra Púnica, 218-201 a.C.; supone el enfrentamiento más importante y decisivo entre las dos grandes civilizaciones. En el año 219 a.C., Aníbal decide atacar a las tropas romanas de la Península y toma Sagunto. Ante tal provocación, el Senado de Roma decide iniciar la conquista de toda la península, por lo que Aníbal, en una de las grandes estrategias militares conocidas, decide invadir con su ejército de infantería la península italiana, llegando a las mismas puertas de Roma.

Surge aquí, otra insigne figura, Escipión el Africano; quien por sorpresa conquista las ciudades costeras de Cádiz, en el 206 a.C., y de Cartagena, en el 209 a.C., obligando al propio Aníbal a retroceder para defender las propias murallas de Cartago, y poner fin, así, a la Segunda Guerra Púnica.

La Tercera Guerra Púnica, 149-146 a.C., supone más que un enfrentamiento, una guerra de castigo. Roma, liderada por Publio Cornelio Escipión (nieto), toma y destruye la ciudad de Cartago para evitar, así, un nuevo enfrentamiento ante el poder de Roma. Queda, por tanto, dominado y estabilizado todo el Mediterráneo en manos de Roma, iniciando, así, el proceso de la Romanización de la Península.

6. LA ROMANIZACIÓN DE LA PENÍNSULA

Entendemos como Romanización, el proceso de asimilación, por parte de la población autóctona de la Península, paulatino, constante y regular, de las formas de vida, derechos y costumbres del propio habitante de Roma, y de la gestión social, cultural, política y económica del territorio por parte de las administraciones locales.

6.1. CONCEPTO HISTÓRICO

Desde el punto de vista efectista, la Romanización se cimentó sobre las zonas más desarrolladas y fértiles de la Península como la costa mediterránea y el valle del Guadalquivir, dando una gran relevancia al hecho territorial y a la importancia de la posesión de los recursos naturales y las materias primas de sus asentamientos.

Por ello, es importante el proceso de localización y posterior fundación de ciudades tan importantes como Emérita Augusta (Mérida) y la labor de cohesión territorial realizada a través de las calzadas romanas, siendo las más importantes la Vía Augusta y la Vía de la Plata.

Figura: soldado romano, 275 a.C.

6.2. ROMANIZACIÓN ADMINISTRATIVA (3 Fases)

La primera fase corresponde al final de las Guerra Púnicas, año 146 a.C., y que enfrenta a Roma y Cartago por el dominio total del Mediterráneo, sus riquezas y vías de comercio.

La victoria romana les da el derecho moral de conquistar toda la Península, y en un primer momento dominar todo el Mediterráneo hasta el río Guadalquivir y la propia Gibraltar.

De ésta etapa destaca la creación, en plena guerra frente a Cartago,, de las dos primeras provincias "romanas", la Ulterior Y la Citerior, en el 197 a.C., y aprobadas por el Senado de Roma. Hispania se convierte, así, en una fuente de riqueza, de esclavos y de soldados para el Imperio.

La segunda fase se va a desarrollar entre los siglos III y II a.C. Si la primera fase afecta al control de la Hispania mediterránea, ésta fase se centra en la conquista del interior. Serán largos años de guerra frente a los pobladores autóctonos como los celtíberos, celtas y lusitanos, que opondrán una fuerte resistencia ante el avance romano.

Dentro de esta fase, ha trascendido a la posteridad el asedio que durante 22 años sufrió la ciudad de Numancia antes de rendirse.

Salvo pequeños reductos de resistencia en las zonas menos pobladas y más inaccesibles, podemos hablar de una Península pacificada en torno al año 133 a.C., lo que permite a Roma ampliar su control en el Mediterráneo con la conquista de las Islas Baleares.

La tercera fase, la más extensa, es, posiblemente también, la más significativa en cuanto al proceso de Romanización del que hablamos. Se va a desarrollar entre el siglo I a.C. y el siglo IV d.C.

Tras el asesinato de Julio César, en el año 44 a.C., y bajo el Imperio de Augusto, el Senado de Roma establece la división de la Península en tres provincias para una mejor organización y administración.

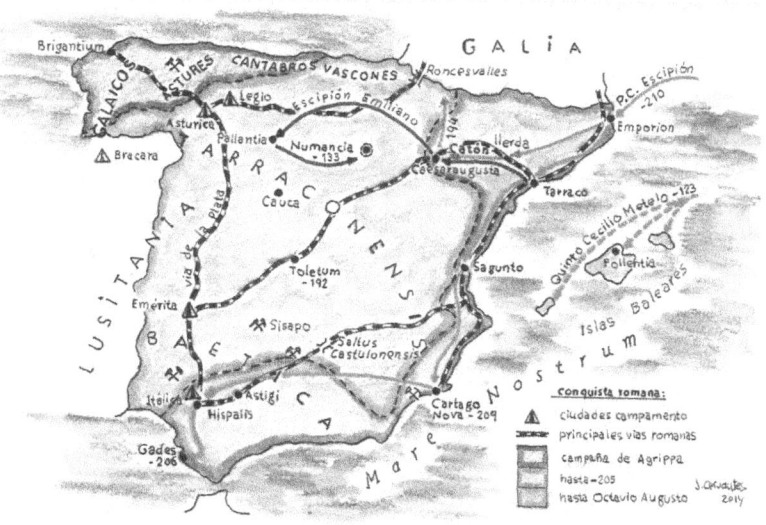

Hispania se divide en Lusitania, Tarraconensis y Baetica. No cesarán las guerras, aunque muy localizadas, como las producidas entre el 29-19 a.C. frente a astures y cántabros. Hispania se convertirá en un brazo más del Imperio Romano y se fundan ciudades importantes como Asturica Augusta (Astorga) o Lucus Augusti (Lugo).

El proceso de Romanización, en lo que respecta a la territorialidad y administración, no finaliza hasta el año 386 bajo el Imperio de Teodosio, cuando el Senado divide Hispania en seis provincias: Gallaecia, Tarraconensis, Lusitania, Bética, Cartaginense y Balearica.

Sin embargo, la parte esencial de dicho proceso lo encontramos en sus ramas sociales, culturales, políticas y económicas que afectarán a la Península de manera efectiva hasta la llegada musulmana en el 711, y que en muchos casos han perdurado hasta la actualidad.

6.3. ROMANIZACIÓN SOCIAL

Sin embargo, dentro del proceso de asimilación hispana, sólo podremos hablar de Romanización completa cuando se inician las concesiones de la ciudadanía romana a las élites hispanas a partir del 72 d.C., con la concesión del "Ius Italicus" o derecho civil a la totalidad de la población hispana y que la iguala al ciudadano romano.

La consecuencia fundamental será la aparición de los primeros emperadores romanos de origen hispano como Trajano, 98-117 d.C., Adriano, 117-138 d.C., y Teodosio, 346-395 d.C.

El proceso de la Romanización en la Península afecta, por lo tanto, al completo de la sociedad hispana, y sus 6 millones de habitantes se diferenciarán al modo romano: en lo alto de la escala social, la aristocracia romana, formada por senadores y terratenientes afincados en la Península; por debajo, la aristocracia indígena, que mantenía cierto poder autónomo y que se alzaba frente al resto de hombres libres, soldados y artesanos hispanos. Al igual que en Roma, los esclavos se encontraban fuera del acceso a la ciudadanía romana.

6.4. ROMANIZACIÓN ECONÓMICA

Desde el punto de vista económico, las colonias romanas utilizarán un sistema de carácter romano de tipo mixto esclavista y colonial, exportando materias primas e importando los productos manufacturados del Imperio.

El objetivo prioritario será la explotación total de los recursos y riquezas de la Península, y para ello, el ciudadano romano posee las concesiones para el comercio de los productos tradicionales como el aceite, el trigo o el vino. En esta relación semi colonial, la economía peninsular absorbe los modos y usos romanos; el uso del arado o el regadío más moderno son algunos de los ejemplos más significativos.

Por su parte, la propiedad de la tierra y el tipo de cultivo se orientará a las necesidades de la aristocracia romana y a la de los terratenientes, y aparecen las primeras villas de arquitectura clásica como centro de la explotación agrícola o latifundista; se va a implementar el cultivo y comercialización de la agricultura mediterránea (trigo, vid y olivo). Por contra, la ganadería tendrá una importancia menor, y sólo la ganadería caballar, con objetivos militares, la ovina y la porcina tendrán cierta relevancia económica y comercial.

6.5. ROMANIZACIÓN POLÍTICA

Curiosamente, el rasgo más característico e influyente del mundo romano, la política, encontrará en la Península enormes problemas para asentarse. Por un lado, aumenta la amenaza de invasiones de los pueblos bárbaros del norte y de los constantes focos de resistencia local, lo que hará que el ejército asuma gran poder político y de decisión basado en su capacidad militar de respuesta y de control de la población.

Toda esta inestabilidad e inseguridad política y social lleva a la aparición del concepto de la Ruralización, por el cual, los grandes propietarios y terratenientes, tanto romanos como hispanos, se marchan a vivir a sus villas, situadas en el campo, con su guardia personal buscando su seguridad y la de su familia. Se produce, por tanto, un movimiento de "éxodo urbano" dentro de las altas clases sociales que abandonan el entorno urbano más inseguro.

6.6. ROMANIZACIÓN CULTURAL

El aspecto cultural será amplio en su expansión e importante en cuanto a su implantación. Sin embargo, la llegada del mundo árabe y su permanencia en la Península durante ocho siglos tamizan su posterior permanencia.

Dos serán los aspectos más destacados dentro de la romanización cultural: por un lado la implantación y uso asimilado del latín como lengua vehicular en la mayoría de territorios; y segundo la construcción de las grandes "vías modernas" de comunicación, las calzadas romanas, la Vía de la Plata y la Vía Augusta.

Del punto de vista arquitectónico muchas son las huellas romanas que permanecen en nuestra geografía: la fundación de nuevas ciudades como Mérida o León, la construcción de grandes teatros como el de Mérida o Cartagena, anfiteatros como el de Tarragona, puentes como el de Alcántara y acueductos como el de Segovia; todo ello sin contar el numeroso patrimonio arquitectónico perdido a lo largo de los siglos, motivado, en gran manera, por la influencia posterior musulmana.

7. LA ESPAÑA VISIGODA, V-VIII

Durante el siglo V, los visigodos se conforman como pueblo federado de Roma y por ello son enviados a la Península a expulsar a suevos y vándalos que atacan las propiedades de los hispanorromanos; es por ello que, en un primer momento, los hispanos se sienten seguros con la presencia visigoda.

La llegada y afianzamiento de los visigodos en los territorios romanos coincide con la muerte del emperador Teodosio en el 395 d.C. y la posterior división del Imperio Romano entre sus hijos, Honorio, nombrado emperador del Imperio Romano de Occidente y Arcadio, que se convierte en el emperador del Imperio Romano de Oriente, momento histórico que representa la caída del Imperio Romano, y que será aprovechado paulatinamente por las diferentes tribus y pueblos que conviven en Centroeuropa.

Fue en el 409 d.C. cuando los visigodos crucen definitivamente los Pirineos tras el acuerdo firmado por el Rey Teodorico II con Roma, por el cual deben expulsar de la Península a alanos, suevos y vándalos, pueblos germanos que atacan las propiedades romanas en Hispania.

La presencia visigoda en la Península se establece entre los siglos V al VIII bajo el reinado de Teodorico en el 456 d.C., aunque la monarquía visigoda se relaciona de algún otro modo con Hispania desde el reinado de Alarico I en el 395 d.C. y concluye con la caída de Don Rodrigo en el 711 d.C.

Durante estos años se van a suceder treinta y cuatro reyes que se regirán, en un principio, por la monarquía hereditaria visigoda.

En un primer momento, los visigodos no muestran interés en la Península, y no comenzarán a asentarse hasta pleno siglo V, y siempre como una minoría dentro de la población hispanorromana. Su control será exclusivamente político, dejando los cargos de la Administración, la religión y la cultura a los propios hispanos.

El esplendor visigodo llegará en el siglo VII cuando la capital se traslada a Toledo y se produce una profunda "renovatio cultural" de influencia latina o clásica promovida por reyes tan importantes como Recesvinto, 649-672, quien, en el 654 promulgó el "Liber iudiciorum"; el código de derecho visigodo que dirigió la monarquía visigoda hasta su disolución.

Durante esta época es relevante la relación entre la monarquía visigoda y la religión cristiana que provocará la construcción de numerosas iglesias y conventos para afianzar la monarquía visigoda entre la población hispanorromana, aunque, lamentablemente, pocos restos han llegado completos a nuestros días, en gran parte, por la invasión árabe del 711.

A diferencia de la del período de influencia romana, la relación entre las diferentes culturas que cohabitan en la Península fue difícil y, en muchos casos, conflictiva. Los visigodos, pueblo acostumbrado a la lucha y a la conquista, se muestran con un carácter violento. Los judíos serán perseguidos al no integrarse en la nueva sociedad creada.

Mientras, los hispanos se resignan a trabajar la tierra reflejando un modelo de sociedad pacífica y agrícola; solo encontramos focos de tensión en los pueblos montañosos de cántabros y astures.

Desde el punto de vista interno, la cuestión sucesoria dentro de la monarquía visigoda, ya plenamente electiva, creará continuos conflictos entre las familias en temas hereditarios.

El final de la presencia visigoda en la Península vendrá propiciado por dos motivos: uno interno, las luchas de poder entre las grandes familias aristocráticas visigodas y que supuso una guerra civil entre los partidarios de D. Rodrigo y de Akhila; otro externo, la llegada de los beréberes del norte de Marruecos, que ya en el 698 habían conquistado las posesiones romanas en el Norte de África.

8. ARTE

Cualquier tipo de información sobre los visigodos en la Península la obtenemos por medio de la arqueología y por pequeños escritos que nos remiten a tratados o leyes visigodas, como el código legal del siglo VII, "Forum Iudicorum" escrito en el reinado de Recesvinto.

El arte visigodo se engloba dentro del llamado arte prerrománico, que se instaura por toda Europa tras la caída del Imperio Romano y que finaliza con la formación del Arte Románico, ya como elemento artístico uniforme y homogéneo dentro de Europa.

En la Península lo concretamos como un "estilo" de transición entre los movimientos culturales romano y románico, y más concretamente con sus adaptaciones artísticas visigodas, asturianas y mozárabes.

Como ejemplos arquitectónicos más identificativos encontramos las iglesias de San Juan de Baños en Palencia, San Pedro de la Nave en Zamora o Quintanilla de las Viñas en la provincia de Burgos. Destaca también la orfebrería visigoda adaptada a la creación de adornos y coronas votivas como las de los reyes Chindasvinto y Recesvinto.

Capítulo 2

Al-Andalus; VII-XV

1. LA LLEGADA MUSULMANA

Durante el siglo VI, la Península se encuentra poblada por los visigodos, pueblo o tribu de origen germano y descendientes de los godos.

A la muerte del rey visigodo Witiza en el 630 d.C., se produce en la Península una lucha de poder entre los familiares del propio rey Witiza, y en favor de Akhila, y los partidarios del noble Don Rodrigo.

Los partidarios de Akhila solicitaron la ayuda al valí del Califa de Damasco Musa, quien envía una expedición militar al mando de Tariq Ibn Ziyad formado por más de 7.000 mercenarios de origen beréber que desembarca cerca de Gibraltar a la espera del segundo cuerpo expedicionario de otros 5.000 guerreros. Don Rodrigo, ante el acuerdo de Akhila con los mercenarios bereberes, se enfrenta sólo ante el invasor árabe en la batalla de Guadalete en el 711, donde finalmente cae derrotado y muerto.

El dominio visigodo de la Península llega a su fin, y la expansión musulmana será rápida y eficaz. El desorden y la falta de liderazgo visigodo será el acicate necesario para el establecimiento definitivo musulmán.

Su llegada es bien recibida por los hispanos, que ven en los musulmanes a un pueblo más fiel y menos violento que los visigodos, además, aceptan convivir con cristianos y judíos respetando sus cultos y costumbres, y manteniendo las funciones religiosas de iglesias y sinagogas.

Esta nueva convivencia da lugar a dos nuevos tipos de pobladores: los muladíes o cristianos convertidos al islam y al abrigo de unas mejores condiciones de vida, entre ellas la de no tener que pagar impuestos; y por otro lado los mozárabes o cristianos que deciden mantener sus cultos y tradiciones en suelo musulmán.

2. LOS PRIMEROS MOMENTOS DEL MUNDO ISLÁMICO EN LA PENÍNSULA

La falta de líder natural en la Península provocará los primeros problemas de carácter interno en la invasión musulmana. El general Tariq, subalterno de Musa, gobernador de Tánger y organizador de la expedición, entra en conflicto con el propio Musa por asumir el control directo de los nuevos territorios conquistados y la dirección militar de las futuras expediciones hacia el norte.

Ante tal situación, el Califa de Damasco, Sulaimán, toma partido en favor de Tariq, al que le ordena asumir el control expedicionario beréber en la Península. Como contrapartida se ordena la muerte del general Musa y la de su familia, incluido su hijo, Abd al-Azid, casado con la viuda del noble visigodo Don Rodrigo, eliminando así, cualquier tipo de oposición política en la Península.

En estos primeros momentos, el poder del Califato de Damasco, controlado por el Califa Sulaimán, es absoluto, y los gobernadores peninsulares se convierten en representantes políticos, religiosos, militares y sociales del califa.

2.1. EXPANSIÓN

La rápida conquista del sur peninsular y el inicio de los asentamientos musulmanes en torno al valle del Guadalquivir y la falta de oposición militar, les hizo consolidar su empresa, por lo que pronto lanzarán sus miradas hacia el norte de la Península.

En el año 722, tropas astures al mando del noble Don Pelayo derrotan a un cuerpo expedicionario musulmán en Covadonga, momento que la tradicionalista historiografía española sitúa como germen de la Reconquista, a pesar de que sólo se puso en fuga a un pequeño grupo de exploración bereber.

La ambición musulmana les llevó a realizar expediciones para engrandecer al Islam llegando, incluso, hasta los Pirineos franceses en las ciudades de Narbonne, Carcassone y Nimes. Sin embrago, el afán conquistador musulmán se verá frenado por el ímpetu de los francos, la orografía montañosa y el clima adverso.

En el 732, el rey franco, Carlos Martel, derrota contundentemente a las tropas musulmanas impidiendo su avance y provocando su retirada hacia el sur buscando la protección de un clima más benigno.

La expansión se daba por terminada y el afán de engrandecimiento del Islam se plantea, ahora, solo en términos peninsulares y limitados al norte, por el río Duero y al sur, por el Mediterráneo.

2.2 PROBLEMAS EN EL MUNDO ÁRABE

Las luchas de poder en Damasco por el control del Califato conducen al asesinato masivo de toda la familia real Omeya a excepción de uno de sus miembros, Abd al-Rahman, por integrantes de la familia Abasida en lo que se conocecomo "Revolución Abasida", y que conduce a la fundación del Califato Abasida, entre los años 750-1258, bajo el control del nuevo califa Abul-Abbas y trasladando su capital a Bagdad el año 762.

La huída de Abd al-Rahman en el año 750 culmina con su llegada a la Península en el 755, asentándose en Almuñécar, donde protegido por numerosos fieles omeyas, comenzará una labor de conquista y acumulación de poder.

Sin embargo, no fue una empresa fácil, los partidarios de los abasidas en la Península se enfrentaron constantemente a los omeyas en una "guerra civil" en el exterior.

Finalmente, Abd al-Rahman, apoyado por los mercenarios beréberes y yemeníes, en su mayor parte ya afincados en la Península, derrotan a las tropas abasidas formando el Emirato de Al-Andalus totalmente independiente de Bagdad, lo que supondrá la emancipación política, militar y económica del nuevo emirato, aunque seguirá respetando la autoridad religiosa del Califato de Bagdad.

3. LA ORGANIZACIÓN DE AL-ANDALUS

3.1. ABD AL-RAHMAN I, 756-788

Los primeros años del emirato se concentraron en sofocar rebeliones y tensiones entre la población. Abd al-Rahman I se marcó como gran objetivo pacificar, controlar y administrar todas las tribus y poblaciones de la Península a costa de mantener un ejército mercenario.

En la mente del emir anida la idea de independizarse del control religioso de Bagdad, y por ello ordena la construcción de la Mezquita de Córdoba, tan hermosa y majestuosa capaz de competir con las de Damasco y Bagdad.

Para poder administrar tan vasto territorio, Abd al-Rahman I divide Al-Andalus en 22 coras o provincias, nombrando un valí, persona de confianza del emir, para administrar y gobernar dicho territorio.

Al frente de las diferentes tropas nombra a un cadí o general afín a la familia Omeya, estableciendo zonas fronterizas, y en su mayoría despobladas, a modo de "cordón" de seguridad frente a los cristianos. Sin embargo, la nueva disposición territorial provocará diversos intentos separatistas al norte de la Península. La cora de Zaragoza, ejemplo de diversidad cultural, pedirá ayuda a Carlomagno ante las imposiciones musulmanas en cuestiones religiosas y económicas.

3.2. HISHAM I, 788-796

La intromisión franca en la Península coincide con el cambio de emir en Al-Andalus. Las tropas francas entran en la Península el 778 pagados por varias coras del norte. Sin embargo, la rápida disposición del ejército del emirato consigue derrotar a los francos que se repliegan hacia el norte.

A pesar de la derrota, en la zona al norte del Ebro y en el límite con los Pirineos, se levantarán asentamientos francos dirigidos por nobles carolingios que cohabitan de manera independiente de Al-Andalus formando la Marca Hispánica y conquistarán ciudades como Gerona en el 785 o Barcelona en el 801.

Pero la "brecha social" está abierta, Hisham I se encontrará con la expansión de sentimientos anti musulmanes que ocasionarán continuos conflictos de carácter social.

3.3 AL-HAKAM I, 796-822

Hijo de Hisham I, Al-Hakam I es recordado en las crónicas de la época como un emir sanguinario y déspota. De su mandato destacan las sublevaciones populares de las dos grandes ciudades de Al-Andalus, Córdoba y Toledo, y la conquista de Barcelona por Carlomagno en el 801.

3.4. ABD AL-RAHMAN II, 822-852

Abd al-Rahman II llega al poder tras el nefasto gobierno de Al-Hakam I. Su mandato tendrá como objetivo generar un proceso de islamización para toda la sociedad andalusí que contribuya a la homogeneización de todo el Mediterráneo islámico. Dentro de su política "islamizante", ordena la ampliación de la Mezquita de Córdoba y funda la ciudad de Murcia, Al-Mursiya, en el año 825.

Desde el punto de vista político, cederá parte de su gobierno al hachib o primer ministro, desligando su figura de los asuntos más locales y cotidianos del emirato.

Destaca también, la construcción y creación de una escuadra marítima y comercial nunca vista hasta la fecha; su objetivo, convertir Al-Andalus en el enclave comercial más importante como nexo de unión entre Europa y el mundo islámico.

De Oriente llegarán a Europa especias, cuero, oro o seda; de Europa, mayoritariamente esclavos.

A Abd al-Rahman II le sucederán una serie de emires menores que tendrán que gestionar los diferentes conflictos internos promovidos tanto por muladíes como por mozárabes: Muhammad I, 852-886; Al-Mundir, 886-888; y Abd Allah I, 888-912.

3.5. ABD AL-RAHMAN III, 912-929 (Emir); 929-961 (Califa)

En el año 912 se proclama emir Abd al-Rahman III, quien tendrá como objetivo prioritario el sofocar los numerosos conflictos sociales del emirato. Quizás, esta reorientación de las políticas del emirato junto a la debilidad política y económica de Bagdad le conduzcan, en el año 929, a proclamar el Califato Independiente de Córdoba.

En la época del califato, Córdoba se convirtió en la ciudad más importante e influyente, junto a Bizancio, del mundo islámico y de todo el Mediterráneo.

A diferencia de sus predecesores, Abd al-Rahman III promovió la arquitectura civil con la construcción de baños y palacios como la ciudad-palacio de Madinat al-Zahra.

En el ámbito interior, sufrió las embates cristianos, que poco a poco se levantaban frente al dominio musulmán.

Durante su reinado, cabe destacar las importantes batallas de Valdejunquera en el 920, con victoria musulmana ante un ejército cristiano liderado por el rey leonés Ordoño II, y el rey de Pamplona Sancho Garcés I; y la victoria cristiana en la batalla de Simancas, Valladolid, en el 939, liderada por el rey leonés Ramiro II y que supuso el control y asentamiento definitivo cristiano a ambas márgenes del Duero.

3.6. AL-HAKAM II, 961-976

Sucesor de Abd al-Rahman III, Al-Hakam II mantendrá el esplendor político, económico, cultural y artístico de Al-Andalus al mismo tiempo que mantiene el control de las rutas comerciales del mediterráneo con África.

Evidentemente, el impulso cristiano se mantenía. Todavía sin líder ni estructura definida, Al-Hakam II tuvo diversos enfrentamientos con tropas cristianas; el más destacado, la victoria musulmana en la batalla de Gormaz, Soria, en el año 975.

3.7. HISHAM II, 976/1010-1013

Hisham II llega al trono el año 976 con solo once años de edad. Se inicia, por lo tanto, un periodo de regencia controlado por el tutor de Hisham, Al-Mansur, y la reina regente, Subh. Entre los años 976 y 1002, se inició una dictadura militar liderada por Al-Mansur, dejando la representación religiosa del a Hisham II.

El califato de Al-Mansur fue violento en lo militar y estricto en la política; reformó el ejército utilizando para ello a esclavos y beréberes asentados en la Península. Trasladó su gobiero a la ciudad -palacio de Madinat al-Zahra.

Fue un califato tirano y trágico, organizó más de cincuenta expediciones militares contra territorios cristianos en busca de oro y posesiones para pagar su ejército de mercenarios; y mantuvo la línea divisoria entre cristianos y musulmanes más arriba del río Duero.

A su muerte en el 1002, Hisham II intentó gobernar sin éxito, los años de poder de la familia Al-Mansur limitaron su influencia y pasó largas etapas en la cárcel, siendo los hijos del propio Al-Mansur quienes tomaron las riendas del califato hasta que su mala gestión interna acabó con la vuelta al trono de Hisham II en 1010, en medio de una guerra civil dentro del califato que finalizará en 1013 con el acceso al poder, tras la abdicación de Hisham II, de Sulaimán al-Mustain.

A partir de aquí, los territorios serán gobernados por el Valí de cada provincia, mientras que el Califato cae en manos de reyes de segundo orden hasta que, finalmente, en el 1031, se proclaman los primeros reinos de Taifas.

3.8. LOS REINOS DE TAIFAS, 1031-1086

La formación de este "entramado territorial", dio alas a los cristianos en su avance. Si bien es cierto que la Reconquista fue un proceso gradual, intermitente y desigual, la caída del Califato de Córdoba significó la unión de intereses y motivaciones en pos de la defensa de la Cristiandad.

De hecho, la Iglesia alentó a los cristianos de toda Europa a unirse en la recuperación de los territorios conquistados por los musulmanes en el siglo VII.

Dentro de la nueva configuración territorial de Al-Andalus, las taifas más importantes fueron las de Toledo y Zaragoza, y de ellas dependía el control administrativo y comercial de gran parte de la población musulmana en la Península. Pero la desintegración del poder califal supuso el fin de su dominio político y económico en la Península.

Desde el año 1060, los diferentes reinos cristianos "controlan" las taifas musulmanas a través del pago de parias en concepto de mantenimiento de paz o, incluso, de protección ante cualquier agresión externa. Es la época de reyes cristianos poderosos como Fernando I de León, Alfonso I de Aragón o de Alfonso VI de León y Castilla, quienes dirigen la toma de Toledo en 1085.

4. LA RECONQUISTA COMO IDEA Y CÓMO ENSEÑA. LOS IMPERIOS

Los diferentes reinos de taifas trataron, sin éxito, de lograr acuerdos amplios de paz y comercio con los reinos cristianos, pero el derrumbamiento musulmán dio alas a los temerosos cristianos, que, guiados por una fe ciega, se embarcaron en una lucha en defensa de la cristiandad universal.

4.1 ALFONSO VI, 1065-1072 (LEÓN); 1072-1109 (CASTILLA Y LEÓN)

Alfonso VI es considerado como el gran promotor y director de la Reconquista. Desde 1065 hasta 1072, dedicó sus esfuerzos a asentarse en el poder e ir formando un numeroso ejército dirigido por nobles leales a su causa. En una segunda etapa, la de expansión territorial, que abarca desde 1072 hasta 1109, destaca su larga campaña de conquista de taifas, la más importante la toma de Toledo en 1085, y las conquistas de las taifas de Salamanca, Ávila o Madrid.

El miedo entre las diferentes taifas restantes, situadas al sur peninsular como Badajoz, Sevilla o Granada, y temiendo la caída definitiva de Al-Andalus, provocó la contratación de los mercenarios beréberes del norte de Marruecos llamados almorávides, quienes en 1086 atravesaban el Estrecho de Gibraltar y desembarcaron en Algeciras con el objetivo de frenar el avance cristiano.

4.2 EL IMPERIO ALMORÁVIDE, 1086-1125

Como ya hemos comentado, los almorávides desembarcan en Algeciras en 1086, mercenarios beréberes dirigidos por Yusuf ibn Tasufin, que rápidamente se enfrentan a las tropas castellanas de Alfonso VI de Castilla con una importante victoria en Sagrajas, Badajoz, en el mismo año. A su muerte en 1106, su hijo, Alí ibn Yusuf, le sucede en su objetivo de acabar con los infieles cristianos que intentaban reconquistarlos territorios musulmanes.

El dominio del nuevo pueblo fue tal, que al período posterior al de los Reinos de Taifas será conocido como Imperio Almorávide.

Los almorávides sustentaban su poder en el integrismo y la radicalización. Ambos ideales contrastaban con las formas más cálidas de una vida pacífica asentada durante siglos por gran parte de su población rural. Tal situación de desunión y la falta de apoyos propios, que deseaba un "Imperio" más tolerante y pacífico, además del acoso cristiano, terminaron por provocar la caída almorávide y la formación de los segundos Reinos de Taifas.

4.3 SEGUNDOS REINOS DE TAIFAS, 1125-1140

Fue un corto período, pues el empuje cristiano aumentaba cada día, y sólo la llegada de fuerzas militares exteriores podía mantener la integridad islámica parcial de la Península. En tal situación, incluso algunos caudillos locales aceptaron pagar tributos a los reyes cristianos a cambio de protección.

Es el momento de importantes avances cristianos que se concretarán posteriormente ante la llegada almohade. El desmembramiento andalusí terminó por alimentar los sueños de los cruzados.

4.4. IMPERIO ALMOHADE, 1140-1212

Sin tiempo para establecer las nuevas taifas, un nuevo grupo beréber se hizo fuerte en el norte de África. Esta vez no fue necesaria una llamada de auxilio de las taifas; las noticias de riquezas, esplendor y sabiduría con pensadores como Maimonides, médico y teólogo judío, o el filósofo Averroes, llegaron hasta el Magreb. Su llegada a la Península supuso el inicio del Imperio Almohade en Al-Andalus.

Al igual que sus predecesores, desembarcaron en Algeciras llegando rápidamente hasta Sevilla, donde instalaron su capital y donde levantaron sus espléndidas Torre del Oro y Giralda.

Su demoledor avance no tuvo freno, y a la conquista de la taifa de Murcia en 1147, le siguió la victoria sobre las tropas castellanas en la batalla de Alarcos, Ciudad Real, en 1195. La gran derrota castellana obligó a los reinos cristianos, salvo el de León, a unir estandartes en defensa de la cristiandad y la reconquista formando un poderoso ejército al mando de Alfonso VIII de Castilla, Pedro II de Aragón y Sancho VII de Navarra, que junto a las bendiciones del Papa Inocencio III movilizaron "personas y almas en pos de una victoria épica".

Las masas cristianas se enfrentaron en una batalla histórica contra el ejército almohade en las Navas de Tolosa, Jaén, el 16 de julio de 1212; donde ejércitos poderosos libraron la batalla más importante de la Reconquista.

La visión conjunta de un mundo islámico en la Península desaparece para no volver nunca más; en su lugar, el cristianismo se asentará con fuerzas "en las mentes y las almas de sus pobladores".

4.5 LOS TERCEROS REINOS DE TAIFAS, 1212-1238

Los pequeños territorios musulmanes que quedaron tras la caída almohade conformaron los terceros Reinos de Taifas. La taifa de Murcia, la más importante y rica del momento, intentó unificar al resto de taifas en un nuevo Al-Andalus capaz de coexistir con los poderosos reinos cristianos.

Sin embargo, el recelo entre territorios y la falta de cohesión social, evitó la formación de una oposición fuerte y unida ante los cristianos. Ni siquiera el líder musulmán Muhammad ibn Yusuf, que consiguió controlar las taifas de Jaén, Córdoba, Málaga y Granada, pudo evitar convertirse en un súbdito de Fernando III de Castilla y negociar el pago de parias anuales a cambio de conservar la paz en la taifa de Granada.

La llegada de Muhammad I en Granada en 1238, dará origen a la dinastía nazarí con la familia Ibn Nasr. Tremendamente religioso, convertirá Granada en el territorio más islámico de la Península, recreando un verdadero Al-Andalus limitado a la taifa granadina, y sobre todo con las pérdidas del resto de taifas, entre ellas la de Valencia el mismo 1238 a manos del rey Jaime I de Aragón.

4.6 GRANADA, 1238-1492

Muhammad I reinventó Granada con la construcción de fortificaciones y los palacios de la Alhambra y el Generalife, "auténticos museos al aire libre" que reflejan la hermosura y la belleza de la cultura árabe en la Península.

La Reconquista se encuentra finalizada. Los reinos cristianos, exhaustos por la guerra y la muerte, y a sabiendas de su control sobre la taifa de Granada, mantendrán una relación comercial y administrativa sobre los árabes a través del pago de parias y acuerdos comerciales estableciéndose una época de paz y concordia.

Sin embargo, la situación interna de la taifa es conflictiva, a la muerte de Yusuf III en 1417, se desató una guerra entre Abencerrajes y Zagríes por el control de la taifa. La situación llevó a la partición del territorio entre dos emires, Muhammad XI y Muley Zad, y sólo hasta la llegada al poder del nazarí Muley Hazen en 1464, podemos volver a hablar de normalización política y social.

La sociedad andalusí se regirá por la Sharia o ley islámica como aplicación directa del Corán. Cabe destacar la formación bilingüe de su población, lo que da una imagen de desarrollo y cultura muy alejada de los reinos cristianos de la época. La comunión entre política y religión era absoluta, y la población tenía acceso a amplios derechos, incluidos los muladíes o cristianos convertidos.

Por su parte, los judíos y mozárabes, o cristianos en suelo musulmán, aunque separados y tolerados, tuvieron una consideración especial y hacían frente al pago global de impuestos. Los esclavos formaba la parte discriminada y no tenían derechos.

Fue una sociedad próspera tanto en el comercio, como en las humanidades, en la medicina o en la agricultura; y dejó en la Península enormes huellas de su influencia como numerosas palabras, usos, costumbres, o cultivos tales como los cítricos, la vid, el olivo, el uso del regadío o la construcción de norias.

La cuenta atrás para la caída definitiva de Granada tiene dos fechas significativas: por un lado, el matrimonio entre Isabel de Castilla y Fernando de Aragón en 1469, que uniría los esfuerzos por establecer un reino cristiano en toda la Península; por otro, la muerte de Enrique IV de Castilla en 1474 y la posterior guerra civil entre Isabel y Juana la Beltraneja, hermana e hija de Enrique IV. La victoria de Isabel en la guerra civil, dio paso a unos años de sosiego y paz, y finalmente, en 1491 se dio el espaldarazo definitivo a la Reconquista y a la unión entre Castilla y Aragón en busca de la unificación política y religiosa de la Península.

El 2 de enero de 1492, después de 10 años de intensa guerra civil entre Muley Hacén y Boabdil, conocida como la guerra de Granada; Boabdil el Chico, el último rey nazarí, entregó la ciudad a los Reyes Católicos poniendo fin a ocho siglos de presencia musulmana en la Península.

Capítulo 3
La Hispania cristiana, VIII-XIII

1. LA DEFENSA CRISTIANA ANTE LA INVASIÓN MUSULMANA

La llegada de los musulmanes en el 711 supuso, entre otras cuestiones, la unidad política de la Península a través de una sociedad heterogénea formada por visigodos y población local, que en su mayoría aceptó el islam a cambio de mantener sus tierras y evitar el pago de impuestos; y por judíos, que perseguidos por los visigodos años antes, ven en los musulmanes un pueblo pacífico y tolerante.

Por lo tanto, y desde un punto de vista social, la vida de los habitantes de la Península no se modificó sustancialmente, y mantuvieron sus quehaceres y su vida cotidiana.

1.1 LA DINASTÍA ASTUR-LEONESA

Tras el proceso de conquista, la ocupación musulmana se centró en aquellas zonas más "amables" y fértiles de la orografía peninsular, y buscaron asentarse en los valles de los ríos y en el litoral mediterráneo.

El norte se queda fuera de sus pretensiones a pesar de realizar diversas expediciones de exploración en las zonas montañosas de Asturias y por los Pirineos, donde habían encontrado cobijo los nobles visigodos derrotados tras la batalla de Guadalete entre el 19 y 26 de julio del 711.

Tanto visigodos como árabes se desplazarán por la Península de sur a norte, formándose un asentamiento visigodo en Asturias liderado por el noble Don Pelayo en el 718, y que será el origen de la futura dinastía asturiana.

La historiografía española tradicional asigna al año 722, cómo el inicio de la Reconquista. En dicho año, un pequeño grupo expedicionario musulmán que se dirigía hacia las montañas asturianas, es frenado por el propio Don Pelayo en la batalla de Covadonga.

Si bien es cierto que no podemos hablar de inicio de Reconquista, sí significó la creación y asentamiento definitivo de la nueva corte visigoda en Cangas de Onís, donde nacería el futuro Alfonso I, fundador del reino asturiano.

1.1.1. ALFONSO I, 739-751

Bajo su reinado unió y organizó los territorios fronterizos al río Duero, como Galicia, Soria o Burgos, y creó un "vacío demográfico" a partir del Duero que sirvió de frontera desmilitarizada y despoblada natural respecto al mundo musulmán.

La idea de Reconquista queda todavía lejana, no hay dinero, ni hombres, ni organización suficientes para hacer frente al conquistador musulmán.

1.1.2. ALFONSO II, 791-842

Tras el paso de reyes menores dentro de la dinastía Astur-Leonesa, como su antecesor el rey Bermudo, Alfonso II destaca por su papel repoblador del valle del Duero y el norte del río Ebro. Así mismo, va a llevar a cabo la creación de una nueva monarquía visigoda de influencia franca o carolingia, estableciendo normas y leyes carolingias, como el Fuero Juzgo o el Consejo Real, y a Santa María del Naranco como Palacio Real.

Tras la batalla de Covadonga comienzan a surgir las primeras historias sobre visiones bíblicas y los primeros testigos de hallazgos sorprendentes. La más importante de la época en la Península, el hallazgo, en el 813, de la supuesta arca de plata que contenía los restos del Apóstol Santiago por un ermitaño llamado Pelagio; tras presenciar extrañas luces sobrevolando un cementerio, observa que una de ellas se posa sobre la tierra.

Al día siguiente, con miedo pero intrigado, llega al cementerio dónde descubrirá dicha arca. Esto supuso la creación de una corriente religiosa imparable en toda Europa en favor de la cristiandad y que acompañará a los fieles cristianos hasta el fin de la Reconquista.

Ahora, con el "apoyo" del Apóstol, la lucha por la salvación cristiana está más cerca.Fue el momento, además, de la creación del Camino de Santiago como eje vertebrador de la religión en Europa, y vía de entrada a la Península de peregrinos y fieles en busca de la salvación de su alma y del fin del Islam en la Península.

1.2 LA DINASTÍA LEONESA Y LA INDEPENDENCIA DE CASTILLA

La dinastía se inicia con el largo reinado de Alfonso III, 866-910, ya como primer rey puramente leonés. Bajo su mandato se consolida la frontera natural del Duero. Durante los reinados de García I y Ordoño II, estas zonas despobladas fueron repobladas por campesinos cántabros y vascos que llegaron a dichas tierras fronterizas a cambio de la posesión legal de las nuevas tierras a cultivar en lo que se denomina sistema de presura.

Alrededor de los campesinos va a surgir una nueva nobleza que va a fortificar los nuevos asentamientos ofreciendo seguridad y defensa hacia sus vasallos campesinos. Los nobles serán liderados por un jefe-noble-militar reconocido por todos al que llamarán conde.

1.2.1 RAMIRO II, 931-951

Es considerado el primer gran rey leonés, ya que no sólo se aseguró los territorios propios sino que derrotó a los musulmanes en la batalla de Simancas en el 939 liderados por Abd al-Rahman III, reforzando, así, las fronteras y la identidad leonesas.

Sin embargo, al morir en el 951, surge la figura del conde castellano Fernán González, quien a través de apoyos y acuerdos con las diversas líneas dinásticas leonesas, consigue que se reconozca al condado de Castilla como territorio "particular" y de sucesión hereditaria.

Esto supone el inicio, no real, pero sí político, de la independencia de Castilla del reino leonés, sobre todo cuando los nobles leoneses se encuentran más interesados en defenderse de las tropas musulmanas de Al-Mansur.

1.2.2. BERMUDO III, 1028-1037

Sucesor de Alfonso V, durante su reinado se produjeron diversas luchas internas que derivaron en el nacimiento de una Castilla "política" y el fin de la dinastía Astur-Leonesa.

En 1037 falleció, en la batalla de Tamarón, el rey Bermudo III en plena lucha con Fernando González, conde de Castilla, y casado con la hermana del rey Bermudo III, Sancha de León, y nieto del conde Fernán González de Castilla.

La muerte de Bermudo III llevará directamente al trono leonés a Fernando de Castilla, lo que significa la unión de ambas líneas dinásticas bajo el nombre de Fernando I de Castilla y León.

1.3 LA DINASTÍA ÍÑIGA (PAMPLONA); CONDE ÍÑIGO ARISTA, 810/820-851

Desde el siglo VIII las tierras de Pamplona son ocupadas, bien por musulmanes, bien por francos. En este contexto de incertidumbre, el conde Íñigo Arista ejerce como príncipe de los vascones en el año 820 y comienza a organizar política y territorialmente a la población. En el 824, decide aliarse con losmusulmanes y crear un frente común contra los francos y expulsarlos de sus dominios.

1.4 LA DINASTÍA NAVARRA; SANCHO III EL MAYOR, 1000-1035

Sancho III fue el rey más importante de su época unificando las tierras navarras, vascas y algunos condados aragoneses. Desde el punto de vista político realizó importantes alianzas con los reyes castellanos y los nobles francos en pos depacificar la zona y facilitar la peregrinación a Santiago de Compostela y consolidar la unión cristiana frente al musulmán.

Durante su reinado, los francos, a través de los acuerdos alcanzados con la nobleza navarra, van a continuar su política de asentamientos en la Península, formando en el año 865 la llamada Marca Hispánica, territorio fronterizo apoyado en destacamentos militares dirigidos por el marqués o gobernador franco. A su muerte en 1035, sus hijos accedieron al poder como Fernando I, rey de Castilla y León; y Ramiro I, rey de Aragón.

2. EL ARTE ROMÁNICO, SIGLO IX

Debido a la influencia decisiva del arte romano cristiano en la Península, surgido a través de la idea de cristiandad y con el objetivo de difundir el Camino de Santiago, surge un arte propio y asociado a la Península llamado Románico. Las características de su arquitectura está basada en la solidez de sus muros que el mundo cristiano relaciona con la defensa de la Iglesia.

Desde el punto de vista técnico, los grandes y sólidos muros de las iglesias soportan arcos de medio punto y bóvedas de cañón que conforman un conjunto compacto, asegurado en el exterior por los enormes contrafuertes.

Al exterior, se identifican por la construcción de la torre campanario que se adosa al edificio. Al interior, suele presentar una disposición en cruz latina de tres o cinco naves. Como ejemplos significativos destacamos Santiago de Compostela, previa a su ampliación, o San Isidoro de León.

3. LA CONFIGURACIÓN DE LOS TERRITORIOS DEL NORTE

La llegada de los musulmanes cambió por completo la organización política y territorial de la Península. Los hijos de Witiza, que gobernaban el noreste de la Península, para mantener su poder, firmaron capitulaciones deshonrosas que afectaron enormemente a la población visigoda.

Sin embargo, la unión con los musulmanes se rompió cuando éstos decidieron imponer su fuerza y aumentaron los impuestos sobre los territorios visigodos, lo que provocó un amplio malestar sobre la población y que derivó en su huida hacia los Pirineos y otras zonas montañosas del norte peninsular.

La falta de población árabe en determinadas zonas, posibilita los nuevos asentamientos visigodos manteniendo un inestable equilibrio de poder con Al-Andalus.

3.1 LOS FRANCOS

Tras la victoria sobre los musulmanes en la batalla de Poitiers en el 732, los francos se extienden por el sur de los Pirineos y zona pirenaica de los condados catalanes, para después asegurar sus fronteras estableciendo unas marcas o puestos defensivos, que tal como hemos comentado, estaban gobernados política y militarmente por condes y marqueses formando lo que se conoce como Marca Hispánica.

3.2 EL CONDADO DE BARCELONA

A finales del siglo IX, el conde de Barcelona, Wifredo el Velloso, conquista todos los condados catalanes que se encontraban en poder de los francos y que conformaban la Marca Hispánica.

3.2.1 BORRELL III, 992-1018

Borrell III es el conductor y ejecutor de la unidad catalana, y promovió el uso de una moneda propia. Bajo su gobierno unifica territorial y políticamente todos los condados catalanes de la Marca Hispánica bajo el control del condado de Barcelona, y, desde su nueva posición de poder, se unirá al resto de reyes cristianos en la lucha contra los musulmanes.

Durante su reinado, el condado de Barcelona sufrirá las razias dirigidas por Al-Mansur. Como respuesta, Borrell III dirigirá una campaña de acoso sobre Córdoba, liderando la victoria en la batalla de Aqbat al-Bakr, que terminará con el saqueo de Córdoba en 1010, y que puso fin a al dominio musulmán sobre los territorios catalanes.

Tales hechos son considerados por la historiografía catalana, como eje fundamental del nacimiento de la nación catalana.

3.2.2 BERENGUER RAMÓN I, 1017-1035 Y LOS PRIMEROS REINOS DE TAIFAS, 1009-1031

Berenguer Ramón I, conde de Barcelona, continúa la labor política y social de Borrell III durante la formación de los Primeros Reinos de Taifas, y con la ayuda del abad de Vic crea, en 1035, unas Juntas de Gobierno formadas por nobleza, clero y los representantes del pueblo llano.

De sus reuniones surgirán las normas jurídicas de la vida política y económica catalana futura; y desde algunos sectores sociales se considera el germen del catalanismo actual. Su muerte en 1035, y la posterior división del condado, significó la pérdida del poder condal en la Península.

4. LA EVOLUCIÓN CASTELLANA DE LA RECONQUISTA

Alfonso VI, rey de Castilla y León, será el personaje clave del inicio de la Reconquista por su papel de promotor y ejecutor de la misma.

El año fundamental del avance cristiano será el 1085, en ese año, los cristianos toman las taifas de Toledo, Salamanca, Ávila y Madrid. La caída de Toledo fue un duro golpe para las pretensiones musulmanas, que ven perder la confianza del resto de la población. Ante el avance cristiano, los musulmanes deciden pedir ayuda a los almorávides, pueblo beréber del norte de Marruecos.

4.1 ALMORÁVIDES, 1077-1147 Y SEGUNDOS REINOS DE TAIFAS, 1086-1121

Tribu de carácter mercenario, llega a la Península con el objetivo de frenar el ímpetu de Alfonso VI, y rápidamente lo derrotan en la batalla de Sagrajas en 1086 y posteriormente en la batalla de Uclés en 1108.

El radicalismo y fanatismo almorávide le llevan a perder parte del apoyo de la población, lo que unido a una serie de derrotas militares y a la pérdida de ciudades como Zaragoza ante el ejército de Alfonso I de Aragón, en 1108, o a la imposibilidad de recuperar la ansiada Toledo, les hace comenzar un a retirada hacia el sur que concluye con su marcha de la Península y la formación de los segundos Reinos de Taifas.

Desde el punto de vista cristiano, la marcha almorávide y la formación de las taifas es un signo evidente de debilidad, por lo que los diferentes ejércitos cristianos reanudan ferozmente su campaña de reconquista, ayudados por una mejor organización y un mejor entendimiento entre los propios reyes cristianos.

Es el momento de la aparición de los grandes reyes de la Reconquista. Ramón Berenguer IV, rey de Aragón, dirigirá, no sólo a las tropas aragonesas, sino que las unifica con las tropas catalanas.

Alfonso Ramón II, hijo de Ramón Berenguer, unirá ambos territorios formando la Corona de Aragón en 1164. A estos reyes aragoneses les sucederán Pedro II el Católico y Jaime I el Conquistador, heredero a la corona de Aragón y conquistador de las taifas de Valencia en 1238; Murcia en 1266, y Alicante y Orihuela en 1304.

En Castilla, Alfonso VIII, 1126-1157, accede a que la Corona de Aragón se haga con sus territorios fronterizos y que se consolide en el Mediterráneo a cambio de jurar vasallaje a la propia Castilla.

Alfonso VIII, sin embargo, tuvo que negociar y firmar con Aragón el Tratado de Cazola en 1179, por el cual se recurre a un reparto pacífico de los nuevos territorios conquistados como Játiva, Denia o Calpe para Aragón, a cambio de incluir a Murcia dentro de la Corona de Castilla. En esta disputa de fuerzas, Castilla impondrá su poder de manera paulatina, y ya en 1200 se hace con el control de Álava y Guipúzcoa.

4.2 ALMOHADES, 1121-1212

El auge militar cristiano lleva a los musulmanes de la Península a llamar en su auxilio a otro grupo bereber del norte africano, los mercenarios almohades. Acostumbrados al combate y de carácter y vida violentos, pronto suplen la debilidad de las taifas y frenan el avance cristiano, motivado en gran medida por la desunión entre los reyes cristianos, en batallas tan importantes como la de Alarcos, Ciudad Real, en 1195.

Los ecos de tan dramática derrota llegaron hasta Roma; el Papa Inocencio II "diseñó" la idea de Cruzada, y el conflicto traspasó los Pirineos convirtiéndose plenamente en un conflicto europeo. El miedo y el odio hacia el musulmán se convirtieron en el eje religioso, político y económico de toda Europa durante los siglos posteriores.

Como colofón a la cruzada cristiana, en el año 1212, se reúnen dos grandes ejércitos en busca del triunfo definitivo. Los reinos de Castilla, Navarra y Aragón junto a diversas Órdenes Militares se enfrentan y derrotan a las tropas almohades en la Batalla de las Navas de Tolosa en 1212, cerca de Jaén.

Las cifras de la batalla difieren según las fuentes, pero podemos estimar en 70.000 los soldados cristianos liderados por Alfonso VIII, Pedro II y Sancho VII, y en no menos de 120.000 los musulmanes dirigidos por Muhammad Al-Nasir. Las pérdidas cristianas, entre 5.000 y 12.000 hombres fueron muy inferiores a las del ejército almohade, cifradas entre los 20.000 y 90.000 muertos.

Independientemente del número de muertos, la batalla significó el derrumbe musulmán en la Península, y desde ese momento el empuje cristiano fue imparable.

Las fuentes cristianas hablarán de "ayuda divina" en la batalla. El propio San Isidro Labrador se apareció a las tropas para guiarlos en la noche por los parajes jienenses en busca de posiciones ventajosas en el campo de batalla.

La cruz se impuso a la media luna, y los reyes cristianos celebraron una misa una vez concluida la batalla y se le hizo llegar una carta al Papa Inocencio III como gratitud y respeto por guiarles en tan difícil empresa.

4.3 LOS TERCEROS REINOS DE TAIFAS, 1212-1492

La derrota en Navas de Tolosa fragmentará los diferentes territorios musulmanes que sólo podrán mantener una cierta independencia a través del pago de parias y por la necesidad cristiana de descanso y de reabastecer sus vacías arcas. No debemos olvidar el carácter económico, además de político y religioso, de la Reconquista.

Dos serán los grandes reyes de esta época, Fernando III de Castilla y Jaime I el Conquistador. Ambos serán los grandes "dueños" de la Península en el siglo XIII. Fernando III unificó las coronas de Castilla y Aragón en 1230, y Jaime I el Conquistador liderará las conquistas por el Mediterráneo.

Los reinos de taifas irán cayendo lentamente sin capacidad de resistencia. Córdoba caerá en manos cristianas en 1236, Valencia en 1238, y Sevilla en 1248. Al final de siglo, sólo la taifa de Granada, ciudad vasalla de Castilla, permanecerá como territorio islámico en la Península hasta su rendición en 1492.

Es el momento también de la repartición de los territorios por conquistar entre los reinos de Castilla y Aragón, y para ello se firman una serie de acuerdos como el de Tudillén, firmado en 1151, entre Alfonso VII y Ramón Berenguer IV en el que se reparte Navarra; y de Cazola, firmado en 1179 por Alfonso II de Aragón y Alfonso VIII de Castilla, quedándose Aragón con la conquista de Játiva, Denia y Calpe.

Para Castilla quedan las tierras situadas más al sur, consiguiendo el control sobre Murcia y logrando, así, su ansiada salida al Mediterráneo.

El Tratado de Almizra, firmado en 1244, significó un acuerdo de paz y de reparto de territorios entre los dos grandes reinos cristianos. En él, el Príncipe Alfonso de Castilla, futuro Alfonso X, firma con Jaime I los límites del Reino de Valencia y delimita la zona de expansión castellana por el Mediterráneo.

Son por lo tanto, acuerdos de gran importancia histórica y que dan cuenta del inicio de la reordenación territorial de la Península en clave política.

5. LA SOCIEDAD CRISTIANA

Al igual que en el resto de la Europa cristiana, el sistema estamental se encuentra vigente. Si bien es cierto que la particularidad territorial de la Península nos diferencia del resto de territorios cristianos de Europa.

La sociedad cristiana se encuentra dividida en tres bloques generales: la nobleza; encargada de la defensa del reino a través de acuerdos con el monarca bajo el formato de vasallaje. Estos adquirían la obligación de acudir a la llamada de su soberano a cambio de recibir parte de las tierras conquistadas, de cierta exención de impuestos además de otros derechos. En la mayoría de casos, terminan emparentando con la nobleza de sangre.

Le sigue el clero; ocupado fundamentalmente en el "cuidado" de las almas de los fieles y que se divide en alto clero, formado por los obispos y arzobispos y bajo clero, formado por párrocos y sacerdotes o clero secular, y por frailes y monjes o clero regular. Al igual que los nobles, se encontraban exentos del pago de la mayoría de impuestos.

El tercer estamento estaba formado por el pueblo llano; era el que se ocupaba de alimentar al estamento privilegiado con su trabajo y esfuerzo. La clase "profesional" estaba formada por médicos, maestros o sastres. La clase "humilde" estaba formada por campesinos que dedican largas jornadas de trabajo en los campos del señor.

La peculiaridad peninsular se encuentra en la aparición de "otras" clases sociales. Por un lado, los judíos, que no estaban integrados en la vida diaria y cotidiana del resto de la población. Vivían en barrios propios llamados juderías y pagaban impuestos especiales por su condición de judíos. Por lo general trabajaban en las finanzas, la medicina y en el estudio de la astronomía o de sus libros sagrados.

Por otro lado; los mudéjares, musulmanes en suelo cristiano, que vivían del trabajo en el campo y estaban apartados del resto de la población en los barrios conocidos como morerías o aljamas.

Finalmente; los esclavos conformaban el último nivel social en la Península. Fueron una minoría social y se dedicaban al trabajo doméstico a cargo de sus dueños.

Capítulo 4
La Baja Edad Media, XIV-XV

La llegada del siglo XIV estuvo precedida de largas sequías, inundaciones o hambrunas, y acompañada de guerras y de la famosa peste negra. A mediados del siglo XIV, entre 1346 y 1347. La peste negra tuvo un impacto devastador en la sociedad europea de la época; nadie sabía con certeza su origen, y mucho menos su cura. Son signos tristes que nos precipitan a una etapa oscura y dramática, donde los intereses de nobleza y clero impondrán su férrea ley.

En la Península ya no quedan territorios por conquistar. Solo sobrevive el reino vasallo y amigo de Granada. Al finalizar la Reconquista, nobles y clero se quedan sin ocupación, lo que provocará una mayor presión fiscal al campesinado, asfixiándolo y maltratándolo hasta dejarlo exhausto.

Hay que recordar que en cada conquista de territorios, la nobleza y el clero real se repartían entre sí parte de las tierras ocupadas y parte de los objetos de valor hallados.

Las últimas tierras que quedaron por ocupar fueron las limítrofes con las taifas musulmanas, tierras que nadie quería y que fueron concedidas a las Órdenes Militares surgidas con las cruzadas.

Podemos entender este momento como el origen del latifundismo español que mantendrá sus principales características intactas hasta mediados del siglo XX.

1. NOBLEZA Y CLERO

Como ya hemos comentado con anterioridad, nobles y clérigos, sin tierras que conquistar o evangelizar, se lanzaron a explotar a los campesinos de sus dominios buscando aumentar los recursos propios y sus beneficios.

Fue tal la situación de opresión, que en muchos casos se produjo una huída masiva de campesinos hacia las ciudades. Es el momento del auge y esplendor de las ciudades españolas. Allí se cobijaron la antigua y nueva nobleza en busca de riqueza y poder, los nuevos artesanos y los trabajadores más cualificados que, junto al campesino huido, conformaban una sociedad heterogénea y desigual.

Paralelamente se va a ir creando una nueva sociedad burguesa asociada a la ciudad que va adquirir un gran poder económico y social que le va a llevar a equilibrarse con el poder de la nobleza tradicional y la del propio monarca.

La organización política de los reinos cristianos sigue dirigida por los reyes, que utilizan su "destino divino" para perpetuarse en el poder asimilando en su persona los poderes ejecutivo, legislativo y judicial. Normalmente eran apoyados por la alta nobleza local y reconocidos por la Iglesia como garantes del "poder divino" en la Tierra.

Sin embargo, a partir de los siglos XIII y XIV, los reyes comienzan a despegarse de la Iglesia para evitar su dependencia en las decisiones reales. El rey acumula todos los poderes y privilegios reforzados por su título de origen "divino" y hereditario.

La sucesión al trono se realiza en base a la Ley Sálica o preeminencia del primogénito varón sobre el resto de los hijos tomando el nombre representativo de Príncipe de Asturias para el heredero a la Corona de Castilla; Príncipe de Viana para el heredero a la Corona de Navarra; y Príncipe de Gerona para el heredero a la Corona de Aragón.

2. EL REINO DE CASTILLA

2.1 FERNANDO III, EL SANTO; 1217-1252

Fernando III accede al trono castellano en 1217 tras la regencia de su madre Berenguela de Castilla, hija de Alfonso VIII.

Su legado histórico es importantísimo a pesar del mal trato recibido por la tradicional historiografía española más centrada en las políticas de los Reyes Católicos. En 1230 muere Alfonso IX de León dejando el reino a sus hijas Sancha y Dulce; hijas de su primer matrimonio con Teresa de Portugal, en vez de cederlo a su primogénito Fernando, nacido de su segundo matrimonio con Berenguel a de Castilla y a quien la muerte de Enrique I de Castilla en 1217 le llevaría al trono castellano.

Sin embargo, la debilidad de la Corona de León frente a Castilla hizo que las reinas consortes de León y Castilla, Teresa de Portugal y Berenguela de Castilla, firmarán, en 1239, la Concordia de Benavente, por la cual las hijas de Teresa de Portugal ceden sus derechos al trono leonés en su hermanastro Fernando a cambio de una compensación económica de por vida. Días después, será coronado como Fernando III, rey de Castilla y León.

Fernando III fue, junto a Jaime I el Conquistador, el gran promotor de la Reconquista. Se hizo con la ciudad de Córdoba en 1236, participó en la toma de Sevilla en 1248 y lideró la expedición que recuperó las campanas de la Catedral de Santiago de Compostela. Por todo ello fue canonizado por el Papa Clemente X.

Tal fue la importancia y el poder de Fernando III, que el propio rey Muhammad I de Granada le ofreció vasallaje, entregando la ciudad de Jaén como muestra de sumisión. La importancia de Castilla creció de manera paralela a la de Fernando, y el castellano se convirtió en la lengua oficial del reino. Conocido como "el Santo", mandó construir las catedrales de Burgos, en 1221, y de León en 1205.

2.2 ALFONSO X EL SABIO, 1252-1284

Casado con Doña Violante, hija de Jaime I y heredero de las políticas de su padre, accede al trono castellano leonés en 1252.

Años antes, en 1243, participa junto a Jaime I el Conquistador en la toma de la taifa de Murcia, a la que unirá las conquistas propias de la taifa de Cádiz, en 1260 y la importante taifa de Niebla, situada en la actual provincia de Huelva, en 1262.

Sin embargo, es reconocido y recordado por ser un amante y mecenas de las letras y la cultura. De su esfuerzo e interés surge la Escuela de Traductores de Toledo.

En política interior mantuvo ciertas discrepancias con la nobleza más tradicionalista de su reino, y apostó por el apoyo a las ciudades y a la nueva burguesía enriquecida, más culta e interesada en las letras. Elaboró un código jurídico unificado donde se exponían las nuevas leyes del reino conocido como "Código de las Siete Partidas", basado en el código legal de Justiniano.

2.3 SANCHO IV, 1284-1295

Sancho IV es nombrado heredero tras la muerte de su hermano Alfonso X y es coronado en 1284, según el derecho consuetudinario, basado en los usos y costumbres preestablecidas con anterioridad; lo que produjo una guerra civil en Castilla con los hijos de su hermano, que se acogían al nuevo Código de las Siete Partidas.

En 1292 conquistó la ciudad de Tarifa con la ayuda del rey de Granada Muhammad II, y consolidando su plan de controlar el acceso al Estrecho de Gibraltar. Casado con su tía María de Molina, tuvo siete hijos, siendo el primogénito, Fernando, el heredero a la corona. Al morir Sancho en 1295, su hijo Fernando se coronó como Fernando IV con tan solo nueve años de edad, por lo que su madre ejerció de regente hasta 1301.La regencia fue una etapa dura, ya que tuvo que sufrir los ataques de Aragón y Portugal, que recelaban del poder castellano.

2.4 FERNANDO IV, 1295/1301-1312

Fernando IV mantuvo la política de control del Estrecho de Gibraltar de su padre, y terminó por conquistar Gibraltar en 1309. Sin embargo tuvo un reinado corto, pues una indisposición después de comer acabó con su vida en 1312, dejando como heredero único a su hijo Alfonso de tan solo un año de edad.

2.5 ALFONSO XI, 1312/1325-1350

María de Molina, abuela de Alfonso XI, tomará de nuevo las riendas del reino frente a la oposición de la nobleza castellano leonesa que pretendía asumir el poder ante la minoría de edad de Alfonso XI.

Tras la muerte de la regente en 1321, se producirá un vacío de poder que llevará al origen de numerosas disputas nobiliarias. La situación de conflictividad social y política era tan importante, que Alfonso XI es declarado mayor de edad en 1325 con tan solo quince años de edad.

La fuerte personalidad de Alfonso XI le llevó a ser conocido como el "Justiciero", ya que castigó a aquellos nobles y clérigos que se opusieron a su reinado. Alertado por la poca confianza en nobles y en los sectores más tradicionales de la Iglesia, estableció una política basada en el fortalecimiento de la monarquía frente al poder nobiliario.

Esta política continuó con medidas como la promulgación del Ordenamiento de Alcalá en 1348, código de leyes castellanas de obligado cumplimiento en sus dominios, salvo Vizcaya; o incorporando al gobierno miembros de la nueva y rica burguesía urbana.

Su objetivo era lograr frenar la acumulación de poder de la antigua nobleza, y por ello reguló personalmente el Consejo Real y nombró regidores y corregidores fieles a la monarquía para las principales ciudades. Así mismo, eliminó de sus puestos a los alcaldes elegidos en Asambleas de fuero, capaces de imponer normas o privilegios especciales, y que estaban controladas por la nobleza tradicional.

Alfonso XI mantuvo activa su campaña musulmana con la ayuda de los reyes de Portugal y Aragón. En 1340 tendrá lugar la batalla del Salado, Cádiz, que consigue frenar el avance musulmán en la Península y que permite anexionar Algeciras y Tarifa.

Sin embargo, la larga campaña acabará con la vida del propio Alfonso XI en 1350, debido a una epidemia de peste. Tuvo hasta doce hijos, los más importantes fueron los futuros reyes Pedro I, nacido de su enlace con la infanta María de Portugal, y Enrique II, nacido de su amante Leonor de Guzmán, y que, obligado por las circunstancias, fue adoptado por el noble Rodrigo Álvarez, conde de Trastámara, cuestión de vital importancia en años posteriores.

2.6 PEDRO I, 1350-1369

Llega al trono de Castilla en 1350 con tan solo quince años y, fiel a su herencia, mantuvo el poder de las ciudades frente a la nobleza tradicional y fortaleció en lo que pudo el poder de la monarquía. El deseo de asegurarse un reinado cómodo y sin futuros pretendientes al trono, le llevan a ordenar el asesinato de todos sus hermanastros, incluido Enrique, quien ayudado por la nobleza castellana consigue huir, provocando así el estallido de una guerra civil entre hermanastros.

Al mismo tiempo, surge, en 1356, el conflicto territorial entre Castilla y Aragón por el control de Murcia. La victoria de Pedro I de Castilla llevará al rey aragonés Pedro IV, a tomar partido en favor de Enrique en su guerra civil.

La lucha entre los hermanastros trasladó la guerra de los Cien Años, 1337-1453, a Castilla. Francia apoyó al Trastámara Enrique, mientras que Inglaterra, previo acuerdo económico en oro, ayudó a Pedro I en su victoria en la batalla de Nájera de 1367 frente a Enrique.

Sin embargo, el incumplimiento de lo acordado por parte de Pedro I, hizo que los británicos le retiraran su apoyo, lo que fue aprovechado por los partidarios de Enrique para tramar un plan que acabaría con el asesinato del propio rey y la subida al trono de Enrique II.

3. DINASTÍA TRASTÁMARA

3.1 ENRIQUE II, 1369-79

Con la llegada al poder de Enrique II se inicia la dinastía Trastámara en la Península, y con ello la victoria de la monarquía y la aristocracia frente a la burguesía mercantil y al poder de las ciudades.

Olvidando acuerdos anteriores, Enrique II decide no entregar la ciudad de Murcia a Pedro IV de Aragón, tal y como habían acordado, y a pesar de haber casado a su primogénito con Leonor, hija de Pedro IV. Mientras, y ante la necesidad de mantener las arcas del Estado, inicia una política de acercamiento hacia los judíos que financiarán gran parte de los gastos de la Corona en los siguientes años.

El apoyo británico a Pedro I en la guerra civil generó en Enrique II una profunda enemistad hacia los ingleses, llegando a derrotarlos en la batalla de La Rochelle en 1372, y manteniendo el poderío naval castellano en el Atlántico y el Mediterráneo hasta la dolorosa derrota de la Armada Invencible en 1588.

Figura: Caballero gallego, s. XV

3.2 JUAN I, 1379-1390

A la muerte de Enrique II en 1379, le sucede su primogénito Juan I, que estaba casado con Leonor, hija de Pedro IV, y de la que tuvo dos hijos. La política castellana mantuvo su pulso contra Inglaterra. Los piratas británicos asediaban a los barcos castellanos en cualquiera de las líneas comerciales establecidas, ayudados económicamente por el Duque de Lancaster, casado en segundas nupcias con Constanza de Castilla, hija de Pedro I, y que a la muerte de éste se proclamó rey de Castilla y León.

Al morir Leonor, Juan I contrajo matrimonio con Doña Beatriz de Portugal, hija del rey Fernando I. La muerte del rey llevó a Juan I a exigir el reino de Portugal e iniciándose así una guerra peninsular entre Portugal y Castilla.

En 1385, las tropas castellanas son derrotadas en la famosa batalla de Aljubarrota, que la historiografía española ha olvidado por humillante, y que significó la independencia portuguesa de Castilla y el debilitamiento de la unión franco-castellana.

La derrota de Castilla movilizó al Duque de Lancaster, quien formó un poderoso ejército que hizo desembarcar en La Coruña, estableciendo en Santiago de Compostela su capital, y auto proclamándose rey de Castilla y León. Sin embargo, su linaje extranjero motivó la oposición de la vieja nobleza castellana y del pueblo llano que hizo imposible su empresa.

Las diferencias entre ambas partes se solucionaron con la firma del Tratado de Bayona en 1388, por el cual se unían en matrimonio la hija del Duque de Lancaster y Enrique, hijo de Juan I, quien accedería al trono castellano a la muerte de su padre en 1390.

Un reinado corto, hasta 1406, e infructuoso, pues las campañas militares que emprendió frente a turcos o la conquista de Granada, acabaron en fracaso.

3.3 JUAN II, 1406-1454

Juan II, hijo de Enrique III, heredó el trono con veinte meses de edad, por lo que su madre Catalina de Lancaster, primero, y después su tío Fernando de Antequera, asumieron la regencia de Castilla.

En 1410 fallece el rey de Aragón Martín I, con lo que Fernando, hijo de Juan I de Castilla y Leonor de Aragón, hace uso del derecho hereditario por línea materna para exigir su acceso al trono.

Finalmente, es coronado rey en 1412. La regencia castellana continuará hasta la mayoría de edad de Juan II, que con catorce años es coronado rey de Castilla. Será un gobierno difícil por la intromisión de la vieja nobleza castellana que exige mayor poder político y económico, y de la línea dinástica aragonesa que mantiene la esperanza de unir ambos reinos bajo el mandato del rey Fernando de Antequera.

La situación se vuelve tan dramática que en 1445, el ejército castellano liderado por el privado del rey, Álvaro de Luna, se enfrenta y derrota al ejército aragonés apoyado por la propia mujer de Juan II, María de Aragón. "Misteriosamente", María de Aragón moriría poco después.

Siguiendo la política de Estado, Juan II se casará por segunda vez con Isabel de Portugal en busca de la unificación de ambos reinos bajo su corona.

Se inicia, así, una etapa de intrigas y rivalidades palaciegas entre Enrique, hijo de Juan II, la reina Isabel de Portugal, el privado real Álvaro de Luna y la futura Isabel la Católica, hija de Isabel de Portugal y Juan II de Castilla. A la muerte del monarca en 1454, le sucede su primogénito Enrique IV.

3.4 ENRIQUE IV, 1454-1474

Enrique IV, nacido del matrimonio entre Juan II y su prima María de Aragón, hereda el trono castellano en 1454, un año antes de su boda con Juana de Portugal, y de la que nacerá su hija Juana, Princesa de Asturias y heredera al trono con el apoyo de las Cortes y la nobleza castellana.

El gobierno de Enrique IV estuvo marcado por enfrentamientos entre los diferentes grupos de nobles, el fracaso militar en la conquista de Granada y los rumores sobre el noble Beltrán de la Cueva y su "relación" con la reina. El fracaso en la campaña granadina provocó el ascenso de una nobleza poderosa y que puso en entredicho el poder del rey, lo que dio lugar a diversos levantamientos y sublevaciones que transformaron la vida social de Castilla.

Uno de los nobles que se alzaron con mayor poder fue Beltrán de la Cueva, quien incluso llegó a gozar del favor del rey. Tan cerca estuvo de la familia real que en la Corte y en el pueblo llano se rumoreaba que la princesa Juana era hija del noble y no del propio monarca. Tales fueron los rumores, que oficiosamente en la Corte y por el pueblo, era conocida como Juana La Beltraneja.

La situación disgustó a la nobleza más tradicional y conservadora, y provocó que se posicionaran en favor del hermanastro del rey, el Infante Alfonso, como heredero al trono de Castilla. El entuerto se deshizo cuando en 1464, y tras fracasar el intento de casar a su hija Juana con Alfonso V de Portugal, se propone al Infante Alfonso como heredero bajo una sola condición: casarse con la princesa Juana La Beltraneja.

Al final, y a pesar de los intentos de Enrique IV, no se produjo ninguna boda, lo que le llevó a desheredar como Princesa de Asturias.

Sin embargo, la política interior no mejoraba y en 1465, Enrique IV es destronado por la vieja nobleza y nombra en su lugar al joven Infante Alfonso como rey con el título de Alfonso XII de Castilla.

Se inicia así, una guerra civil por el poder entre los partidarios de Enrique IV y los de Alfonso XII. La prematura muerte de Alfonso en 1468 provoca que Isabel, hermanastra del rey, reclame los derechos al trono de su hermano Alfonso.

Finalmente, y con la firma del Tratado de los Toros de Guisando en 1468, se reconoce a Isabel como heredera al trono y Princesa de Asturias, a condición de casarse con el candidato elegido por el rey.

Sin embargo, Isabel pronto mostrará su carácter independiente y decide casarse por sorpresa y sin consentimiento de Enrique IV, con el príncipe y heredero Fernando de Aragón. El enfado del monarca fue tal, que volvió a nombrar como heredera a su hija Juana La Beltraneja, lo que ocasionará el estallido de la Guerra de Sucesión entre los años 1475-1479.

4. EL REINO DE ARAGÓN

El siglo XIV comenzaba en Aragón bajo los malos presagios de la peste negra que les afectó de lleno en 1348. Para Algunos, un castigo divino, y para otros, los conjuros y maldades de los judíos. Tal fueron sus efectos negativos: pérdida de población, abandono masivo de los cultivos en beneficio de la ganadería, la escasez de productos y la ruina del comercio o el fin de la ciudad como eje dinamizador económico, que hasta inicios del siglo XVI no se vieron los primeros efectos positivos de la recuperación.

4.1 PEDRO III, 1276-1285

La muerte de Jaime I el Conquistador supuso un duro golpe para la monarquía aragonesa que perdía a uno de sus grandes reyes. Además, sin haber un heredero designado, el reino se dividió entre sus hijos: Pedro III se hizo con Aragón, Cataluña y Valencia, y al casarse con la hija del rey de Nápoles y Sicilia se convirtió también en Pedro III de Sicilia; mientras que su hijo Jaime pasó a controlar la Cataluña francesa y las Islas Baleares.

Al morir Pedro III, sus hijos heredarán el trono aragonés. Primero Alfonso III, 1285-1291 y posteriormente Jaime II. Por su parte, su hijo Federico se convertirá en rey de Sicilia.

4.2 JAIME II, 1291-1327

Jaime II fue un monarca astuto e inteligente, supo negociar con los franceses su salida de la Península Itálica. El acuerdo permite a Federico mantener su reinado en Sicilia mientras que Nápoles pasa a manos francesas desde 1302.

Intentó por todos los medios mantener el control aragonés en el Mediterráneo con su temida infantería conocida como Almogávares, y terminó por conquistar los ducados de Atenas y Neopatria, estados independientes gobernados por los almogávares, tropas de elite aragonesas.

Bajo su reinado se estableció el reparto de los territorios levantinos: Alicante y Orihuela para Aragón, Murcia para Castilla.

Al morir Jaime II, su hijo Alfonso IV le sucede en un breve reinado entre los años 1327 y 1336, durante el que mantuvo la política de expansión comercial aragonesa por el Mediterráneo.

4.3 PEDRO IV, 1336-1387

Pedro IV, nieto de Jaime II, llevó a la corona de Aragón a su máxima expansión territorial, gobernando las Islas Baleares, Sicilia, los ducados de Atenas y Neopatria además de la isla de Cerdeña. Sin embargo, su muerte en 1387 sin descendencia abre una etapa de lucha de poder entre los nobles y las familias de los reinos implicados, que se convirtió en un conflicto internacional, y donde el propio Papa Benedicto XIII tuvo que intervenir para evitar una guerra.

4.4 FERNANDO DE ANTEQUERA, 1412-1416

Tras una reunión secreta entre el Papa y los representantes de los territorios de la Corona de Aragón, se nombra sucesor a Fernando I de Antequera en 1412, siendo el primer monarca aragonés de la dinastía castellana de los Trastámara.

4.5 ALFONSO V, 1416-1458

Fernando I falleció en 1416 con tan solo treinta y seis años de edad, por lo que su gobierno no tuvo especial relevancia; aunque cabe destacar el traspaso a su hijo y heredero Alfonso V, 1416-1458, el gusto por lo italiano. Alfonso introdujo en la corte aragonesa el estilo renacentista napolitano a través del arte, de la filosofía, de la poesía o del teatro, y dejó a un lado los asuntos de la política. A su muerte en 1458 le sucederá su hermano Juan.

4.6 JUAN II, 1458-1479

Menos "romántico" que su hermano Alfonso V, orientó sus políticas a reforzar el poder. Se casó en dos ocasiones: de su matrimonio con Blanca de Navarra nació el heredero a la corona de Navarra, Carlos, Príncipe de Viana; de su matrimonio con Juana de Castilla nacería el futuro Fernando el Católico.

Su ambición de poder le llevó a usurpar el trono de Navarra a su propio hijo Carlos, dando origen al conflicto de sucesión de la Corona de Aragón. Cataluña tomará partido por Carlos, Príncipe de Viana, lo que motivó que se convirtiera en heredero a la Corona de Aragón y en "Lugarteniente de Cataluña" tras la firma de las Capitulaciones de Villafranca en 1461.Las ambiciones de Cataluña de unificar territorios bajo su control dependían ahora de una futura boda entre el Príncipe de Viana e Isabel la Católica.

Sin embargo, la muerte de Carlos, llevó a Juan II a nombrar a su hijo Fernando como heredero al trono aragonés, iniciando así un nuevo conflicto de carácter militar con Cataluña.

La nobleza catalana y la propia Generalitat no apoyan a Fernando a quien retienen en Cataluña por representar una opción de unidad territorial marcadamente peninsular. Juan II pedirá ayuda militar al rey de Francia a cambio de cederles el control del Rosellón y la Cerdaña.

Tras un asedio continuo a la ciudad de Barcelona, en 1472 se firma la Capitulación de Pedralbes, por la que Cataluña se rinde frente a Juan II. No hubo grandes vencedores ni perdedores, Juan II permitió la existencia de organismos e instituciones catalanas a cambio de paz, y Cataluña tuvo que hacer frente a unos duros años de penurias económicas provocadas por la guerra.En el año 1479 falleció Juan II cediendo la corona de Navarra a su hija Leonor, y la corona de Aragón a su hijo Fernando.

5. LA CORONA DE NAVARRA

Navarra se halla desde el siglo XIII muy vinculada a Francia desde el matrimonio concertado entre Juana I de Navarra y el rey de Francia, llegando a reinar su hijo Carlos en ambos reinos como Carlos I Navarra y Carlos IV de Francia. Sin embargo, con la llegada al trono de Carlos III en 1387 y su boda con la hija de Enrique II de Castilla, Navarra cambia su destino y lo une al de Castilla a pesar de mantener el heredero, el título de Príncipe de Viana.

5.1 CARLOS IV, 1441-1461

La proclamación de Carlos IV como heredero al trono navarro tras la muerte de su madre Blanca de Navarra, provocó la furia desmedida de su padre, Juan II, que quería coronarse como gran rey de Navarra y Aragón. Tal situación derivó en una guerra civil entre los beamonteses, partidarios del príncipe Carlos y los agramonteses, fieles a Juan II.

La supremacía militar de Juan II acabó por desequilibrar la guerra, y en la batalla de Aibar, en 1451, sus tropas derrotaron claramente a las del príncipe Carlos y lo deshereda de la Corona como Príncipe de Viana. Un año después, en 1452, "como señal del destino", nace Fernando, hermanastro de Carlos y futuro rey de Aragón.

Con la muerte de Alfonso V, rey de Aragón, padre e hijo se reconcilian, pues no siempre hay honor o título que separe a la familia, y se reparten los títulos de rey de Aragón para Juan II, y Príncipe de Gerona para Carlos como heredero al trono aragonés.

Sin embargo, tanta felicidad y concordia acabaron con la cordura del rey Juan II, que ávido de poder encarceló a su hijo Carlos provocando el malestar y la indignación en Cataluña que apoyará al heredero navarro y no al castellano. Tanto revés, tantas disputas y luchas acaban de manera súbita con la muerte, en extrañas condiciones, del príncipe Carlos en 1461.

La desunión, la mentira y la desconfianza acabaron con toda una dinastía que no pudo hacer frente a la rivalidad fronteriza de Francia con los reinos italianos bajo dominio de Navarra y que acabó con la bula papal de Julio II en la que bendice la entrada de tropas aragonesas en Navarra y que concluyen, en 1515, con la propuesta a las Cortes castellanas, por parte de Fernando, de la unión dinástica de Castilla y Navarra bajo un solo rey, aunque manteniendo en Navarra las instituciones propias de su monarquía.

6. LAS ARTES GÓTICAS

Desde el siglo XIII hasta el XV, las artes, el conocimiento y la cultura en general, estarán en manos de las órdenes religiosas como la del Cister o junto al nacimiento de las nuevas ciudades.

Por su parte, la sociedad que se agolpa con el desarrollo de las ciudades necesitarán de grandes espacios abiertos y grandes edificios que los puedan cobijar y servir; es la época de las grandes catedrales, los bellos palacios y los sólidos ayuntamientos.

Es el momento de la explosión del Arte Gótico. Basado, en su mayoría, en construcciones religiosas construidas de sillar y con predominio del vano y del arco apuntado. Al interior, altísimos techos con bóvedas de crucería. Es una arquitectura puramente vertical y espiritual que podemos observar en las catedrales de León, Burgos o Sevilla.

Por su parte, los edificios civiles muestran los mismos criterios artísticos que la arquitectura religiosa, surgiendo así edificios emblemáticos como la Lonja de Valencia o Palma y el Ayuntamiento de Barcelona.

Capítulo 5

Los Reyes Católicos

1. LA FORMACIÓN DE LA MONARQUÍA CATÓLICA

La vida de Isabel la Católica estuvo orientada desde muy joven a convertirse en instrumento político de Castilla. Antes de su matrimonio con Fernando de Aragón, su hermano Enrique IV intentó casarse con el hijo de Juan II de Navarra, con Alfonso V de Portugal e incluso con el hermano de Luis XI de Francia.

Isabel decide casarse con Fernando atraída por los comentarios que le llegan desde la Corte, y ya desde 1468 se comienza a preparar la boda con la elaboración de las capitulaciones que deberían ser la base jurídica y política del nuevo Estado a punto de nacer.

En octubre de 1469, casi de manera clandestina, Isabel y Fernando se reúnen en Valladolid, donde el arzobispo de Toledo les declara marido y mujer. Es necesario recordar, que la boda carecía de legitimidad puesto que Isabel no podía contraer matrimonio sin el consentimiento de Enrique IV según lo pactado en 1468 con la firma del Tratado de los Toros de Guisando.

A estos problemas se añadió la circunstancia de ser primos segundos, lo que hizo necesaria una bula papal para reconocer dicho enlace. Como el Papa Paulo II se negó a firmar dicha bula, se utilizó una bula antigua, fechada en 1464 por Pio II, como garante de la boda a la que ninguna de las partes puso en entredicho.

Como ya hemos comentado, los derechos de Isabel al trono de Castilla eran inestables, pues estaban apoyados por el poder y la influencia de ciertas familias nobiliarias que obligaron a Enrique IV a firmar el Tratado de los Toros de Guisando en 1468, y evitar así un enfrentamiento directo entre la nobleza castellana y la monarquía.

La boda de Isabel enfurece a Enrique IV, que monta en cólera y le devuelve el título de Princesa de Asturias a su hija Juana. Sin embargo, cada día aumenta la popularidad de Isabel y Fernando tanto en Castilla como en Aragón.

Finalmente, en diciembre de 1474 fallece Enrique IV mientras Isabel se encuentra en Segovia y su esposo Fernando en Zaragoza luchando contra los franceses. La infanta Isabel no lo duda, y para evitar deseos de gloria por parte de la nobleza castellana o aragonesa, se proclama Reina de Castilla y León en la misma catedral de Segovia.Su esposo Fernando, molesto y enfadado, ve cómo se difumina la posibilidad de reinar en ambos reinos, ya que Isabel nunca podría reinar en Aragón debido a la Ley Sálica.

1.1 UNIÓN DINÁSTICA Y PERSONAL (NO TERRITORIAL)

Al llegar Fernando a Segovia, Isabel tuvo que templar el enfurecido carácter de su esposo que le recrimina su imprudencia. Isabel, bien aconsejada, redactó un acuerdo en 1475 entre ambos para evitar conflictos futuros llamado la Concordia de Segovia.

En este acuerdo se establece un sistema de gobierno paritario y una igualdad dinástica y personal entre los esposos bajo el emblema de la Casa de Trastámara, además de respetar el sistema hereditario medieval del patrimonio. El único fleco al acuerdo será la cuestión territorial, imposible mientras reine Isabel.

Por lo tanto se mantienen las instituciones y leyes de cada reino de forma independiente salvo el ejército, la diplomacia y el Santo Oficio. A pesar de los acuerdos paritarios, la influencia, población, poder y riqueza de Castilla, terminaron por imponerse sobre Aragón.

1.2 GUERRA CIVIL ENTRE JUANA E ISABEL, 1475-1479

Sin embargo, solucionados los problemas internos entre los esposos, surgía un nuevo problema para Isabel. La nobleza antigua, la Iglesia y ciertas ciudades apoyan a la heredera legítima, Juana La Beltraneja. En el contexto internacional, Alfonso V de Portugal, que llega a casarse con la propia Juana, y Francia, rival territorial de Aragón, también apoyan a la hija de Enrique IV.

La cuestión sucesoria se transformó en un conflicto internacional. Soldados portugueses entran en Castilla dispuestos a deponer a Isabel, pero el ejército isabelino, liderado por Fernando de Aragón y financiado por la reina Isabel, consigue frenar su avance y derrotarlos en la batalla de Toro en 1476.

La posterior victoria castellana de 1479, en la batalla de la Albuera y frente al último ejército portugués en la Península, termina por hacer desistir a los partidarios de Juana que firman, mediante el Tratado de Alcaçovas, el fin de la guerra durante el mismo año de 1479.

En dicho acuerdo, Isabel y Fernando reconocen la soberanía de Portugal sobre las islas de Cabo Verde y las Azores, además de las tierras africanas situadas al sur del paralelo trazado sobre las Islas Canarias.

Portugal, por su parte, reconoce la soberanía castellana sobre las propias Islas Canarias y reconoce a Isabel la Católica como reina de Castilla y León. Además, se acordó casar a la primogénita Isabel con el heredero portugués. Por su parte, Juana La Beltraneja decidió terminar sus días en Lisboa retirada en un convento.

1.3 LA HERENCIA DE FERNANDO DE ARAGÓN

La muerte de Juan II, rey de Navarra y Aragón en 1479 lleva a Fernando a heredar un número considerable de territorios: Aragón, Valencia, Cataluña, Islas Baleares, Cerdeña, Sicilia y Nápoles en 1503.

Tal magnitud de territorios no se correspondía con el poder real de la Corona de Aragón. La monarquía aragonesa tenía menos poder que la castellana, ya que las luchas de poder entre la nobleza, la Iglesia y la nueva burguesía habían debilitado el poder de la monarquía; llegando incluso a pactar con los reyes, políticas comerciales, económicas e internacionales.

Tras su matrimonio, los Reyes Católicos olvidan las tierras aragonesas en beneficio de Castilla a la que intentaron transformar en un Estado moderno. Para ello eliminaron los antiguos privilegios hereditarios de la nobleza y aumentaron y concentraron el poder en la monarquía.

En política interior se centralizan todas las instituciones y organismos oficiales, aunque mantuvieron diversos Consejos especializados para la toma de algunas decisiones.

Para evitar cualquier tipo de levantamiento promovido por la nobleza, crearon y mantuvieron un ejército permanente, y establecieron nuevas instituciones alejadas de ella. Así mismo, la Santa Hermandad pasó a mantener el orden en los campos eliminando el poder de la nobleza y las órdenes militares.

Desde el punto de vista económico, en Castilla se adoptó un nuevo sistema basado en la obtención de fondos para el mantenimiento del ejército a través de bulas de la cruzada y el aumento de impuestos.

Desde el punto de vista político, fue muy importante la figura del corregidor, funcionario real que llevaba a los pueblos las órdenes reales. Por su parte, el papel de las Cortes fue simbólico, pues los Reyes Católicos gobernaban a su antojo y criterio.

La justicia se modernizó profundamente con la creación de las Audiencias y las Chancillerías con sede fija. Con todo, el impulso que supuso la Reconquista fue esencial para lograr la unidad religiosa y territorial de la Península.

2. EL CONFLICTO DE GRANADA

Aprovechando la guerra de sucesión entre Isabel y Juana, el reino de Granada se negó a pagar las parias convenidas con Enrique IV a la espera de renegociarlas con el vencedor.

Hay que entender que la situación económica del reino nazarí, gobernada por Muley Hacén, era muy precaria, desde finales del siglo XIV y durante el XV, debido a su necesidad de importar grandes cantidades de trigo y de carne para alimentar a su población.

Recordemos que la taifa de Granada fue el último reino musulmán en la Península y que su posibilidad de comerciar se hizo cada vez más compleja y débil.

La sensación de inestabilidad y de un futuro incierto, motivaron que surgieran familias de poder alrededor del sultán tales como los abencerrajes y zegríes que cuestionaban el poder de la familia real de los Nasr. Son síntomas de desunión dentro del reino musulmán que van a beneficiar la "empresa católica" de la unidad territorial de la Península.

2.1 LA EXPANSIÓN HACIA GRANADA

La formación de un ejército permanente y profesional tenía un doble objetivo para los Reyes Católicos: por un lado, posicionarse frente al poder nobiliario y de sus mesnadas, y por otro, ser la punta de lanza de su conquista del reino de Granada.

Además, se mandó construir una pequeña flota destinada al Estrecho de Gibraltar para cercar a la taifa y provocar su rendición. A finales de 1491, Granada entrega definitivamente la ciudad a los Reyes Católicos a través de unas capitulaciones amplísimas que recogen la posibilidad de mantener su religión, a sus hombres santos, jueces, costumbres y su lengua. En estos términos, la ciudad cohabita como territorio vasallo de Castilla y decide no entablar batalla alguna.

Sin embargo, la situación real era diferente, la población musulmana sabía que su salida, tras ocho siglos de permanencia en la Península estaba cerca, por lo que ante la decisión de entablar batalla a los ejércitos cristianos, Boabdil el Chico, último rey de Granada, decide entregar el anillo y el talismán o llaves de la ciudad a los Reyes Católicos el dos de enero de 1492 a cambio de la seguridad en su vuelta a Marruecos junto a 150.000 de los suyos.

Los Reyes Católicos mandaron repoblar el territorio granadino y transformar varias mezquitas en iglesias, además de comenzar la construcción de la Catedral de Granada y atraer, dentro de su plan de conversión, al pequeño núcleo de infieles que se mantenía en sus tierras.

Figura: Boabdil el Chico, 1492

3. LAS POLÍTICAS DE LOS REYES CATÓLICOS

3.1 LA POLÍTICA MATRIMONIAL

El enlace entre Isabel y Fernando promovió la idea de unión dinástica y personal. Sin embargo, los reyes mantenían como objetivo una futura unión territorial de todos los reinos bajo su poder y aislar a su vecina Francia, al mismo tiempo que se afianza la amistad con Portugal, sentando las bases de una futura unión entre Portugal, Castilla y Aragón.

Para ello se ideó una política matrimonial con fines políticos y territoriales utilizando sus cinco hijos como piezas de un tablero.

La infanta Isabel se casará con Alfonso de Portugal, heredero al trono portugués. La poca fortuna hará que enviude al poco de la boda, por lo que los Reyes Católicos no dudan en "tramitar" la boda con su padre el rey Manuel I de Portugal.

La mala suerte seguirá unida a la infanta, y al poco de nacer su hijo, ésta fallece. La infanta María, se convertirá en la segunda esposa del rey de Portugal Manuel I. De su matrimonio nacieron diez hijos, entre ellos la princesa Isabel, futura esposa de Carlos I y madre de Felipe II.

Juan, Príncipe de Asturias, se casará con Margarita de Habsburgo, hija de Maximiliano I, emperador de Alemania. Siguiendo con la mala fortuna familiar, Juan fallece al poco de la boda mientras su mujer da a luz un bebé muerto.

La infanta Juana encontrará el amor en su esposo Felipe de Habsburgo, conocido como Felipe el Hermoso. La boda será la culminación de la política matrimonial de los Reyes Católicos, y servirá para mantener la alianza con el Sacro Imperio Germánico. Su primogénito será el futuro Carlos I.

Por último, la infanta Catalina contraerá matrimonio con Enrique VIII de Inglaterra tras la muerte de su primer marido, el Príncipe Eduardo, y convirtiéndose en reina de Inglaterra al fallecer Enrique VII en 1509.

3.2 LA POLÍTICA RELIGIOSA

El plan de expansión territorial de la "monarquía católica" establecía, además, la unidad religiosa de los territorios bajo su dominio. Para los Reyes Católicos, la unidad religiosa era un medio de cohesión social de un pueblo acostumbrado a la individualidad.

Para organizar dicha política se implantó el Tribunal del Santo Oficio en 1478 gracias a la bula papal promulgada por Sixto IV, cuyo objetivo era castigar los delitos contra la fe a través del trabajo de los inquisidores, siendo el primero y más famoso Fray Tomás de Torquemada.

Para lograr la unidad religiosa, los reyes "cristianos" no dudaron en promover la persecución a los judíos y, ya en 1398, fueron acusados de propagar la peste negra, y en 1391 alentaron los ataques a las juderías.

Durante el siglo XV la monarquía extendió la idea de que los judíos conversos seguían practicando sus ritos religiosos, por lo que los "cristianos viejos" promovieron ataques contra la comunidad judía en Castilla.

3.2.1 TRIBUNAL DE LA INQUISICIÓN, 1478-1834

Fundado en 1478 gracias a la bula papal de Sixto IV, y tomando como modelo las acciones e ideas del papa e inquisidor de Francia, Gregorio IX, 1227-1241, imponía su "ley" en toda Castilla, pues en Aragón, ya desde el siglo XIII, se destinaron instituciones reales para perseguir y castigar a los cátaros, seguidores del movimiento religioso de origen francés que predicaba la doble Creación entre Dios y Satanás, y rechazaba el mundo material.

El Tribunal de la Inquisición funcionaba a través de los Edictos de Fe, mecanismo por el cual se señalan aquellas conductas impropias y que debían ser denunciadas por todo buen cristiano. En esta situación, si la denuncia provenía de un cristiano reputado, el reo no tenía posibilidades de evitar la condena; si era preciso, se usaban técnicas de tortura que obligaban al reo a admitir cualquier tipo de culpa.

Tras confesar el delito y "abrazar la fe de Cristo", eran puestos a disposición judicial, que se encargaban de la ejecución de la sentencia.Los excesos del Tribunal, amplificados por la propaganda británica, llegaron hasta el mismo Papa que propuso su disolución. Los Reyes Católicos hicieron oídos sordos a tales afirmaciones y, a pesar de "dulcificar" las sentencias, mantuvieron el Tribunal como medio de cohesión social y territorial.

3.2.2 LA PERSECUCIÓN DE LOS JUDÍOS

Una de los objetivos del santo tribunal fue la de organizar la persecución de los falsos judíos conversos. Estos vivían apartados en sus barrios, y ya desde la ocupación almorávide y almohade tuvieron que huir del radicalismo religioso. Contra ellos se generó una corriente de descrédito y oposición que se traslada al siglo XV.

Sin embargo, los reyes van a permitir sus asentamientos buscando el beneficio propio y el de la monarquía, ya que, en muchos casos, van a ser los que sufraguen las costosas campañas militares o desahoguen, con sus impuestos, las arcas del Estado.

Estos judíos se asentarán en las ciudades y ocuparán las profesiones liberales más influyentes como la de médico, joyero, comerciante y toda aquella actividad relacionada con la economía y el préstamo.

Los monarcas utilizaron el Tribunal para promover diversos ataques a la comunidad judía en Castilla y Aragón llamados pogromos, y que dejaba bien claro la posición ideológica de la "monarquía católica".

3.2.3 LA EXPULSIÓN DE LOS MORISCOS

El 31 de marzo de 1492 los Reyes Católicos firman el decreto de conversión obligatoria para los moriscos, musulmanes convertidos al cristianismo, o la expulsión inmediata de todos sus territorios, con el consiguiente abandono de todas sus posesiones y de todo el oro y plata que acumulasen.

Se estima que se convirtieron alrededor de 100.000 moriscos, el 50% del total, el resto, junto a los judíos sefardíes, descendientes de los judíos de la Península, tomaron rumbo a Portugal, Turquía y los Países Bajos.

Las consecuencias fueron terribles, sobre todo para Castilla, ya que perdió gran parte de su población productiva y con formación cultural y científica.

Inquisición: Henry Kamen, concluye en una investigación publicada por la Universidad de Yale (Cuarta edición, 2014): "Podemos concluir con probable estimación, que un máximo de tres mil personas pudieron haber sido condenados a muerte durante toda la Inquisición, basados en la documentación disponible" (Pág. 253).

3.2.4 LOS MUDÉJARES

En cuanto a los mudéjares, musulmanes en suelo cristiano, la cuestión no fue diferente. Según el decreto, los 200.000 mudéjares que habitan la Península podían mantener su religión y costumbres.

Sin embargo, los éxitos de la Reconquista harán cambiar la política interior de la monarquía y serán objeto de persecuciones y aislamiento en barrios como el del Albaicín de Granada.

La cuestión religiosa no es el único motivo de rechazo, el temor a que apoyaran un ataque turco, enemigos de Castilla y Aragón, alentó tanto a reyes como a población a ejercer una fuerte represión hacia el mudéjar.

En el 1500, los Reyes Católicos firmaron una pragmática por la que daban un plazo de no más de setenta años para familiarizarse con los usos, costumbres, religión y lengua castellana o a verse afectados por una posible expulsión.

Un ejemplo de dicha tensión será la rebelión de las Alpujarras entre 1568 y 1571, donde los mudéjares se levantan contra el poder real en Castilla. Finalmente su poca organización y el bajo número de apoyos acabó por hacerla fracasar.

3.3 LA POLÍTICA TERRITORIAL

Los Reyes Católicos mantuvieron desde el principio una política de expansión territorial basada en tres ejes fundamentales.

3.3.1 MEDITERRÁNEO

La unión entre Castilla y Aragón supuso la puesta en conjunto de la economía y de los ejércitos castellanos en defensa de los intereses aragoneses en el Mediterráneo. El compartir la defensa de los territorios aragoneses, llevó a Castilla a crear un nuevo enemigo en Francia por el control de territorios marítimos como el Rosellón y la Cerdaña.

La toma de Nápoles entre 1501 y 1504 se hizo con sangre castellana y con el interés de Aragón. Además de tomar Nápoles, las tropas castellanas hicieron incursiones en el Magreb para asegurar las rutas comerciales en el Mediterráneo Occidental, ocupando ciudades como Melilla, Orán y Trípoli.

3.3.2 LAS ISLAS CANARIAS

Conquistadas en varias etapas: la primera en 1402 cuando toman Lanzarote y El Hierro, y una última etapa en 1496 con la toma de Tenerife. Dada su situación geográfica, serán los nobles locales quienes gobiernen dichas islas como vasallos de los Reyes Católicos.

La "injerencia" castellana en la zona motivó la preocupación y el enfado de Portugal que alimentará la firma del Tratado de Alcaçovas en 1479.

Portugal pasará a dominar y controlar el Atlántico mientras que la monarquía castellana ejercerá sus derechos sobre las Islas Canarias, situación que derivará en una época de paz entre las potencias a pesar de sus diferencias.

La política de explotación sobre los nuevos territorios tendrá desastrosas consecuencias para los habitantes indígenas, que sufrieron torturas, enfermedades y explotación.

3.3.3 LA CONQUISTA DE AMÉRICA

El último eje en la política territorial de los Reyes Católicos fue la conquista de América. En abril de 1492, Cristóbal Colón firmó las Capitulaciones de Santa Fe en Granada. En este documento se le otorgaba a Colón los títulos de almirante, virrey y gobernador general de todos los territorios conquistados o ganados a lo largo de su vida, así como la décima parte de las riquezas obtenidas.

Tales disposiciones tenían un carácter vitalicio. El documento es tremendamente resolutivo, ya que ofrece claramente el apoyo institucional, económico y jurídico de la monarquía hacia las propuestas de Colón.

La política expansionista americana trajo consigo un nuevo enfrentamiento con Portugal, que alegaba que las nuevas conquistas en el continente americano pertenecían a Portugal y según lo acordado en el Tratado de Alcaçovas.

Para Castilla, lo firmado solo afectaba a las tierras africanas. Ante la falta de acuerdos, el Papa Alejandro VI tuvo que intervenir y organizar una repartición del mundo en dos áreas de expansión mediante el Tratado de Tordesillas en 1494.

3.4 LAS POLÍTICAS INTERIORES

3.4.1 AGRICULTURA Y GANADERÍA

La economía castellana es eminentemente agrícola, con predominio de la agricultura extensiva de cereales, vid y olivo. En cuanto a la ganadería, la cabaña ovina es la más extendida.

Para su control se crea el Honrado Concejo de la Mesta, destinado a proteger y controlar el uso comercial de la ganadería y la trashumancia o prohibición de vallar las tierras en beneficio del traslado del ganado, además de la obligación de dejar pastos libres para su alimento.

3.4.2 ARTESANÍA

La artesanía tuvo un desarrollo escaso, y siempre estuvo destinada al mercado interior. Importante será la labor de la monarquía en el inicio del despegue "industrial" castellano.

A imitación de otras monarquías europeas, en 1720, el rey Felipe V inaugurará la Real Fábrica de Tapices, y con ello el inicio de las exportaciones castellanas por toda Europa.

3.4.3 COMERCIO

Por su parte, el comercio fue desde siempre un elemento dinamizador de la economía española con el auge de las ferias locales, algunas tan importantes como la de Medina del Campo. Al exterior, a través de los puertos cántabros y algunos portugueses, se exporta lana y hierro hacia Flandes, Alemania o Francia.

Caso aparte será el comercio americano, dirigido desde Sevilla y por medio de la Casa de la Contratación desde 1503. Fue la fuente de ingresos principal para la monarquía castellana durante muchos años y la salvó de la bancarrota en numerosas ocasiones.

4. LA SOCIEDAD DEL SIGLO XV

Se calcula que vivían bajo el poder de los Reyes Católicos unos seis millones de personas, de los cuales, más de cuatro millones lo hacían en Castilla. Entre las ciudades; Valencia, Sevilla o Barcelona destacan por su economía, influencia y dinamismo cultural. Madrid solo era una pequeña villa que apenas contaba con los conventos de San Jerónimo el Real y Nuestra Señora de Atocha.

Sin embargo, en 1561, el rey Felipe II trasladó la Corte de manera permanente a Madrid, siguiendo un plan político y estratégico al estar situado entre los grandes caminos peninsulares que comunicaban Aragón con Extremadura, Levante con Castilla y Andalucía con el norte.

4.1 DIVISIÓN ESTAMENTAL

La población se encontraba dividida en tres estamentos basados en los privilegios y en el poder de la sangre.

La nobleza, siendo solo el 5% de la población total, formaba el primer estamento. Ocupaba el lugar prominente, basado en las tradiciones señoriales y jurisdiccionales de la Edad Media. Eran los dueños de la tierra, participaban de la Mesta y hacían uso del mayorazgo.

Como gran privilegio, no pagan impuestos, cuestión que mantuvieron bajo el reinado de los Reyes Católicos, a pesar de perder cierto poder político.

Debemos hacer mención al grupo formado por la baja nobleza, quien acumuló cierto poder local y municipal lejos de los centros y grandes instituciones de poder.

El segundo estamento estaba formado por un amplio clero. Al abrigo de abades, cardenales y obispos, se formó un grupo que mantenía privilegios propios de la nobleza como la exención del pago de impuesto o el derecho a recibir el diezmo por parte del campesinado mientras ellos se dedicaban a la oración, la pastoral, y en muchas ocasiones a la buena vida.

Fue tal la "desorientación" eclesiástica, alejada del pueblo llano y basada en el uso y abuso de las bulas papales, que los propios reyes pidieron al papado medidas para frenar sus desmanes, y la autoridad papal para poder elegir ellos mismos a los altos cargos de la Iglesia castellana.

El pueblo llano configura el tercer estamento, sin privilegios y con la carga de los impuestos sobre sus espaldas. Estaba formado por un grupo nada homogéneo. Los burgueses, que se encontraban en lo alto del estamento, se dedicaban a la banca y al comercio, además trabajaban en las ferias y en los puertos donde hacían negocio con la exportación.

La pequeña burguesía trabajaba en las profesiones de tipo liberal como la de médico, profesor o abogado. Por debajo se encuentran los artesanos, a diferencia del resto, estos sí formaban un grupo homogéneo debido al control que ejercían los gremios.

Los campesinos, que suponían el 80% de la población, mantenían con su trabajo al resto de la sociedad. Ellos soportaban el pago de los impuestos y el mayor número de obligaciones. En Castilla, Extremadura y Andalucía, el jornalero vivía en las peores condiciones laborales y de vida. En Cataluña, tras un intento de rebelión campesina, Fernando el Católico firmó la Sentencia Arbitral de Guadalupe en 1486 por la que se castigaban los malos usos y los abusos del señor sobre el campesino.

España no ha sido nunca un país de esclavos, los pocos que existían eran propiedad de nobles o burgueses tremendamente ricos y faltos de humanidad que los utilizaban como personal de compañía o simplemente como signo de ostentación.

5. LA HERENCIA DE LOS REYES CATÓLICOS

Tras la muerte del primogénito y heredero al trono, el príncipe Juan, y posteriormente la de su hermana Isabel; la reina Isabel la Católica designó como Princesa de Asturias y heredera universal al trono castellano a su hija Juana, esposa de Felipe el Hermoso.

Sin embargo, la reina Isabel, antes de morir, incluyó una cláusula en su testamento por el cual, su esposo Fernando asumiera la regencia de Castilla y León en el supuesto de que su hija faltara, no quisiera gobernar o se viera incapacitada o impedida para hacerlo, hasta la mayoría de edad de su hijo Carlos. Al morir la reina en 1504, las Cortes castellanas juraron fidelidad a la princesa Juana y la coronaron reina de Castilla y León.

Surge así un problema "nacional", ya que los castellanos no querían verse gobernados por un rey aragonés, quien se había vuelto a casar, esta vez con Germana de Foix, sobrina de Luis XII de Francia. Fernando, para evitar una guerra civil, cede la regencia a su yerno, el Habsburgo Felipe el Hermoso. Sin embargo, la repentina muerte de Felipe en 1506 propició una guerra interna en Castilla ante la falta de un heredero al trono. Ante tal situación, el rey Fernando vuelve a asumir la regencia, periodo que durará hasta su muerte en 1516, y que llevará al príncipe Carlos al trono de Castilla y Aragón, dando por concluida la unión política, dinástica y territorial de las dos coronas.

6. LA CULTURA

La época de los Reyes Católicos estuvo marcada por el Humanismo cultural que afloraba en toda Europa y marcaba las pautas del buen noble.

En arquitectura destaca el llamado "Gótico Isabelino", un estilo de transición al Renacimiento propiamente castellano, que refleja la influencia mudéjar, del arte islámico y de las ideas y tendencias que provienen de Flandes e Italia. Como ejemplos más destacados, el claustro de San Juan de los Reyes en Toledo y la iglesia convento de San Jerónimo el Real en Madrid.

Capítulo 6

El viaje al Nuevo Mundo

1. LOS MOTIVOS DE LAS EXPEDICIONES

El final de la Reconquista generó una ola de optimismo y unión entre los diferentes reinos peninsulares inusual hasta la fecha. La victoria y expansión del cristianismo por toda la Península fue el motor, no solo de la Reconquista, sino del inicio de un proceso de unión política, social y económica que ya no tendrá freno.

El final del siglo XV verá la aparición del Renacimiento como modelo artístico, científico y político, que derivará en un auge técnico y científico que logrará el perfeccionamiento de instrumentos de navegación como la brújula o el astrolabio, y que proporcionó la necesidad y la oportunidad de buscar nuevos mundos y nuevas aventuras. Además, el auge cultural propiciado por el Renacimiento, animado por el uso de la imprenta, llevó a todas las Cortes Reales de Europa infinidad de conocimientos y de preguntas aún por contestar.

Desde el punto de vista económico, el aumento demográfico provocó la necesidad de expansión territorial y comercial, impulsó la búsqueda de nuevos territorios donde introducir los productos y capitales europeos e importar nuevos productos que satisfagan las necesidades de la amplia población.

Por otro lado, el ansia de aventuras, enlazado, no solo con la Reconquista, sino también con personajes como Marco Polo, provocan el aumento de la planificación de viajes entre continentes y por rutas aún desconocidas.

El hecho significativo que aceleró dichos viajes fue la toma de Constantinopla por los turcos en 1453, y que cancelaba las rutas comerciales entre Asia y Europa en busca de sedas y especias. La necesidad de buscar y controlar rutas alternativas llevó a los monarcas europeos a financiar expediciones hacia lo desconocido. Ante esta situación, las monarquías de España y Portugal, las grandes potencias de la época, toman la iniciativa en la búsqueda de nuevas rutas comerciales.

Los portugueses propondrán una ruta africana que rodee el continente desde el Atlántico; por su parte, España, a través de las propuestas de Colón, buscarán llegar a Asia navegando hacia el Oeste inexplorado.

1.1 CRISTÓBAL COLÓN, 1451-1506

La historia de nuestro "Nuevo Mundo" va asociada a la figura de Cristóbal Colón. Navegante profesional y sin patria en su obsesión por navegar, encontró en el Ducado de Génova sus primeros encargos de importancia. Desde siempre apostó por navegar hacia el Oeste como ruta más rápida para alcanzar Asia, lo que le granjeó numerosas negativas de financiación.

Dicha propuesta fue denegada por el rey de Portugal, Juan II, quien confió en los marinos portugueses, que defendían la ruta africana.

En 1485 Colón llega a España deseoso de mostrar a los Reyes Católicos su denostado proyecto. Sin embargo, la interminable campaña granadina imposibilita cualquier tipo de éxito y no tuvieron en cuenta sus propuestas, pues las arcas del Estado trabajaban para financiar los innumerables gastos militares.

Pero cuando la ciudad de Granada cayó, los Reyes Católicos comenzaron a pensar en los beneficios, que una empresa así, podía repercutir en la economía y política exterior de la monarquía.

La importancia de la expansión territorial de Castilla fuera de la Península, sobre todo teniendo en cuenta la limitada expansión castellana, y los éxitos portugueses tras su llegada al Cabo de Buena Esperanza en 1488 por el marino Bartolomé Diaz, hicieron reconsiderar su postura, y en 1492 firman, junto a Colón, las Capitulaciones de Santa Fe, en las que acuerdan la financiación real de la expedición de Colón a través del Atlántico y la concesión de los títulos de Almirante, Virrey y Gobernador General de todas las tierras descubiertas, además de recibir la décima parte de los beneficios obtenidos en tal empresa. A cambio, los Reyes Católicos se hacían con la titularidad y control político, económico y comercial de las tierras descubiertas.

1.2 EL VIAJE

El 3 de agosto de 1492 zarparon del puerto de Palos en dirección a las Islas Canarias una escuadra formada por una nao, la Santa María, y dos carabelas, la Pinta y la Niña, como escala inicial en su salida hacia Asia. Tras un largo y penoso viaje a merced de vientos y calmas, el 12 de octubre de 1492 avistaron la Isla de Guanahaní, actual Bahamas, dando por finalizada con éxito la expedición. La isla descubierta será llamada Isla San Salvador.

Tras varios desembarcos y exploraciones en islas cercanas, el 5 de diciembre de 1492, Colón descubre la isla que llamará La Española, actual Haití. El hundimiento de la Santa María frente a sus costas decidió a Colón construir, con los maderos de la nao, el Fuerte Navidad como su asentamiento definitivo y puerto de contacto con la Península.

Mientras, las carabelas La Pinta y La Niña navegaban hacia España cargadas de indígenas, todo tipo de plantas y alimentos como piñas o loros tropicales además de algunas piezas de oro. El 15 de marzo de 1493, las carabelas alcanzaron el puerto de Palos, siendo recibido un mes más tarde por los Reyes Católicos, que estaban en Barcelona.

2. EL PROBLEMA CON PORTUGAL

Sin embargo, las noticias del descubrimiento de nuevas tierras llegaron también a Portugal, que, preocupada por las consecuencias del hallazgo castellano, solicitó la mediación del Papa Alejandro VI, quien en mayo de 1493 había otorgado la bula "Inter caetera" por la que Castilla se hacía con el dominio de todas las tierras halladas a 100 leguas al oeste del meridiano que cruza las Islas Azores y Cabo Verde.

Para los portugueses, las tierras descubiertas por Castilla infringían el Tratado de Alcaçovas firmado en 1479, en el que se le concede a Portugal la autoridad sobre la navegación en el Atlántico a cambio de la soberanía de las Islas Canarias para Castilla.

La bula papal entorpece las relaciones entre ambas potencias, más aún cuando los Reyes Católicos organizan una segunda expedición en la que conquistan las Antillas, Puerto Rico y Jamaica, lo que originó grandes beneficios a la Corona castellana. Portugal "lanzó" gritos de desaprobación y enfado sobre los Reyes Católicos, por lo que se hizo necesaria la firma de un nuevo y definitivo acuerdo, el Tratado de Tordesillas en 1494.

En dicho acuerdo, la línea divisoria de las zonas de expansión se trasladó más al oeste y en beneficio de Portugal, lo que le posibilitará la posterior conquista de Brasil, además de limitar la expansión castellana en el norte de África.

Tras la firma del acuerdo, Colón emprende su tercer viaje ya en 1498, que marcará su relación con los Reyes Católicos. En la isla La Española, la falta de organización y de autoridad, desencadenó graves altercados con los nativos y entre los propios castellanos, lo que mermó la valía de Colón como virrey frente a los monarcas. Isabel y Fernando decidieron enviar a las nuevas tierras a gobernadores reales para que organizaran su Administración, impartieron justicia y preparando las futuras expediciones de exploración y conquista hacia el interior del continente.

El cuarto viaje de Colón, en 1502, estuvo orientado a explorar las islas de América Central. Colón siempre se consideró un navegante y no un explorador o conquistador. A su regreso en 1504, su ilusión por navegar había desfallecido, y dos años más tarde fallecía en Valladolid.

Colón fue un marino pionero, y mostró al mundo una nueva forma de afrontar los problemas en expediciones de este calibre. Supo navegar frente a la adversa climatología y política del momento, y abrió el camino a una etapa de la historia basada en los viajes, el conocimiento y la aventura.

A él, le deben mucho aventureros como: Alonso de Ojeda o Juan de la Cosa, descubridor y cartógrafo de Venezuela, o su propio amigo Pinzón que llegó hasta la misma desembocadura del Amazonas. La etapa de los navegantes dio paso a la de los exploradores, quienes, llamados por la gloria y la riqueza, financiaban sus propias expediciones como las de Ponce de León, que exploró todo Puerto Rico, o Nuñez Balboa, que fue el primero en cruzar Panamá hasta llegar al Océano Pacífico, demostrando la continentalidad de las tierras conquistadas por Colón.

3. LAS NUEVAS EXPEDICIONES

Tras la llegada de Nuñez de Balboa al Pacífico Oriental en 1513, Carlos I, manteniendo la política expansionista de los Reyes Católicos, financió la propuesta del portugués Fernando de Magallanes de llegar a Asia bordeando el Nuevo Mundo, retomando las ideas de Colón.

La expedición de Magallanes finalizó en un éxito rotundo, y tras salir de Sevilla en 1519, consiguió llegar a la Islas Filipinas en 1521 y enlazar Europa y Asia a través del Atlántico por el paso de Cabo de Hornos. La vuelta a Sevilla estuvo marcada por la muerte en Filipinas de Magallanes el mismo 1521, lo que obligó al segundo al mando, Elcano, a dirigir el viaje de regreso que recalará en Sevilla en 1522 y demostrando fielmente la geometría de la Tierra.

Figura: Soldado rodelero español, 1503

Después de explorar y dominar las costas americanas, se hizo evidente la necesidad de realizar exploraciones hacia el interior. En 1518, Hernán Cortés llegó a Cuba, desde donde iniciaría una serie de expediciones hacia el norte, donde descubriría la civilización azteca y su gran capital Tenochtitlán.

El pueblo azteca no sobreviviría a la violencia y codicia castellana, desapareciendo con él sus dioses y misterios. La hazaña de Cortés alentó nuevas expediciones europeas al Nuevo Mundo. El reclamo de las "ciudades de oro y metales" inundó Castilla y Portugal. En 1531, Pizarro entra en la selva peruana hallando y conquistando el Imperio Inca. La amplitud del territorio hizo que fuera necesaria la creación del Virreinato del Perú.

Bajo el reinado de Carlos I, los españoles habían descubierto o conquistado gran parte de América Central, fundado los virreinatos del Perú y de Méjico, fundado la ciudad de Texas en 1529, y remontando el Amazonas buscando la ciudad mítica de el "Dorado".

En el reinado de Felipe II, la liberalización de la conquista americana hizo volver los ojos del monarca sobre las Islas Filipinas. Descubiertas en 1521 por Magallanes y Elcano, se financian expediciones de exploración, de las que destaca la fundación de Manila como la capital de las islas en 1571. En 1573, el propio Felipe II ordena la paralización de las expediciones de conquista permitiendo sólo las expediciones de evangelización a cargo de la Iglesia.

4. LA EXPLOTACIÓN DE LAS COLONIAS

El asentamiento castellano en las nuevas tierras fue posible gracias, sobre todo a la superioridad militar, donde caballos, armaduras y armas de fuego, unida a las leyendas de la llegada de dioses amedrentaron a los nativos, que finalmente se vieron asediados y aniquilados por los europeos.

La explotación de las colonias estuvo marcada por el abuso sobre la población indígena. Las noticias que llegaban de ultramar eran sórdidas y oscuras, el desgobierno y la tiranía se habían implantado en el Nuevo Mundo.

Fue tan tiránica, que el propio Fernando el Católico, tras escuchar los relatos de algunos misioneros, promulgó en 1512 las Leyes de Burgos, que defendían los derechos de los indígenas frente a la injusticia y la barbarie castellana.

Sin embargo, la ley ocultaba una cierta ilegalidad, pues no era de aplicación universal, sino que sólo se aplicaba sobre el indígena que se comprometía a convertirse al cristianismo. La superioridad "moral" occidental fue tal, que en muchos casos se justificó la conquista y sus consecuencias en base a la incapacidad del indígena para su autogobierno y a explotar sus propios recursos.

No sería justo decir que la llegada del hombre europeo a las "Américas" fue siempre cruel e injusto. Alrededor de la miseria y la injusticia surgieron también, pequeños grupos que apoyaban la libertad y los derechos del indígena frente al ocupante occidental.

Algunos sectores religiosos y algunos comerciantes lucharon por conseguir una cierta igualdad en el trato y en el respeto por sus usos y costumbres. Pero como ya hemos comentado, la realidad mostraba un paisaje desolador. Para evitar la huída de los indígenas hacia el interior se crearon los repartimientos, auténticas plantaciones esclavistas donde a cada castellano o encomendero, se le cedía un número indeterminado de indígenas para trabajar en la plantación, a cambio de protegerlos, educarlos y evangelizarlos en la fe cristiana.

Evidentemente solo fue una manera de legalizar los excesos de los propietarios, que se veían amparados por una ley que castigaba al indígena que no trabajara, educara o evangelizara.

Dicha situación se mantendrá hasta 1542 cuando, bajo el reinado de Carlos I, se promulgan las Leyes Nuevas , que abolían las disposiciones anteriores y promueven la conservación, gobierno y buen trato de los indígenas. Con dichas leyes se acabaron con los repartimientos, pero no con la extensión de las grandes plantaciones de café, tabaco o azúcar que vendían sus productos en el mercado europeo.

Los ricos terratenientes sortean una y otra vez las idas y venidas de las leyes reales, e incluso se sirvieron de una práctica abusiva nativa para obligar a los grupos indígenas más desfavorecidos a trabajar duramente entre ocho y diez meses en las plantaciones, tal y como permitía una ley indígena y que se mantuvo hasta el siglo XVIII.

Por último, cabe reseñar la explotación religiosa llevada a cabo por la órdenes religiosas, que fomenta los usos y costumbres religiosas castellanas en aquellas tierras.

En algunos casos, los religiosos se asociaban con el poder establecido y miraban hacia otro lado ante la injusticia racial con el indígena; por el contrario, se establecieron pequeños poblados a modo de protectorados en los que el propio indio participaba del gobierno del mismo además de aprender técnicas de cultivo y formas de trabajo más productivas.

5. LOS ORGANISMOS AMERICANOS. EL EJE COMERCIAL CASTELLANO.

5.1 LA CASA DE LA CONTRATACIÓN

Para centralizar y controlar todo el comercio americano, los Reyes Católicos promovieron la creación de la Casa de la Contratación en Sevilla en el año 1503. Por dicha institución debían pasar todos los barcos con destino al Nuevo Mundo, aunque la masificación y la falta de productividad de tal centralización, obligó a liberalizar el comercio a finales del siglo XVIII.

La función más importante de la Casa de la Contratación fue la de llevar el registro de todas las expediciones rumbo a las Indias; pero, además, se ocupó de organizar el comercio, la emigración castellana, las licencias de importación y exportación, y la fiscalidad en la entrada de metales preciosos a la Península.

Fue tal su relevancia dentro de la Administración, que tuvo competencias judiciales para tratar temas penales ocurridos durante los viajes.

5.2 EL CONSEJO DE CASTILLA

Otro organismo creado en relación con el descubrimiento de América, fue el Consejo de Castilla, órgano superior de administración y control sobre el gobierno de las Indias.

Sin embargo, su ineficacia para actuar con rapidez y para tratar temas exclusivos de las colonias americanas, hizo crear a Carlos I, el Consejo de Indias, órgano que asumió, desde las Indias, todas las competencias y derechos en el Gobierno y Administración de las colonias.

El Consejo de Indias organizó el territorio americano al modo castellano. En los territorios más extensos e importantes creó un virreinato dirigido por un virrey, noble funcionario real que era la voz del rey en aquellas tierras lejanas. Dos fueron los grandes virreinatos en América: el de Nueva España, en Méjico, y el Virreinato del Perú. Estos territorios se dividieron, a su vez, en pequeñas áreas llamadas Audiencias, donde se repartía justicia.

Las Audiencias, enfocadas a la justicia y a temas legales, se dividieron en provincias dirigidas por un gobernador. Así quedaron estructurados territorial, política y socialmente los nuevos territorios.

6. LA SOCIEDAD AMERICANA

Se calcula que cerca de 300.000 españoles emigraron hacia el Nuevo Mundo. Pocos realmente, ya que muchos temieron la dificultad del viaje y su incierto futuro; otros, sufrieron la negativa de sus señores, que no quisieron perder vasallos que trabajaran sus tierras. La emigración fue masivamente masculina, por cercanía a los puertos de salida, andaluces; y por posibilidades económicas, castellanos.

La nueva sociedad americana se formó en base al cruce racial. Se estableció una sociedad clasista según el origen del nacido: el criollo, de padres occidentales; el mestizo, si la madre era india; y mulato, si provenía de una relación con una mujer negra.

Socialmente la población se dividió a la manera estamental del medievo: los blancos estaban en la cúspide de la pirámide, tenían todos los derechos y ocupaban los altos cargos de la Administración y poseían la propiedad de la tierra.

Los criollos, de padres europeos, tenían acceso a puestos bien remunerados en las plantaciones, empresas privadas como los bancos y en la propia Administración. Por su parte, los indígenas y mestizos se encontraban en un escalafón inferior. Trabajaban en penosas condiciones laborales y sometidos al poder y al control absoluto del señor. Por último, la raza negra fue considerada inferior, y trabajó esclava y desprovista de derechos.

7. IGLESIA

Los misiones tuvieron un papel e influencia muy relevantes en la población americana. A la par de su trabajo evangelizador, mantuvieron parcelas de poder en el ámbito educativo y también político en algunos territorios aislados. En algunos casos, al menos, se puso del lado del indígena, y protestó por su situación de desamparo e injusticia.

8. LAS CONSECUENCIAS DE LOS DESCUBRIMIENTOS

Un hecho tan relevante como el descubrimiento de América no pudo más que derivar en importantes consecuencias a corto y largo plazo, tanto en la exploración y posterior conquista, como en la apreciación del mundo en los siglos posteriores.

Afectó a los límites del mundo conocido, y alentó los deseos nacionales de las nuevas y futuras potencias. El comercio conoció un auge impensable pocos años antes; el sector agrícola, ganadero e industrial recibieron un empuje decisivo en su crecimiento y generó importantes corrientes de dinero entre países y continentes.

Un aspecto fundamental para la población castellana y europea de la época fue la llegada de nuevos productos y cultivos, que cambiaron para siempre los hábitos y costumbres alimenticias de millones de personas.

No hablamos solo de productos exclusivos para la nobleza y los más privilegiados, como fueron el tabaco o el cacao, sino que nos referimos a productos que modificaron la dieta básica de jornaleros, artesanos y personas humildes, como la patata o el maíz, productos básicos, de fácil cultivo y tremendamente productivos, que dieron de comer durante generaciones a las clases más desfavorecidas, incluida la época actual. También tuvo una importancia vital en el crecimiento de la nueva burguesía comercial estableciendo las bases de un sistema mercantilista, primero, y capitalista posteriormente.

Como consecuencias negativas, que también las muchas: la pérdida de vidas humanas y de toneladas de productos y metales preciosos que se hundieron en navíos atacados por los piratas financiados por holandeses e ingleses.

En Castilla, el aumento de los precios de los productos debido a la incesante entrada de oro, plata y mercancías, derivó en conflictos sociales ante el aumento de la pobreza en determinadas zonas de Castilla o Andalucía. Además, la llegada de dinero a las arcas reales no implicaba un destino social, sino que se destinó a pagar los créditos solicitados para mantener los tercios españoles por el mundo y financiados por banqueros extranjeros.

Los siglos XVII y XVIII estarán marcados por las constantes bancarrotas que afectarán sobremanera a Castilla y a los reinados de Felipe III y Felipe IV.

Desde el punto de vista territorial, se van a fundar ciudades que se construyeron según los trazados europeos, ciudades que hoy lucen sus arquitecturas y modos de vida como memoria lejana de lo que fueron durante los siglos XVI y XVII.

La influencia extranjera derivó en el surgimiento de un movimiento cultural indígena que fomentará el uso combinado de las costumbres, artes y desarrollo de ambas culturas, la construcción de escuelas para indígenas o de las grandes universidades de Lima o La Habana.

Pero por encima de todo, la expansión del castellano por todo el continente americano, y que hoy en día es símbolo de la unión y del esfuerzo del mestizaje por encima de cualquier superioridad moral preestablecida.

Capítulo 7

El siglo XVI. Los Habsburgo "Mayores"

La nueva dinastía de los Habsburgo estará formada por los monarcas: Carlos I, Felipe II, Felipe III y Carlos II. Con su llegada podemos hablar ya de unión territorial y, sobre todo, de una política común.

1. CARLOS I, 1500/1516-1558

Al morir Fernando el Católico en 1516, la herencia dinástica y territorial hispánica recae sobre Carlos I. Nacido en Gante en 1500, e hijo de Juana "la loca" y Felipe "el Hermoso", tendrá en sus manos uno de los mayores imperios que el mundo había contemplado hasta el momento formado por diferentes estados, lenguas, tradiciones y gentes.

Bajo sus manos tendrá el control de los territorios recibidos de su herencia española: Castilla, Aragón, Navarra, los territorios italianos, el norte africano y las Indias. De la herencia de su padre, Felipe de Habsburgo, recibe: el sur de Alemania, Austria, Países Bajos y el Franco Condado. Hasta la llegada del futuro rey, el Cardenal Cisneros ejerció como regente en Castilla, mientras que el arzobispo Alfonso lo hizo en Aragón a la espera de que las Cortes de ambos territorios aprobase a Carlos I como nuevo rey.

La llegada de Carlos a Castilla no fue fácil ni amistosa. El 17 de septiembre de 1517 llegaba a la costa asturiana. Tras visitar a su madre en Tordesillas, los nobles castellanos le exigieron que jurase los fueros de los reinos hispanos y se comprometiera a vivir en ellos.

Además, debía nombrar a los cargos de la Iglesia y de la Corte de entre los candidatos locales, y que en ningún caso fueran extranjeros. Sin embargo Carlos I llega a la Península rodeado de una corte de extranjeros, y su falta de interés y conocimiento de las costumbres, leyes e idioma castellano le generará grandes oposiciones dentro de la misma Corona de Castilla.

Para complicar más las relación entre rey y súbditos, en 1519 fallece el emperador del Sacro Imperio Germano, Maximiliano de Habsburgo, lo que precipita su elección, por parte de los Príncipes Alemanes, como Carlos V de Alemania.

1.1 PROBLEMAS INTERNOS

La larga ausencia del monarca motivada por los actos de su coronación, unida a la enorme carga fiscal que asumían los castellanos dentro del Imperio, alentó las protestas contra el nuevo rey.

1.1.1 MOVIMIENTO COMUNERO

En Castilla, ciudades como Toledo, Segovia o Ávila expulsaron a los corregidores reales y se auto proclamaron comunidades territoriales, iniciando así, un movimiento comunero de carácter político.

Su objetivo era el de "castellanizar" las Cortes y expulsar a los flamencos venidos en 1517 con Carlos I, además de exigir al rey que no volviera a abandonar estos reinos, disminuyese los impuestos y protegiera el comercio lanar castellano frente a otros estados extranjeros.

La llegada de las tropas reales dirigidas por Adriano de Utrecht para sofocar la revuelta, no hizo sino expandir el conflicto a otras ciudades; incluso se llegó a crear un órgano regente conocido como la Santa Justa. Pero el movimiento comunero pasó a ser también un movimiento social, lo que fue entendido por la alta nobleza como un ataque a sus intereses y se adhirieron a la causa en favor de Carlos I, lo que supuso la caída de ciudades comuneras como Toledo o Tordesillas

1.1.2 LAS GERMANÍAS

En la Corona de Aragón surge, entre 1519 y 1523, una rebelión de tipo social en los reinos de Valencia y Mallorca, que recibe el nombre de germanías, ya que estuvo liderada por los gremios locales y que aglutinó a artesanos varios, comerciantes, además de campesinos y parte del bajo clero. Aunque su inicio fue meramente local, el conflicto se trasladó a ciudades más al sur como Murcia.

Las exigencias propuestas en el reino de Valencia por sus líderes abarcaban temas políticos, sociales y económicos. Se exigió la conversión obligatoria de los mudéjares, la abolición de la jurisdicción señorial y el fin de los impuestos feudales. Además, proponían la entrada de los gremios en los diferentes organismos e instituciones territoriales. En el Reino de Mallorca, la protesta tuvo un marcado signo social en busca de mejoras laborales y de vida tanto de artesanos como de campesinos.

Tanto las comunidades como las germanías fueron duramente sofocadas y al regreso de Carlos I en 1522, prácticamente no queda ya ningún reducto hostil de importancia. Los líderes del movimiento fueron ejecutados sin derecho a defensa, mientras que los gremios, simpatizantes y seguidores en las ciudades, debían hacer frente a fuertes multas recogidas en los Reales Perdones.

Las consecuencias fueron muy positivas para la monarquía y la alta nobleza que salieron muy fortalecidas del conflicto, llegando a controlar ahora las Cortes y las instituciones locales. Desde el punto de vista administrativo, los corregidores volvieron a sus cargos mientras en las ciudades se pide la protección real y de la monarquía.

Carlos I, quizá porque ha aprendido la lección, quizá porque comienza a entender y a disfrutar de las costumbres castellanas, no abandona ya el reino, integrando a la nobleza castellana en la corte y alejándose de las influencias flamencas.

1.2 OBJETIVOS DE CARLOS I

Desde el punto de vista político, Carlos I quiso mantener el antiguo objetivo de constituir y consolidar el "Quinto Reino de Dios" en la Península y enlazar los antiguos reinos históricos, Babilonia, Persia, Grecia y Roma, con la formación de un Imperio Universal de trascendencia cristiana.

Para ello adoptará una serie de medidas: mantener a los estados vasallos bajo el control político e ideológico del Papado, aumentar el poder de los Habsburgo en centro Europa, detener la expansión del Islam en cualquier punto del Mediterráneo y defender el patrimonio heredado como fuente del poder de todo su Imperio.

Para conseguir dicho propósito inició una campaña militar por toda Europa enfrentándose a cualquier reino o territorio que pudiera obstaculizarlo. Así, la monarquía hispánica se enfrentará a Francia, al Imperio Otomano, a los territorios de los Príncipes Alemanes e incluso al Papado, que receló del enorme poder adquirido por Carlos I.

Es la época donde los tercios españoles, unidad militar de élite compuesta por soldados de infantería armados de pica y arcabuz, auténticos herederos de las míticas legiones romanas, impondrán su fuerza en media Europa.

Autores como Calderón de la Barca, entre otros, escribieron poemas enalteciendo la valía de los tercios. En esta cuarteta anónima escrita entre los siglos XVI y XVII se expresa con precisión y júbilo dicha sensación:

"Allende nuestros mares,

allende nuestras olas:

¡El mundo fue una selva

de lanzas españolas!"

1.3 LOS PROBLEMAS CON FRANCIA

Las primeras disputas de Carlos I como monarca castellano surgen contra el reino de Francia por el control de diversos territorios italianos. Los inicios del conflicto provienen de la toma de Nápoles por Fernando el Católico y aumentan ahora ante el interés de Carlos I en el ducado de Milán y la Lombardía, y por el deseo francés de hacerse con los Países Bajos ante el interés de Carlos I sobre el ducado de Borgoña.

La guerra entre ambos estados tuvo lugar por toda Europa, alcanzando los Pirineos, Países Bajos, el Franco Condado e Italia, y terminó por decantarse finalmente a favor de Carlos I. Entre los hechos más significativos del conflicto se encuentra "Il sacco di Roma" en 1527, donde los tercios españoles arrasan la ciudad de Roma como castigo al Papado por aliarse con Francia.

Estos conflictos terminaron momentáneamente en 1529 con la firma de La Paz de Cambray, por la que Carlos I se adueña del Milanesado, mientras que Francisco I se queda con la Borgoña francesa.

1.4 PROBLEMAS CON EL IMPERIO OTOMANO

Siguiendo el objetivo imperial de detener la expansión del Islam, Carlos I dirige los tercios españoles hacia Viena, ciudad cercada por Suleimán el Magnífico. Las batallas navales entre ambos imperios desolaron todo el Mediterráneo aunque no dejaron un vencedor claro. Cabe resaltar las victorias imperiales dirigidas por Fernando de Habsburgo, hermano de Carlos I, en Trípoli y Túnez en 1535.

1.5 PROBLEMAS CON LOS PRÍNCIPES ALEMANES

A partir de 1517 surge en Centroeuropa un movimiento reformista contra la Iglesia Católica liderado por Martín Lutero. Los príncipes alemanes se unirán a dichas tesis en favor de su lucha contra el control imperial de Carlos V. Para solucionar el conflicto se convocó entre 1545 y 1563 el Concilio de Trento.

Sin embargo el resultado no fue el esperado y la Iglesia Católica rompió con los reformistas, avivando la llama de la confrontación y la guerra. Dos hechos van a marcar la resolución del conflicto. Uno de ellos es la victoria de los tercios españoles contra la Liga protestante de Smalkalda en la famosa Batalla de Mühlberg en 1547.

El otro hecho será la alianza germana con Francia, que llevará a Carlos I a firmar La Paz de Augsburgo en 1555, en la que se establecen como confesiones religiosas oficiales la católica y la luterana.

Los numerosos conflictos, las derrotas y el cansancio, obligan a Carlos I a dividir el Imperio entre su hijo y su hermano. Felipe recibirá la corona de los Países Bajos, animado por su boda con María Tudor, reina de Inglaterra, en 1555; y un año más tarde, en 1556, recibe los territorios de España, Italia y Las Indias. Por su parte, Fernando, recibirá el Sacro Imperio Germánico.

2. FELIPE II, 1527/1556-1598

En 1556, Carlos I, decide retirarse de la vida pública a la vez que cede el gobierno del Imperio a Felipe II. Dos años más tarde moría, tras enfermar de paludismo, en su retiro en el Monasterio de Yuste, Cáceres.

Su hijo Felipe II, educado en Castilla, tomó todas sus decisiones imperiales desde la Península y asistido por consejeros castellanos, adoptando como nombre su monarquía, la de Hispánica.

Casado cuatro veces, primero con María de Portugal y después con María I de Inglaterra, quien muere en 1558, Felipe II reorienta su política matrimonial con la firma de La Paz de Cateau-Cambresis en 1559, por la que Francia, Inglaterra y España acuerdan promover la estabilidad de los territorios europeos con la boda entre Felipe II e Isabel de Valois, hija del rey francés, en 1559.

A su regreso tras la boda, el panorama político, social y sobre todo económico es desalentador. La bancarrota de la Hacienda Pública hace inviable mantener activo el grandioso imperio.

Es el momento en el que Felipe II decide centralizar la política española fijando su residencia y la de la Corte en Madrid en 1561, aunque por diversos motivos protocolarios, no se hará oficial la capitalidad de Madrid hasta 1931.

Felipe II se acercó al poder de la Iglesia castellana a través de la Santa Inquisición y sus autos de fe. Felipe se transformará en líder espiritual de la cristiandad europea, lo que acarreará a Castilla enormes gastos y sufrimientos.

2.1 POLÍTICA INTERIOR

La guerra de las Alpujarras, en 1568, se convierte en piedra de toque de su poder como monarca. El conflicto se origina con el levantamiento de los moriscos, que se encontraban discriminados ante el resto de la población, generando un problema de carácter religioso, político y social.

El levantamiento fue sofocado y se obligó a los moriscos a convertirse al cristianismo y olvidar su lengua y tradiciones so pena de ser expulsados del reino. La medida afectó a una población cercana a los 200.000 moriscos, quienes, a pesar de convertirse oficialmente al cristianismo, siguieron manteniendo sus ritos religiosos.

Cabe destacar el conflicto de carácter institucional con el reino de Aragón que acabará convirtiéndose en un conflicto de índole territorial.

Antonio López, Secretario Real, es acusado por las Cortes Castellanas de intento de manipulación del propio monarca, por lo que es encarcelado. Al poco tiempo de estar preso consigue escapar y refugiarse en Aragón donde los fueros locales impedían la autoridad de Felipe II.

Este hecho se convirtió en un conflicto territorial y nacional que acabó con la victoria de los ejércitos reales y la imposición de elección de los futuros virreyes de Aragón por parte del propio monarca.

La muerte de Isabel de Valois y su nueva boda, esta vez con Ana de Austria en 1568, coincide con el aumento de la tensión fuera de la Península.

2.2 POLÍTICA EXTERIOR

En el Mediterráneo, el Imperio Otomano ataca los principales puertos comerciales españoles e italianos, obligando a la formación de la Liga de Lepanto conformada por España, Venecia, Génova, Saboya, el Papado y la pequeña Orden de Malta, que derrotarán a los musulmanes en la famosa batalla de Lepanto en 1571.

En los territorios españoles de los Países Bajos prende la llama del calvinismo, movimiento teológico creado por Juan Calvino, que propone separarse de los abusos de la Iglesia tradicional en pos de un acercamiento más íntimo con Dios y el poder de su misericordia. Por lo tanto, la llama del conflicto religioso, prende por los Países Bajos y sobre todo en las clases sociales más pobres que deben hacer frente a la subida de precios de los alimentos, así como de los impuestos desde 1556.

Unidas ambas razones, la religiosa y la social, estalla la Guerra de los Ochenta Años, 1568-1648, que pondrá en entredicho el poder del Imperio de Felipe II y que tendrá como resultado la configuración de la "Europa Atlántica" como la conocemos hoy en día, y que algunos historiadores consideran el origen del concepto nación.

La guerra exigió de Castilla un esfuerzo económico en una situación de debilidad económica. En 1609 se firma la Tregua de los Doce Años, cuando las partes en conflicto se encuentran al límite de su capacidad económica, militar y moral. La continuidad del conflicto se moverá entre el equilibrio y el desgaste de fuerzas.

En 1648, exhausta la economía castellana y con la formación de las Provincias Unidas bajo el liderazgo de Guillermo de Orange, se firma la Paz de Westfalia con la negociación de Juan de Austria, hermanastro de Felipe II y que concluye con el reparto de territorios, de leyes, tradiciones, y confesiones religiosas.

El nuevo orden europeo comenzaba a eclipsar la idea de un Imperio Universal. Si la situación económica producida por la Guerra de los Ochenta Años fue de desgaste de las arcas castellanas, el conflicto con Inglaterra vino a mostrar la debilidad del viejo imperio.

La intención de Felipe II de conquistar el territorio protestante más importante de Europa ligaba con la intención de la reina Isabel I de derrotar de manera definitiva a la Monarquía Hispánica y hacerse con sus recursos y rutas comerciales. Tal fue su deseo, que se unió a franceses, calvinistas y piratas en su objetivo de acabar con la hegemonía castellana en el mundo conocido.

Mientras, en 1578 fallece Sebastián I, rey de Portugal sin descendencia, lo que aprovecha Felipe II para reclamar sus derechos al trono y mandar, en 1580, al Duque de Alba a tomar la capital con los tercios españoles, consiguiendo así la anexión del reino de Portugal. Tal hecho enfada profundamente a la reina Isabel I de Inglaterra.

El enfrentamiento entre ambas potencias es inevitable, y desde 1585 se inicia una guerra anglo-española por el establecimiento de la hegemonía europea y mundial. Dicha guerra tendrá dos fases diferenciadas.

La primera fase fue dominada por Inglaterra y su armada, venciendo a la flota española en Cádiz en 1587, y en 1588 derrotando a la famosa "Armada Invencible".

Lo que parecía haber desequilibrado la contienda mostró una nueva cara. En 1589 se produce la derrota de la "Invencible Inglesa" o de la "Contraarmada", cuando son severamente derrotados en su intento de invasión de la Península Ibérica, y que culminó con la caída en desgracia del héroe nacional Francis Drake y con la firma del Tratado de Londres de 1604 firmado ya por Felipe III, al haber muerto Felipe II en 1598.

3. EL GOBIERNO DE LOS AUSTRIAS "MAYORES"

3.1 LA ADMINISTRACIÓN

Tanto Carlos I como Felipe II intentaron mantener las políticas de cohesión, unidad y fortalecimiento de la monarquía de los Reyes Católicos. Para ello potenciaron tres ejes fundamentales: la diplomacia, el ejército y la Administración.

La Administración de tan vasto Imperio se realizó en base a una serie de organismos o instituciones. Dentro de los órganos de decisión o consejos más importantes, destacan: el Consejo de Estado, que tenía jurisdicción en todos los territorios y asesoraba al monarca en cuestiones diplomáticas; la Inquisición, tribunal de carácter religioso; el Consejo de Indias, que asumió las competencias relacionadas con el Nuevo Mundo; Hacienda, que a través de los impuestos generaba las condiciones económicas necesarias para sufragar los enormes gastos de la monarquía; y por último, los Secretarios Reales, consejeros cercanos al rey.

Pero también fue necesaria la creación de otros organismos de carácter secundario y que facilitaban el trabajo de los principales, estos eran: las Chancillerías y Audiencias, tribunales de justicia y de carácter legal; corregidores, funcionarios reales de primer nivel que representaban, lejos de la Corte, la voz del monarca; regidores, que trabajaban y eran elegidos por los corregidores; los recaudadores de impuestos, funcionarios de una escala media que trabajaban para la Hacienda Real; y por último, los alguaciles, personas encargadas de hacer cumplir la ley en cualquier territorio real.

3.2 ECONOMÍA

Pero tan gran Administración se verá comprometida en su esfuerzo por mantener el nivel de gasto militar que necesitaba la monarquía. Y en este esfuerzo, fue Castilla quien mantuvo e hizo posible una economía solvente y dinámica capaz de mantener a las numerosas tropas españolas en el extranjero. Pese a ello, la norma fue la de soportar bancarrotas dolorosas y continuas.

Los medios que utilizó la Hacienda Pública para llenar las arcas del Estado fueron, principalmente: la recaudación de impuestos, las rentas abonadas por la Órdenes Militares, la llegada continua de metales preciosos de las Indias, y las aportaciones ocasionales que, en periodos de carencia, realizaba la Iglesia.

La búsqueda de tesoros inimaginables y evitar los continuos aumentos de impuestos, llevó a numerosos castellanos a buscar riquezas y una nueva vida en las Indias, aunque bien es cierto que la mayoría no inició viaje alguno y terminó por asentarse en el Mediterráneo o el sur peninsular.

3.2.1 PILARES BÁSICOS DE LA ECONOMÍA CASTELLANA

La agricultura, con carácter de subsistencia, dedicada al cultivo del cereal, de la vid y del olivo, lo que representaba una agricultura mayoritariamente de secano, sólo matizado por el inicio del regadío en las huertas de Valencia y Murcia.

Por su parte, la artesanía seguía siendo el motor económico y dinamizador del mercado interior, sobre todo con el aumento de la venta de objetos asociado al crecimiento de las nuevas ciudades, siendo Toledo, por su enclave geográfico, el eje del mercado interior peninsular.

El mercado exterior estará focalizado en la exportación de hierro vasco y lana castellana, además del movimiento de metales preciosos que procedían de América a través de Sevilla.

La ganadería formará el tercer pilar tradicional de la economía castellana. Continuó el predominio de la Mesta y la Trashumancia, tanto a nivel interno como de Consejo exportador de lana al exterior.

El último pilar económico será el conformado por las nuevas colonias creadas en América. Fue un elemento dinamizador y enriquecedor para la economía, y posibilitó los amplios gastos de la monarquía. Cabe destacar que la llegada de metales preciosos a la Península provocó un aumento de los precios en los productos españoles, por lo que se intensificó la demanda de productos extranjeros.

4. LA POBLACIÓN DEL SIGLO XVI

La población del siglo XVI mantuvo las características propias de una sociedad estamental, basada en los privilegios y en el inmovilismo. Lo que sí cambia en este siglo es la tendencia demográfica.

La mejora en las condiciones de vida de la población, unida al auge del comercio exterior e interior, fueron elementos suficientes para generar un aumento de población, sobre todo en el sur peninsular y las ciudades portuarias.

El grupo privilegiado seguía formado por la nobleza que, a pesar de disminuir en número, mantuvo sus privilegios tales como la exención en el pago de impuestos y la ocupación de altos cargos en el ejército y en la política.

El alto clero formaba parte también del estamento privilegiado, no pagaba impuestos y sí cobraba el diezmo además de poseer numerosas propiedades en inmuebles y en tierras sin cultivar.

Existía además, un clero bajo, que se asentaba en las pequeñas ciudades o pueblos más importantes donde poder ejercer con cierta dignidad. Por debajo, el clero rural, asociado a los más desfavorecidos, vivían de la bondad de los vecinos y en condiciones infrahumanas.

El pueblo llano engloba una infinidad de "pobladores" tanto en ciudades como en pequeños pueblos y relacionados con multitud de trabajos. En la cúspide, estaba la minoría financiera y comercial que emergió a la luz del comercio americano.

En un segundo nivel, la sociedad urbana, dedicada a profesiones liberales, subsistían con muy poco sometida por la carga de impuestos.

La sociedad rural, conforma el 80% del total de la población. Su vida era miserable, en pésimas condiciones de vida y alejados de un futuro o porvenir mejor.

5. EL MUNDO DE LA CULTURA

El siglo XVI se caracteriza, en España y en Europa, por la llegada de las ideas del Renacimiento. Aparecen los primeros mecenas asociados a la alta burguesía y a la nobleza.

Los restos artísticos y muestras culturales en la Península son numerosos, ejemplo de ello tenemos la "Gramática Castellana" de Antonio de Nebrija; las obras literarias del "Lazarillo de Tormes" o de "La Celestina"; la figura inmortal de El Greco o las muestras arquitectónicas del fin del Gótico en la Universidad de Salamanca o el Monasterio del Escorial, y del Renacimiento en la Catedral de Granada o el Palacio de Carlos V entre otros.

Capítulo 8

El siglo XVII. Los Habsburgo "Menores"

1. EL FIN DE LA HEGEMONÍA ESPAÑOLA

El siglo XVII verá pasar ante nuestros ojos la derrota de los tercios en Flandes, la secesión de Portugal, el problema en Cataluña o la despoblación y crisis económica de Castilla.

Un viejo imperio se muere, y Francia e Inglaterra se disputan la hegemonía en Europa. Incluso el bastión de la Inquisición se derrumba al convertirse en un mero instrumento de odio, represión y muerte.

El siglo XVII estará marcado por el gobierno de los Austrias menores, Felipe III, Felipe IV y Carlos III, llamados así por su poca visión de gobierno y sus nulos deseos de trabajar en favor de la Monarquía Hispánica. Por ello recurrieron a la figura del valido, persona de confianza del rey que asumió los deberes reales a cambio de disfrutar de enormes privilegios y de un gran poder.

Es el siglo de la indolencia de la vieja nobleza castellana, que se dedicó a malgastar sus fortunas y las de la propia Castilla. Por su parte, la Iglesia, poseedora de un gran número de inmuebles y de tierras, se anquilosa en su estatus privilegiado y no hizo nada por el pueblo atormentado por las temidas citas bíblicas.

Desde el punto de vista económico supuso el fin del monopolio español de las Indias que pasó a manos de Holanda, Inglaterra y Francia.

Sólo a final de siglo aparecieron libres pensadores que propusieron un camino de libertad y de fin de privilegios, pero que encontró la oposición de la nobleza y la falta de respuesta del pueblo ignorante y manipulable.

2. EL REINADO DE FELIPE III, 1578/1598-1621

Felipe III es el primero de los conocidos como "austrias menores". Coronado en 1598, se casó con Margarita de Austria de la dinastía de los Habsburgo. Como ya hemos comentado antes, su ambición por gobernar era limitada, y pronto cedió el mando de sus obligaciones a su valido, el Duque de Lerma.

Su función era conservar y organizar los territorios heredados, así como hacer frente a la bancarrota sistemática de la Hacienda española, motivada ahora por el descenso del comercio exterior y por la pérdida de la hegemonía del comercio americano.

La importancia del Duque de Lerma fue tal, que estuvo a punto de trasladar, de forma permanente, la capital a Valladolid; sin embargo, será el propio Felipe III quien la retorne a Madrid en 1606.

La política de Felipe III tendrá dos ejes principales:

2.1 POLÍTICA EXTERIOR

Felipe III deberá lidiar con el auge de potencias marítimas como Inglaterra y Holanda. Tras el fracaso de la Armada Invencible en 1588, la pérdida de autoridad frente a Inglaterra es evidente, pero la muerte de la reina Isabel I en 1603 posibilita un acercamiento entre ambos países.

Su sucesor, Jacobo I, se compromete a cesar la actividad de piratas en el Atlántico y dejar vía libre a los mercantes españoles.

Por su parte, se firma en 1609 la Tregua de los Doce Años con Holanda, que viene a reafirmar lo acordado en 1604, con la firma del Tratado de Londres entre España, Francia, Holanda e Inglaterra y que ponía fin a una época de guerras y luchas por el control de territorios a lo largo y ancho de Europa.

2.2 POLÍTICA INTERIOR

En cuanto a su política interior cabe mencionar la "cuestión morisca". Quizás la peor decisión política y territorial tomada por el Duque de Lerma. Sin prever las consecuencias, se dicta en 1609 la expulsión de los moriscos.

Tal hecho provocó una fractura en la sociedad española del momento. De un lado los moriscos, nacidos y asimilados en el territorio, y los nobles terratenientes, que apreciaban su voluntad y buen hacer en el trabajo; del otro, el pueblo llano, inculto y manipulable que siguió el guión propuesto por el duque y que acabó en diversas rebeliones en Aragón y Valencia.

En Cataluña, Valencia y Portugal, estos hechos se trasladan a cuestiones locales y se generan nuevos conflictos contra la monarquía. El creciente malestar general de la población llevó a Felipe III a cesar de sus funciones al Duque de Lerma y nombrar en su cargo al Duque de Uceda.

3. FELIPE IV, 1605/1621-1665

A la muerte de Felipe III en 1621, le sucede su hijo Felipe IV. Casado primero con Isabel de Borbón, hija del rey de Francia, de la que nacerán varias hijas pero ningún varón. A la edad de ochenta años se casa por segunda vez con Mariana de Austria, enlace del que nacerá su heredero, el futuro Carlos III.

Al igual que Felipe III, cederá sus obligaciones reales al valido Conde-Duque de Olivares, quien acumuló tanto poder y relevancia como el propio monarca, lo que le hizo tomarse en serio su cometido, labor que dejó plasmada en el documento "Gran Memorial", escrito en 1624 y donde exponía su visión de España. Por ello, y desde el primer momento, tuvo claro cuál era el objetivo fundamental de su gobierno: devolver el esplendor a la Monarquía Hispánica.

Para ello trabajó por mantener la herencia dinástica de los Borbones y aplicar una serie de reformas estructurales que modernizaran el país como frenar la corrupción, limitar el gasto público o incrementar la demografía fomentando la natalidad y beneficiando económicamente los nacimientos.

Desde el punto de vista económico, Olivares apostó por un modelo mercantilista apoyado en el comercio americano, y por el proteccionismo comercial con la limitación, de entrada, de productos extranjeros.

3.1 POLÍTICA INTERIOR

Sin embargo, dicha empresa sólo era posible con la unidad de los territorios peninsulares, de su población, de su ejército, con la creación de la Unión de Armas o ejército permanente, y de sus leyes.

Con ese propósito intentó implantar la fiscalidad castellana al resto de territorio peninsular, incluida Portugal. Sin embargo, territorios como Cataluña, Aragón o Valencia se opusieron alegando la vigencia de leyes y fueros propios.

En Cataluña, la sublevación de los jornaleros pidiendo mejoras laborales, se convirtió en una protesta secesionista cuando la burguesía y parte del clero se incorporaron a las protestas, llegando incluso a proclamar la República Catalana asociada al reino de Francia. Cuando Felipe IV quiso sofocar dicha rebelión, estos pidieron el amparo del rey francés Luis XIII, que envió tropas francesas a Cataluña, y que fue nombrado Conde de Barcelona.

3.2 POLÍTICA EXTERIOR

En el ámbito exterior, Olivares intentó dotar a la monarquía de Felipe IV de un prestigio internacional en decadencia y por ello embarcó a los tercios españoles en una campaña militar larga y de fatales consecuencias:

Con Holanda nos enfrentará el control del comercio colonial. El aumento de las transacciones comerciales holandesas en América llevará a Olivares a mandar a los tercios españoles a luchar a las tierras pantanosas holandesas, y liderando la victoria española en Breda.

Sin embargo, la bancarrota de 1627 obligó al duque a reducir el número de tropas y con ello la relevancia española en Flandes.

Con Francia se intensificarán nuestras diferencias. La política francesa de injerencia en los asuntos españoles alentó el aumento de rebeliones y protestas. Francia apoyará a los protestantes en Europa, mientras que dentro de la Península liderará los motines populares contra las campañas militares fuera de España.

La guerra contra Francia se alargaría hasta 1659 por el control de Flandes y de Cataluña. Finalmente, las tropas castellanas dirigidas por el Infante Juan de Austria entran en Cataluña y aplastan la rebelión.

El rey Felipe IV juraba los fueros catalanes y nombraba virrey a don Juan de Austria. La Paz de los Pirineos firmada entre Francia y España en 1659, ponía punto y final al conflicto y a la hegemonía española en Europa.

Los problemas con Portugal continuarán a pesar de que el ejército español fue bien recibido a su llegada al país vecino. En realidad pensaban que la titularidad castellana de Portugal era temporal, y que más pronto que tarde alcanzaría de nuevo su independencia, sobre todo ahora que España perdía poder en el continente.

El aumento de los impuestos en los reinos extranjeros de la Monarquía Hispánica provocará los primeros altercados en Sicilia o en Nápoles, que acabarán con la huída del propio virrey. Tal situación de conflictividad general con luchas contra Francia, Holanda, Portugal o Inglaterra decidió la caída del Conde-Duque de Olivares.

Felipe IV elige al noble Luis Méndez de Haro en detrimento del noble Rodrigo Sarmiento, quien despechado dirige una conspiración secesionista en Aragón apoyado en Francia.

Las campañas militares de Felipe IV desembocaron en la derrota de Rocroi en 1643, reconocida como una de las grandes batallas de la historia y dentro de la Guerra de los Treinta Años, 1618-1648. Iniciada por Felipe III y con el objetivo de conquistar Francia a través de Flandes, dicha derrota supuso el fin del reinado de Felipe IV y de la hegemonía española.

En 1648 se firma la Paz de Westfalia donde se pondrá fin a la Guerra de los Treinta Años y se establece un nuevo mapa europeo. Felipe IV reconoce la independencia de Holanda además de su libertad religiosa.

Francia, que ahora se convierte en potencia mundial, mantuvo la guerra contra España en su deseo de hacerse con el control de Cataluña.

Como ya hemos comentado, el fin definitivo del conflicto se firma en la Paz de los Pirineos en 1659, donde Francia se queda con el Rosellón y La Cerdaña además de asegurarse la entrada de productos franceses en el mercado español y concertando la boda entre la princesa María Teresa, hija de Felipe IV, y el futuro Luis XIV.

4. CARLOS II, 1665/1675-1700

Felipe IV fallece, tras una larga enfermedad, en 1665. Le sucede su hijo Carlos con tan solo 4 años de edad, por lo que se inicia una regencia de diez años compartida entre su madre, Mariana de Austria y una Junta de Gobierno creada al efecto.

El gobierno de Carlos II estuvo caracterizado por la elección de malos consejeros como Fernando de Valenzuela y una mala gestión de la diplomacia exterior.

Perteneciente a la baja nobleza, encontrará la oposición de la alta nobleza castellana que se posicionará a favor del hermanastro del rey Juan José de Austria y que provocó, en 1677, un golpe de Estado mediante el que accedió al poder hasta su muerte en 1679.

Con la llegada de Carlos II, es nombrado valido real el Duque de Medinaceli, Juan Francisco de la Cerda, quien centrado en solucionar la crisis económica, dio de lado a la política exterior, lo que fue aprovechado por Luis XIV para hacerse con el control de Flandes. Ante tal situación, el Duque de Medinaceli es sustituido por el Conde de Oropesa.

De tendencia pro francesa, intenta firmar acuerdos con Francia que frenara sus deseos expansionistas. Sin embargo, la muerte de María Luisa de Orleans, mujer de Carlos II, obliga a modificar la política exterior y centrarse en solucionar el "problema sucesorio", lo que fue aprovechado por Luis XIV para tomar diversos territorios catalanes.

Era evidente que Carlos II, enfermizo desde su nacimiento, no podía engendrar ningún hijo, por lo que se inició una larga y disputada búsqueda de heredero. Dos fueron los candidatos predilectos: Carlos de Habsburgo, bisnieto de Felipe III, y Felipe de Anjou, nieto de Luis XIV.

Carlos II moría en 1700 nombrando como heredero a Felipe de Anjou. Sin embargo, la presencia de dos candidatos opuestos y con diferentes apoyos, llevó a España a una cruenta guerra de sucesión.

5. LA ESPAÑA DEL SIGLO XVI

Ya hemos relatado con anterioridad las sucesivas bancarrotas que la Hacienda española tuvo que soportar durante el siglo XVI. La economía española era un tremendo desastre, y a pesar de ser todavía una potencia europea, su economía era propia de los países menos desarrollados. Exportaba materias primas como lana, aceite o vino, y a cambio importaba productos manufacturados.

Los puertos españoles sí tuvieron una gran actividad económica debido al incesante comercio americano, aunque a final de siglo eran meras etapas en su destino final a países del interior del continente.

La banca nacional, prácticamente inexistente, no podía hacer frente al volumen de transacciones que generaba el comercio con América, por lo que fue necesario recurrir a banqueros y a entidades del resto de Europa.

El final de siglo nos mostrará un descenso importante en la llegada de mercancías y de oro y plata de América que afectará a una bajada importante de los precios y que contraerá la economía española.

La búsqueda de una salida a la crisis obligó al Estado a la emisión de deuda pública y a la venta de señoríos y propiedades públicas y aumentar los impuestos en algunos productos de consumo, lo que derivó en el colapso de la débil economía castellana. Aragón, que no soportaba tales cargas fiscales, sobrevivió gracias a su industria textil y a su propia fiscalidad, lo que le permitió no caer junto a Castilla.

La sociedad española se puede considerar, en general, analfabeta. Asociada al campo, vivió bajo las leyes y costumbres de la vieja nobleza y de las imposiciones de la Iglesia, los Concejos y el Mayorazgo.

La agricultura española, principalmente de secano, vivió un pequeño renacer en zonas como el Levante, La Rioja, Navarra o Andalucía con la especialización de los cultivos como los cítricos o la vid. La ganadería estuvo en manos del Honrado Concejo de la Mesta, que nada pudo hacer frente a la competencia holandesa en la exportación de lana, por lo que gran número de manufacturas fueron a la quiebra.

Los gremios mantuvieron su importancia durante todo el siglo, lo que nos habla de una España anclada en prácticas feudales y en sistemas de producción poco productivos. El comercio con Europa se resintió y sólo la economía generada en las ferias interiores dinamizó levemente la economía nacional. La mala situación financiera española motivó que el comercio americano, los movimientos y transacciones monetarias se hicieran con moneda extranjera, lo que supuso el final del monopolio comercial español.

La población del siglo XVII y de inicios del XVIII descendió gravemente debido a las continuas guerras, epidemias y a la emigración americana. Mantuvo las características propias de un sistema estamental, donde la nobleza seguía manteniendo su poder, que acrecentó con su acceso a los cargos más importantes de la Administración, ejército o justicia. Junto a ellos, la Iglesia aumentó su prestigio y número debido a sus privilegios sociales que fueron foco de atracción para la nobleza y la nueva burguesía enriquecida por el comercio. Desde el siglo XV, con los Reyes Católicos, el Estado aumentó los beneficios e importancia de la Iglesia a la que dieron importantes parcelas de poder.

En una segunda escala, el conocido como "Tercer Estado" estaba formado por un grupo tremendamente dividido en los social y en lo económico. Por un lado la nueva burguesía crecida alrededor de las ciudades, llegó a acumular gran prestigio y riqueza.

Por contra, el campesinado, formado por cerca del 80% de la población, siguieron sufriendo en el injusto sistema que los mantenía arrodillados frente al noble. Solo cuando decidió abandonar los campos en dirección a las ciudades consiguió encontrar cierta libertad, aunque en ningún caso fue sinónimo de justicia o igualdad.

6. CULTURA

La cultura del siglo XVII estuvo marcada por completo por la aparición del Barroco como estilo artístico, pero también cultural y social. El Barroco atendía a conceptos visuales y rituales destinados a ofrecer un gran espectáculo y notoriedad.

Desde el punto de vista arquitectónico destaca la grandeza de sus iglesias y palacios. Se imponen nombres clave como el propio Alonso Cano con su trabajo en la fachada de la Catedral de Granada, o Gómez de Mora y su magnífica Plaza Mayor de Madrid. Como todo el arte, la religiosidad y la espiritualidad serán signos identificativos de dicho arte; así, en escultura sobresalen las figuras Gregorio Fernández y el propio Alonso Cano. En pintura, Zurbarán y Murillo unirán la cotidianidad a lo religioso en sus obras.

Por encima de todos ellos, surge la figura inmortal de Velázquez, pintor de Corte, pintor religioso, pintor mitológico que llevará la maestría de la línea, el dibujo y el sfumato italiano hasta nuestros días. En el mundo de las letras, y unido a la creación de las primeras universidades, aparecen genios de la literatura castellana como Lope de Vega, Quevedo o el propio Cervantes.

Figura: La rendición de Breda, Bartolomé Maura, 1876, © Instituto Cervantes

Capítulo 9

La España del siglo XVIII

1. LA ESPAÑA DE LOS BORBONES. LA GUERRA DE SUCESIÓN

La llegada de los Borbones a España provocará movimientos políticos y conflictos tanto en Europa, entre las antiguas y nuevas potencias, de la que Inglaterra saldrá beneficiada, como en España, con la posición nacionalista y sublevación posterior de Barcelona.

El objetivo prioritario de los Borbones será devolver su máximo prestigio a la Monarquía Hispánica y mantener el imperio colonial de ultramar. Los Borbones instauraron la Ley Sálica, es decir, la prohibición de la mujer para acceder directamente como heredera al trono, con el objetivo de impedir la llegada de otras dinastías foráneas a España.

La dinastía borbónica estará representada por: Felipe V, Luis I, Fernando VI, Carlos III, Carlos IV, Fernando VII, Isabel II, Alfonso XII, Alfonso XIII, Juan Carlos I y Felipe VI.

Tras el dilema sucesorio de Carlos II, Felipe, duque de Anjou, francés y borbón, se encontró sin quererlo con el trono español al nombrarlo heredero su tío abuelo Carlos II. Tal decisión provocó en España una mezcla de indiferencia y alegría entre los que pensaban que nada podía cambiar y los que esperaban que pudiera traer a Castilla las bonanzas y modernidades francesas. Austria, que pretendía la herencia española, rompió relaciones diplomáticas con Francia e inició una campaña europea para limitar el poder de Luis XIV en una hipotética unión de España y Francia.

Por su parte, Inglaterra y Holanda firman junto a Austria la Gran Alianza de La Haya en 1698 y optan por apoyar al duque Carlos como pretendiente al trono español declarando la guerra a Luis XIV de Francia y a Felipe de Anjou.

Surgen así dos modelos opuestos de entender la política: por un lado, Felipe de Anjou, representa al estado centralista, por lo que tuvo el apoyo de castellanos y navarros; del otro, Carlos de Habsburgo, representa al estado pactista y descentralizado que tuvo el apoyo de Aragón, Cataluña, Valencia y Mallorca.

2. LA GUERRA DE SUCESIÓN, 1701-1713

La Guerra de Sucesión fue una guerra de características continentales, tanto por los países enfrentados como por los territorios en juego. En 1704, Inglaterra toma la iniciativa en el conflicto y ocupa Gibraltar, al año siguiente se hace con la Isla de Menorca. Ansioso por reclamar sus derechos y convencido de su victoria, en 1705, el archiduque Carlos desembarca en Valencia y se hace con el control de la Corona de Aragón. Rápidamente, también pasa a controlar Extremadura y Barcelona.

Sin embargo, en una de las batallas más decisivas del conflicto, la batalla de Almansa en 1707, las tropas de Felipe de Anjou derrotaban severamente a las pro austriacas, partidarias de Carlos de Habsburgo, y se apoderaron de Aragón y Valencia.

La suerte estaba de lado de Felipe de Anjou, y a muchos kilómetros de distancia, fallece en 1711, José I, emperador de Austria, por lo que el archiduque Carlos es nombrado heredero y coronado emperador de Austria, por lo que abandona su objetivo español. Con la corona asegurada, el resto de las potencias europeas no desean ahora una victoria suya en España que pudiera desequilibrar la balanza hacia el Imperio Germánico, por lo que Holanda e Inglaterra le retiran su apoyo.

Las consecuencias de dicho final se plantean en la firma del Tratado de Utrecht en 1713. Felipe V es reconocido como rey de España y las Indias a cambio de su renuncia al trono francés.

En el reparto de territorios que asegure una paz duradera, España es la gran perjudicada, Austria recibe Flandes, Nápoles y Cerdeña entre otros territorios menores; Inglaterra recibe Gibraltar y Menorca; mientras que Portugal recibe la colonia americana de Sacramento. España pierde definitivamente el monopolio del comercio colonial que ahora es libre y dominado por británicos y holandeses.

La consecuencia última es el establecimiento de un nuevo sistema de equilibrios en la política europea que se mantendría hasta mediados del siglo XVIII, y por la que Inglaterra se convertía en árbitro de la política continental, junto a Francia y la incipiente Austria. Mientras, y a pesar de la firma del tratado, en Cataluña se mantiene la lucha contra Felipe V, pero la perseverancia de los ejércitos reales consigue hacer caer la ciudad de Barcelona tras un sufrido asedio en 1714.

3. FELIPE V, 1700-1746

Tras el dictamen de Utrecht, Felipe V, impondrá en España, desde 1714, una monarquía absoluta centralista, asumiendo todos los poderes, legislativo, ejecutivo y judicial, la Administración del Estado y hasta impuso el castellano como única lengua oficial.

En política aplicó los importantes Decretos de Nueva Planta, que sustituye las instituciones de Aragón, Valencia o Cataluña, asumiendo en exclusiva las leyes e instituciones de Castilla.

Felipe V fue un monarca tremendamente centralista, y por ello estableció una serie de reformas que modificaron por completo el panorama territorial y político del reino.

3.1. POLÍTICA INTERIOR

En cuanto a la división territorial, Felipe V apostó por una división en once territorios o provincias a cargo de un capitán general con una administración, impuestos y orden público propios a cargo de un alcalde o corregidor.

Dentro de la reforma del ejército se establece un reclutamiento obligatorio conocido como "quintas", el acuartelamiento de tropas de forma regular y la construcción de una marina de guerra.

La reforma política estará basada en la obligatoriedad, por parte de los gobernantes, de cumplir las leyes, especialmente en los virreinatos.

Figura: Abanderado del regimiento Cantabria, 1737

3.2 POLÍTICA EXTERIOR Y PACTOS DE FAMILIA

Especialmente relevante será la política exterior española. Felipe V mantuvo la política agresiva de Felipe II e intentó conquistar Cerdeña y Sicilia, pero una gran alianza europea, recelosa de sus intenciones, lo derrota en el Cabo Pesaro.

En Europa, los estados se empiezan a unir en grandes alianzas o coaliciones en busca de protección y como modo de evitar el desequilibrio de fuerzas dentro del continente. Felipe V entiende que es la única vía posible, y ante la búsqueda de nuevos territorios que den mayor prestigio a la Monarquía Hispánica, consigue aliarse con Francia a través de la firma de los "Pactos de Familia".

En el primer Pacto de Familia se firmará en 1733, en él, España se compromete a participar en la Guerra de Sucesión en Polonia, a cambio, en 1738, se firma el Tratado de Viena por el que España recupera los territorios de Nápoles y Sicilia y el futuro Carlos III es nombrado Rey de las Dos Sicilias.

Entre 1739 y 1748, va a dar comienzo la Guerra de Jenkins, conflicto militar entre España y Gran Bretaña a raíz del apresamiento del contrabandista inglés Robert Jenkins y a su posterior mutilamiento, a modo de advertencia por parte de la Corona española.

Enmarcado en dicho conflicto, cabe destacar, en 1741, la Batalla de Cartagena de Indias. En dicha batalla, el almirante Vernon, a mando de una escuadra compuesta por 195 navíos y de más de 30.000 hombres, son derrotados por la audacia, ingenio y bravura de Don Blas de Lezo; que con apenas 6 navíos y unos 3.500 soldados, fue capaz de resistir el ataque británico y hundir gran parte de su flota.

Para el recuerdo, y el "olvido" inglés, se acuñaron monedas conmemorativas de la batalla, en ellas podía leerse:

"la arrogancia española humillada por el almirante Vernon y los héroes británicos tomaron Cartagena, abril 1, 1741......"

El segundo Pacto de Familia establece una alianza contra Inglaterra en la Guerra de Sucesión de Austria de 1743. Por su participación contra el poder británico, en 1748, y después del fallecimiento de Felipe V en 1746, su esposa Isabel de Farnesio consigue los Ducados de Parma y Plasencia.

Los "Pactos de Familia" siguieron siendo una herramienta fiable y práctica que unirá y enlazará a Francia y España hasta el siglo XIX.

El reinado de Felipe V estará marcado por su abdicación en 1724, en favor de su hijo Luis I. Cansado de la vida política, decide retirarse al Palacio de la Granja con su esposa, Isabel de Farnesio y dejar los problemas políticos a su hijo Luis. Sin embargo, la enfermedad golpeará al joven rey falleciendo en agosto de 1724.

La minoría de edad de sus hijos con Isabel de Farnesio, obligó a Felipe V a retomar el reinado ese mismo año, pero su desmotivación, apatía y el dolor producido por la muerte de su hijo hizo que Isabel de Farnesio gobernara en la sombra, pero como auténtica reina, hasta la muerte de Felipe en 1746.

Pactos de Familia: son los acuerdos alcanzados entre los reinos borbones de España y Francia, y que pretendían aislar a Inglaterra en su lucha por alcanzar la hegemonía europea. Tres son los pactos; el primero en 1733, Francia apoya a España en su lucha contra Austria por el dominio de territorios italianos; el segundo en 1743, Francia apoya a España en la Guerra de Sucesión Austriaca; ambos firmados por Felipe V; el último, firmado en 1761, une a España y Francia en la defensa de sus posesiones americanas frente a Inglaterra; éste último formado por Carlos III.

4. FERNANDO VI, 1746-1759

A la muerte de Felipe, su hijo Fernando heredará la corona. Conocido como el "Prudente", promovió un gobierno de neutralidad alejándose de los reinados anteriores y tomando como base los "Pactos de Familia". Como hombres de confianza alternará entre el francófilo Marqués de la Ensenada y el anglófilo Secretario de Estado José de Carvajal y Lancaster.

4.1 REFORMAS DE FERNANDO VI

Una vez asentada la política exterior a través de los pactos y alianzas, Fernando VI establece como objetivo prioritario de su política reformar el Estado para modernizar la fiscalidad y la Administración.

La reforma fiscal busca el aumento de los ingresos del Estado, y establece la creación de un impuesto único sobre el patrimonio en Castilla. Para ello es necesario la realización de un catastro sobre las propiedades y riquezas que se conocerá como el Catastro de Ensenada.

Otras propuestas económicas centran sus esfuerzos en aumentar la aportación de la Iglesia, así como la liberalización del comercio americano a través de los navíos de registro, barcos que navegaban al margen de la flota de Indias y que incrementaron el comercio con los puertos españoles.

Las colonias también se vieron afectadas por la aplicación de nuevas medidas que mejoraron y aseguraron el comercio americano ante la presencia de piratas británicos y holandeses. Así mismo, se modernizaron los puertos y astilleros para agilizar la construcción y la entrada y salida de un mayor número de barcos.

En su intento por modernizar el país, se inició la construcción de un sistema radial de carreteras que tuviera como eje la villa de Madrid, además de ejecutar las obras del Canal de Castilla que serviría para transportar el trigo castellano hacia el norte peninsular. Y como la fe es gratis, negoció un nuevo Concordato con la Santa Sede, por el cual el Estado se reservaba la posibilidad de nombrar directamente a sus obispos y demás nobleza eclesiástica.

Lamentablemente, Fernando VI no vio acabar la mayoría de sus reformas, ya que moriría aquejado de demencia senil en 1759, dejando el trono a su hermanastro Carlos III, hijo de Felipe V e Isabel de Farnesio.

5. CARLOS III, 1759-1788

Carlos III, también conocido como el "político" o el "rey albañil", fue un rey prudente caracterizado por su ideal de Estado creado para sus súbditos.

Representante del Despotismo Ilustrado, pretendía bajo su reinado la modernización del país y mejorar las condiciones de vida de los españoles, y todo ello preservando la mayoría de privilegios de la nobleza y el clero.

Sin embargo, tal empresa fracasó por la debilidad de las reformas y la falta de apoyo de las clases adineradas y privilegiadas, que no se veían representadas por un monarca que sustituye a políticos de la alta nobleza por miembros surgidos de la baja nobleza como Campomanes o Floridablanca.

5.1 POLÍTICA ECONÓMICA

Como gestor de la Hacienda Pública nombró al marqués de Esquilache, quien no dudó en acometer contra los privilegios de la nobleza y del clero, a quienes identificó como grandes culpables de los desequilibrios económicos del Estado tras realizar un estudio e inventario minucioso de las arcas reales.

5.1.1 REFORMA AGRÍCOLA

A pesar de la oposición de los privilegiados, Esquilache mantuvo su política y trabajó para reformar y modernizar el campo español, ya que en un país eminentemente agrícola la mayoría de tierras se encontraban en manos de los mayorazgos, la Iglesia o de los Concejos.

Esquilache propuso medidas propias de un país avanzado y desarrollado. Siendo una economía agraria de subsistencia y sujeta a malas cosechas, ordenó sacar a la venta las tierras ya amortizadas y se estableció un precio máximo al que poder vender el trigo, alimento base de la dieta castellana, sobre todo en épocas de carestía, medida que sin embargo fracasó ante los repartos gratuitos de trigo que realizaba el clero de manera regular como método de expiar almas de los pecadores.

Finalmente, se liberalizó el precio del trigo para que la libre competencia abaratase los precios, medida que no tuvo éxito ante la poca oferta ofrecida. Fueron buenas medidas y razones que fracasaron por su nula aplicación en un sistema y una sociedad medieval.

5.2 POLÍTICA EXTERIOR

En cuanto a política exterior, Carlos III mantuvo la neutralidad de España y se negó a tomar partido por Francia o Gran Bretaña aunque siguió manteniendo lazos de amistad con el reino francés.

Pero el afán inglés por arrebatar territorios a los españoles y por hacerse con el control absoluto del Mediterráneo, les llevó a ejercer una política beligerante frente a España y Francia. Carlos III decide crear una alianza franco-española para hacer frente a la armada inglesa.

Pero la armada conjunta no consigue derrotar a los británicos y estos toman Honduras, lo que provoca la firma en Versalles del tercer Pacto de Familia en 1761 para intentar evitar el predominio inglés en todo el Atlántico.

Sin embargo, las buenas intenciones chocarán con la realidad, y España pierde las importantes colonias de La Habana y Manila. Esto va a obligar a Carlos III a firmar el Tratado de París de 1763 en el cual se negocia la cesión de Florida a los ingleses a cambio de devolver La Habana y Manila.

Los Pactos de Familia sobreviven a la derrota militar y moral, cobrando vida con el estallido de la Guerra de Independencia en las colonias americanas entre 1775-1783, y por la que franceses y españoles tomarán partido por los colonos americanos que habían declarado la guerra a Inglaterra.

El impulso de los colonos americanos en su lucha por la independencia y libertad ofrecerá una victoria colonial que finaliza con la firma de un nuevo Tratado de París, esta vez en 1783, y donde se crean los Estados Unidos de América, y España se hace de nuevo con Menorca y Florida a falta de Gibraltar, que los británicos se niegan a devolver por su posición estratégica para el comercio por el Mediterráneo y con los puertos africanos.

5.3 POLÍTICA INTERIOR

La política interior de Carlos III se centrará en su secretario Esquilache, quien va a poner en práctica una serie de normas cívicas y de uso obligado en Madrid, y que van a generar enfrentamientos y disputas entre los propios vecinos.

Esquilache ordenó que en todo Madrid se cortaran las capas de vestir de los hombres por encima de la rodilla y se recogiera el ala de los sombreros en tres picos a fin de evitar que los malhechores salieron impunes de sus delitos ocultos por el anonimato de la noche y de las sombras.

5.3.1 MOTÍN DE ESQUILACHE

El pueblo, indignado por el cambio obligado y dirigido por mercenarios y bandidos, se levantó enfurecido con esta medida que restringía la forma de vestir de los hombres llegando incluso a tomar armas de fuego contra la autoridad en el llamado "Motín de Esquilache" en marzo de 1766.

Para evitar males mayores, y que el conflicto pudiera extenderse a otras ciudades, Carlos III tuvo que aceptar las peticiones del enfurecido pueblo y destituyó al propio Esquilache.

Pero las consecuencias no acabaron aquí, el pueblo, harto del aumento de los precios y de sus malas condiciones de vida, exigió al monarca reponer el precio del pan a su valor anterior a la liberalización, se disolvió la Guardia Valona, cuerpo de infantería de origen holandés que se ocupaba de la seguridad interior, además de quedar anuladas las órdenes de vestimenta aprobada por Esquilache.

6. EL INICIO DE LA ILUSTRACIÓN

La España ilustrada, vislumbrada en la figura de Carlos III, emerge de manera definitiva con el nombramiento del Conde de Aranda como Presidente del Consejo Real de Castilla, segunda persona en importancia después del rey, y que aplicará diversas medidas ilustradas con el fin de intensificar la labor ejercida por el Marqués de la Ensenada o por el propio Esquilache.

El primer cometido del Conde de Aranda fue localizar a los culpables de los levantamientos populares contra Carlos III durante el "Motín de Esquilache". Se identificó como culpables y promotores de las protestas a los Jesuitas, que serán expulsados de España y de las colonias americanas.

Parece excesiva la condena en relación a los hechos, por lo que esta decisión pudiera estar orientada a evitar que aglutinasen grandes parcelas de poder en política, economía o educación dentro del reino. El Conde de Aranda aplicó medidas que afectaron a todos los sectores económicos y sociales del país, teniendo como objetivo la modernización y el desarrollo.

6.1 MEDIDAS

Como medidas más importantes, bien por mediáticas, bien por su amplitud, destacan: se crearon las Sociedades Económicas de Amigos del País, que fomentaban la investigación, la enseñanza y cualquier tipo de asociación cultural; se colonizaron zonas despobladas para dinamizar la mayor parte del territorio posible; se reorganizó el ejército para que fuera menos costoso su mantenimiento, además de evitar las campañas militares de larga duración; se aumentaron las reales fábricas que proporcionaban prestigio y entrada de dinero a la Hacienda española.

Además se continuó la construcción del sistema radial de carreteras para agilizar el mercado interior; se diseñó el nuevo servicio de Correos, hito en nuestra historia y que supuso un avance modernizador impensable pocos años antes; y se aumentaron el número de puertos españoles designados para comerciar con América, dentro de la política de liberalización del comercio americano.

Por último, de gran relevancia posterior, a pesar de no ser una reforma vital dentro del reino, Carlos III identificó la Marcha Real o Marcha de Granaderos como himno oficial del rey debido a su popularidad entre la población.

Todas estas medidas estuvieron acompañadas de otras medidas menores que buscaron embellecer y modernizar las ciudades a través de la renovación del alcantarillado, la construcción de fosas sépticas, la instalación de iluminación nocturna o el empedrado de calles, que fueron muy bien recibidas por la población en general.

Pero como ocurre siempre, las grandes medidas acarrean grandes problemas y obstáculos. La Hacienda Pública tuvo que hacer frente a los grandes gastos adquiridos, lo que obligó al monarca a buscar nuevas formas de conseguir ingresos como la creación de la Lotería Nacional, de vales reales, como método para pagar la deuda pública o el Banco Nacional de San Carlos, que centralizaba los movimientos monetarios de las grandes cuentas.

6.2 ECONOMÍA

Evidentemente, la economía española pasó a tener una gran importancia en la elaboración de propuestas o medidas políticas. España continuó siendo un país agrícola basado en la trilogía mediterránea, trigo, vid y olivo, acribillado a impuestos que gravaban la compra y venta de productos e incidían en la bajada del consumo diario.

La solución, los productos básicos se convierten en monopolio del Estado para poder controlar los precios y aumentar los ingresos por consumo. La postura estatal fue la de adoptar el proteccionismo sobre las manufacturas catalanas y así evitar la importación de tejidos de Asia.

A finales del siglo XVIII las ideas ilustradas se impusieron, finalmente, apostando por la fisiocracia, modelo y pensamiento económico teorizado por François Quesnay que establece que la riqueza de un estado se debe buscar fundamentalmente en la agricultura, desde donde se traspasa dicha riqueza hacia las clases improductivas.

Los bajos niveles de renta propiciaron la creación de nuevas Reales Fábricas de tapices, vidrio o cerámica, donde dar trabajo a la población como la Real Fábrica de Cristal de La Granja.

Se apoyó al artesano frente a los gremios eliminando el "examen gremial", de carácter elitista y como medio de eliminar a personas no gratas, y permitiendo la libre competencia en la venta de productos tanto en ciudad como en zonas rurales.

7. RELIGIÓN

En cuanto a la cuestión religiosa, los Borbones establecieron una política regalista, concediendo al Estado el control total sobre las actividades eclesiásticas basándose en el concepto divino y tradicional de la monarquía.

Mantuvo controlada a la Inquisición, único órgano religioso con cierta independencia, y evitó su mala publicidad; y encontró en los jesuitas a los culpables de la situación general de crisis y decadencia española, decretando, como ya hemos comentado con anterioridad, su expulsión en 1767, y provocando su disolución definitiva en 1773.

8. LA SOCIEDAD DEL XVIII

La fotografía social y demográfica de España en el siglo XVIII, muestra una Castilla despoblada frente a la recuperación de la periferia y una población, dividida en estamentos o por privilegios, puramente medieval. El atraso técnico y la falta de inversiones imposibilitaron la modernización y el aumento de producción que desde finales de siglo se intenta aplicar en los diferentes sectores económicos del país.

El perfil demográfico es el propio del Antiguo Régimen, con unas altas tasas de natalidad y de mortalidad, muy relacionado con las épocas de epidemias, cosechas y conflictos, una baja esperanza de vida y unas condiciones de vida lamentables para la mayoría de la población.

Como en el siglo anterior, la pirámide estamental rige la vida cotidiana del reino. La nobleza, grupo privilegiado por excelencia, se encuentra ubicado, mayoritariamente, en la Corte y grandes ciudades del centro y norte peninsular. Vivían de sus mayorazgos situados en Castilla, Extremadura y Andalucía y de las rentas vitalicias y del campesinado.

El clero, mayoritario en Castilla y Andalucía, posee una gran cantidad de tierras y riquezas. Sus rentas procedían del diezmo, de la prestación de servicios religiosos, y de las donaciones testamentarias de la nobleza y campesinado más beato. Con el paso del tiempo acumularon una gran importancia en el ámbito de la enseñanza, fuente inagotable de poder e influencia.

El tercer estado, conformaba el grupo de los no privilegiados, y estaba formado por un sector muy fraccionado y heterogéneo que alcanzaba, en algunos territorios, el 95% de la población. Formado por ciudadanos de diverso origen y condición. En un primer bloque encontraríamos a la burguesía comercial, industrial y financiera, los profesionales liberales como médicos, abogados o arquitectos, y que vivían en las ciudades principalmente.

En un escalón inferior, el proletariado urbano, formado, entre otros, por artesanos y pequeños comerciantes. Los siervos y criados, que conformaban el 10% de la población, se asocian a la burguesía comercial y a la nobleza tanto rural como urbana.

9. LA ADMINISTRACIÓN DE LAS COLONIAS

La reorganización de las colonias y la reforma de la Administración tuvo como objetivos aumentar la eficacia del gobierno colonial, tanto en materia política como en la social y obtener mayores beneficios económicos.

Desde Felipe V, los peninsulares acapararon los cargos públicos en detrimento de los criollos, y desarrollaron el monopolio estatal del tabaco y del aguardiente aumentando sus ingresos. Para administrar y gestionar mejor dicho monopolio se aumentaron los virreinatos de dos a cuatro. Mestizos y negros quedan apartados de todo tipo de privilegio o cargo público.

9.1 SOCIEDAD

A finales del XVIII, residían en las colonias alrededor de 16 millones de personas formando un grupo étnico multirracial, mezcla de indígenas, hispanos y africanos. Los indígenas vivían en las zonas rurales del interior y suponían el 46% de la población, y dedicados en su mayoría a la agricultura de plantación. Los blancos, que eran el 20% del total, eran el grupo social superior y, como hemos dicho, ocupaban los cargos más relevantes de las colonias.

Los criollos, la nueva aristocracia indígena, descendientes de los españoles nacidos en América, comienza poco a poco a tener cierta relevancia y ocupa cargos públicos de segundo orden.

Los mestizos formaban un grupo social medio-bajo, sin capacidad para acceder a cargo municipal, sacerdocio o participar del grupo gremial, con lo que eran contratados como mano de obra barata en puertos, plantaciones o establecimientos comerciales.

Los negros, los más desfavorecidos, trabajaban en las minas, plantaciones o en el servicio doméstico, y no poseían ningún tipo de beneficio o derecho.

9.2 ECONOMÍA

La explotación colonial fue típicamente colonial y basada en el control absoluto de la metrópoli que vendía productos manufacturados a altos precios, y a cambio compraban de las colonias materias primas como el algodón, café, cacao o caña de azúcar a precios muy bajos.

El motor económico era la agricultura, que se establecía a través de dos tipos de latifundios: las haciendas con mano de obra indígena o mestiza; y las plantaciones, con esclavos y destinada a la exportación. El comercio, ligado íntimamente a la agricultura, tuvo gran importancia para los Borbones, ya que suponía un importante porcentaje de los ingresos totales de la Hacienda Pública que debía hacer frente al pago de los créditos pedidos a los bancos flamencos y al coste de las continuas campañas militares.

En 1765 se estableció el Decreto de Libre Comercio que permitió duplicar el número de puertos españoles y americanos autorizados a comerciar entre ellos. Fue una forma de expandir y globalizar un mercado capaz de abastecer no solo a España, sino a toda Europa.

Fue una decisión valiente y necesaria, pero que supuso el cambio hegemónico y la configuración de un nuevo mapa europeo, con Inglaterra a la cabeza, pero también la aparición de los Estados Unidos de América como nueva potencia emergente.

10. LA CULTURA

La cultura española del XVIII estuvo marcada por la influencia de los ilustrados franceses, las instituciones científicas y el auge de las Academias en busca de una sociedad más racional, ordenada y justa.

Destaca por encima de todo la figura de Francisco de Goya, retratista de la Corte con su neoclasicismo castellano, e ilustrador de todas las miserias humanas a través de sus pinturas negras. Exponente de un realismo tétrico e inquietante.

Señora Sebasa García; Marina Pomares.
(Francisco de Goya, National Gallery, Londres)

Capítulo 10

Del absolutismo al liberalismo. Siglos XVII-XIX

1. LA CRISIS DEL ANTIGUO RÉGIMEN EN ESPAÑA; 1788-1833. DEL ESTAMENTALISMO A LA SOCIEDAD DE CLASES

Nos adentramos en el llamado "Largo siglo XIX: 1793-1923". La sociedad española de inicios del XIX era básicamente estamental; los nobles y reyes mantenían sus privilegios bajo el amparo divino, la Inquisición domaba al pueblo llano y las tierras se regían por los mayorazgos mientras el resto de la población pasaba hambre y penurias.

Sin embargo, la aparición de una nueva clase social, la burguesía, trastocaría todo lo establecido; enriquecida por el comercio colonial llegó a tener tanta riqueza como los privilegiados e intentó eliminar los desfases socio económicos de la época ayudados de ciertos ideólogos y pensadores que se alzaron contra el Antiguo Régimen y en favor de la libertad e igualdad.

Estamos, por lo tanto, en el siglo de la construcción de un estado-nación a la manera occidental que se verá "atacado" por las luchas de poder entre revolución y contrarrevolución.

2. CARLOS IV, (1788-1808) Y EL IMPACTO DE LA REVOLUCIÓN FRANCESA

A su llegada al trono en 1788, pretendió continuar con la política de su padre, Carlos III, e intentó modernizar España pero a costa de mantener los derechos de la monarquía absoluta y de los privilegiados.

Su primera medida fue la de mantener al político ilustrado José Moñino, conde de Floridablanca, como Secretario de Estado y convocar las Cortes para que nombraran a su hijo Fernando Príncipe de Asturias y así asegurar la continuidad dinástica y propiciar el continuismo de las políticas de Carlos III.

Mientras, los vientos revolucionarios de la vecina Francia puso en aviso a nobles y eclesiásticos, que rogaron al rey que levantara un "muro" en los Pirineos para evitar la entrada de ideales "libertarios" a la Península.

Carlos IV encargó al conde de Floridablanca la creación de un "cordón sanitario" para evitar el contagio revolucionario francés, lo que derivó en una división social en España entre liberales, absolutistas y moderados.

Las noticias de que Luis XVI había jurado la Constitución francesa alarmaron al conde de Floridablanca, quien aconsejó al rey oponerse firmemente a la nueva situación, pero los ilustrados pro franceses o afrancesados de la corte, ansiosos por recibir los nuevos ideales democráticos, presionaron a Carlos IV para que lo cesase, lo cual hizo, nombrando como sustituto al conde de Aranda en 1792.

Sin embargo, su vida política acababa ese mismo año después de un intento fallido por salvar la vida de Luis XVI, lo que le valdrá su cese y el nombramiento de Manuel Godoy como nuevo hombre fuerte del Estado y el intento de evitar una guerra contra la nueva Francia.

2.1 MANUEL GODOY, (1792-1798/ 1801-1808). LAS RELACIONES ENTRE ESPAÑA Y FRANCIA

Godoy, ya como Primer Ministro propició una política pro francesa y de carácter reformista de apoyo a la extinta monarquía absoluta liderada desde 1789 por Luis XVI, Rey de Francia hasta 1792, declarado culpable de traición y guillotinado por la Convención en 1793. Impulsor de medidas ilustradas intentó ser un hombre de Estado.

El fallido intento por liberar al monarca francés ideado por el Conde de Aranda, trajo consigo que la Convención francesa declarase la guerra a España en la llamada Guerra del Rosellón, 1793-1795; conflicto que se enmarca en el enfrentamiento entre la Revolución Francesa y el fin del Antiguo Régimen.

España buscó rápidamente la protección de Inglaterra, quien apoyó a España y que, tras la guerra, fue la única beneficiada al derrotar a los franceses, pues controló los movimientos políticos y económicos de España al mismo tiempo que logró imponerse a Francia como potencia hegemónica en Europa.

La firma de la Paz de Basilea de 1795 por parte de Godoy y por la que le valió el título de "Príncipe de la Paz", supuso el acercamiento entre los derrotados España y Francia. En realidad, ambas naciones se encontraban al límite de sus posibilidades humanas y económicas y el fin de la guerra era la mejor salida posible. La paz se concretará con la firma del Tratado de San Ildefonso, también en 1795, lo que contrarió a Inglaterra, recelosa de su poder, que les declaró la guerra a ambos países y que finalmente, haciendo valer su control marítimo de los puertos europeos, termina por imponer su fuerza.

La entrada en el siglo XIX supuso el acercamiento definitivo entre Francia y España con la ratificación del Tratado de San Ildefonso en 1796, por el cual España y Francia apostaban por una política militar conjunta contra Gran Bretaña, y que significó la vuelta de Manuel Godoy a la política nacional tras la Guerra del Rosellón.

Hay que señalar que estamos en pleno conflicto europeo y americano entre España, Francia e Inglaterra, lo que va a afectar a la política exterior europea del momento.

El desastre hispano francés supuso la destitución de Godoy y la salida a la luz pública de la bancarrota del Estado y la necesidad de subastar públicamente los bienes raíces de la Iglesia como hospitales y hospicios, lo que iniciaba tímidamente la desamortización en España en septiembre de 1798, cuya ley se basaba en la Ley agraria del ilustrado Jovellanos de 1795 y que enlazaba con las ideas expuestas por Adam Smith en 1776. Dicha ley será aprobada por Santa Sede que permite el inicio de la expropiación de ciertos bienes de la Iglesia española.

2.2 CRISIS POLÍTICA, SOCIAL Y ECONÓMICA

La vuelta a la política de Godoy estuvo marcada por la Guerra de las Naranjas de 1801, llamada así por los ramos de naranjo que el propio Godoy regaló a la reina Maria Luisa previo al combate, y que enfrentó a España y Portugal, y que termina finalmente con la victoria española y la entrega de varias ciudades portuguesas a Carlos IV, lo que le valió consolidar el poder monárquico frente a la Iglesia y la alta nobleza. Godoy gobernó siguiendo la senda reformista, sin embargo, el miedo a las revoluciones le hizo ordenar atajar con violencia cualquier atisbo de protesta.

La estrecha relación entre Francia y España fomentó la idea de acabar con la flota inglesa, y la escuadra hispano francesa dirigida por el incompetente almirante francés Villeneuve se enfrentó a la británica en la Batalla de Trafalgar en 1805, y donde el contralmirante Nelson derrota a la escuadra española poniendo fin a los ideales del resurgimiento del poderío español.

Godoy pasó de ser nombrado generalísimo a ser acusado de incompetente, pero su "relación" con la reina, a todas luces falsa, propagada por los seguidores de Floridablanca, lo salva con el apoyo de la nobleza cortesana y termina siendo nombrado almirante de una flota lastrada por las pérdidas de 1805.

Pero Napoleón seguía empeñado en combatir a Inglaterra por cualquier medio, y ante la derrota naval propone un bloqueo marítimo al comercio británico, "Ningún puerto europeo debe comerciar, abastecer o suministrar víveres, o incluso agua, a los buques ingleses". De la lucha por la hegemonía europea se pasaba a la ocupación y posterior Guerra de Independencia española.

3. OCUPACIÓN FRANCESA Y GUERRA DE INDEPENDENCIA, 1808-1814

Europa, salvo Portugal y Rusia, se hallaba amedrentada por el poderío militar francés y sigue las consignas de Napoleón, quien aconsejado por sus espías en Madrid, decide apoyar la candidatura de Príncipe de Asturias a Fernando de Borbón y expulsar al rey Carlos IV, por lo que propone la firma del Tratado de Fontainebleau en 1807 con Manuel Godoy, por el cual las tropas francesas podían atravesar territorio español en su conquista de Portugal, y al mismo tiempo que se aseguran una posición de fuerza dentro del territorio español.

Muy pronto se hizo evidente para todos que la entrada consentida de las tropas napoleónicas, 30.000 soldados a cargo del general Junot, se había convertido en una ocupación encubierta del país.

Una revuelta popular fuerza la caída de Godoy y el 19 de marzo de 1808 los partidarios de Fernando, haciendo prisionero a Godoy, obligan a Carlos IV a abdicar en su hijo. Sin embargo, Napoleón no reconoció a Fernando VII como legítimo rey y orquestó un encuentro en Bayona con Carlos y Fernando, en el que sentenció que la abdicación de Carlos IV no se ajustaba a derecho y que por lo tanto, Fernando, debía devolver la corona ante la amenaza de una guerra abierta entre España y Francia.

3.1 LAS ABDICACIONES DE BAYONA

El 5 de mayo de 1808, los reyes españoles, en plena crisis de la monarquía, son obligados a renunciar a la corona. Carlos IV, Rey de las Españas y de las Indias, dominado por su valido Manuel Godoy, abdica en Napoleón Bonaparte, dando inicio a un movimiento vergonzoso que acaba con la abdicación de Fernando VII en su padre Carlos IV el día 6 de mayo, y el 10 de mayo firma la abdicación a nombre de Napoleón Bonaparte. La manipulación de Napoleón y la deblilidad de Carlos IV y Fernando VII determinan el paso del control de la península a Francia.

Entre tanto, en Madrid, la población se levanta indignada y furiosa el 2 de mayo de 1808 ante la presencia militar francesa y la falta de gobierno legítimo. Napoleón encuentra así la justificación necesaria y otorga, el 6 de junio de 1808, la corona española a su propio hermano José Bonaparte estableciendo como "marco legal" el Estatuto de Bayona.

Figura: Oficial de caballería, 1808

La guerra se prolongó durante seis años, años de fatales consecuencias para España, pues la arruinó, perdió inútilmente miles de vidas y el absolutismo se consolidó con fortaleza. Seis años que se "reparten" en tres fases más o menos claras, pero debemos tener en cuenta que a inicios de 1800 las guerras son inaccesibles a la información y las batallas y movimientos de tropas son confusos y de larga duración.

Entre junio y noviembre de 1808 podemos fechar la primera de las fases. Son momentos en los cuales las tropas de resistencia frenan al ejército francés en el norte y sur peninsular. Entre noviembre de 1808 y febrero de 1810 transcurre la segunda fase del conflicto. La decisión francesa de tomar y controlar España cambia de dirección, y ahora el objetivo no es el territorio sino las grandes ciudades.

La última fase la fechamos entre febrero de 1810 y diciembre de 1813. Las dificultades francesas en el frente oriental ruso le impiden avanzar su guerra en España, y poco a poco las tropas francesas son "engullidas" por el ímpetu aliado, provocando la firma del Tratado de Valençay, donde Napoleón Bonaparte reconoce como rey a Fernando VII.

3.2 ESTATUTO DE BAYONA, JULIO DE 1808

Se establece una Monarquía Parlamentaria y bicameral influenciada por la Constitución de 1791, y en la que el rey se convierte en el centro del sistema aconsejado por su Consejo de Estado. Presenta un estado confesional donde se aplican ciertos derechos individuales propios del estado francés. Su aplicación fue breve, y tenía como objetivo dar cobertura legal al reinado de José I.

3.3 FORMACIÓN DE LAS JUNTAS LOCALES Y PROVINCIALES Y LA DIVISIÓN DE LOS ESPAÑOLES

La represión y la lucha se generalizaron por las calles ante el ejército francés y ante la falta de respuesta de las autoridades españolas, por lo que el pueblo asume la soberanía. El mariscal francés Murat entra en Madrid con sus 30.000 hombres. El 2 de mayo de 1808, el alcalde de Móstoles emite el "Bando de la Independencia" oponiéndose a la llegada francesa, y lidera la oposición institucional española.

La guerra por la independencia de España comienza, sin embargo, el 23 de mayo en la ciudad de Cartagena, emblema militar de la Marina.

La falta de liderazgo político y social, hace que en los pueblos y ciudades españolas se formen Juntas Locales de Defensa que se agrupan en las Juntas Provinciales, éstas integran un auténtico gobierno en la sombra encargado de solicitar la ayuda británica y de liderar la victoria frente a los franceses en Bailén el 19 de julio de 1808.

Napoleón se verá obligado a reclutar a su Grande Armée para mantener a su hermano José I en su cargo ante la impetuosidad de los guerrilleros españoles, que apoyados por la población civil, desencadenaron una guerra de desgaste.

Pero no todos los españoles se opusieron al invasor; los sectores más cultos, instruidos, burgueses, conocidos como afrancesados, estaban convencidos de la bondad de la cultura francesa; tomando como ejemplo el Estatuto de Bayona, que reconocía las libertades políticas, suprimía la Inquisición, los mayorazgos y la Mesta.

4. LA ESPAÑA REVOLUCIONARIA

4.1 LAS CORTES DE CÁDIZ, 1810

La Guerra de la Independencia no fue solo una encarnizada lucha por la liberación nacional, fue una revolución donde a los españoles no les bastaron las leyes viejas y la palabra del rey para afrontar la invasión francesa y quisieron redactar un reglamento jurídico ante la falta de autoridad real.

Las Juntas Provinciales se hallaban coordinadas por la Junta Central Suprema localizada en Cádiz bajo el amparo de los liberales españoles, que ante la ausencia de rey formó un Consejo de Regencia, presidido por Gaspar Melchor de Jovellanos, que debía preparar una Asamblea que diera forma legal a la Junta.

Tanto liberales como absolutistas tenían motivos para celebrar la Asamblea: los absolutistas pretendían fortalecer el poder de nobleza y el clero, mientras que los liberales pretendían liderar un proceso revolucionario de gran magnitud capaz de elaborar una Constitución de amplio carácter liberal.

Quizás, lo más destacable sea que la convocatoria a Cortes se hizo a cámara única, sin división por estamentos y por sufragio universal y, por supuesto, su configuración, formada por importantes refugiados que huían de los franceses y de gaditanos de toda clase y profesión, una amalgama de gentes que dotó a la Carta Magna de un valor especial (nobles, eclesiásticos, funcionarios, artesanos...).

La elección de Cádiz, Isla de León / San Fernando, se debe a un doble motivo: por un lado, su situación geográfica; por otro, el estar formada por una población liberal y enriquecida por el comercio americano. El 24 de septiembre de 1810, la Asamblea declaraba la Soberanía Nacional, el fin del absolutismo y proclamaba a Fernando VII como rey de España a pesar de mostrar una Cámara totalmente dividida entre liberales, moderados y absolutistas.

La gran aportación de las Cortes de Cádiz fue la promulgación de la Constitución de 1812.

4.2 CARACTERÍSTICAS DE LA CONSTITUCIÓN 1812

Proclamada durante la Guerra de Independencia, estuvo vigente en varias épocas:1812-14, 1820-23 y 1836-37.

Basada en la soberanía nacional, proponía diversos derechos como las libertades individuales y colectivas básicas, libertad de propiedad y de imprenta. De carácter confesional, presentaba un tipo de sufragio indirecto con una sola cámara, las Cortes.

Uno de sus aspectos más innovadores fue la separación de poderes, lo que establecía un cambio importante en el reparto de poder, aunque mantenía la Monarquía, en este caso Parlamentaria. Estas características establecen una constitución de carácter liberal, aunque destaca sobre todo por ser la primera y la más valiente de todas, a pesar de estar formulada en un periodo de guerra.

ARTICULADO DE LA CONSTITUCIÓN 1812

"Artículo 1. La Nación española es la reunión de todos los españoles de ambos hemisferios.

Artículo 2. La Nación española es libre e independiente, y no es ni puede ser patrimonio de ninguna familia ni persona.

Artículo 3. La soberanía reside esencialmente en la Nación y por lo mismo pertenece a ésta exclusivamente el derecho de establecer sus leyes fundamentales.

Artículo 14. El gobierno de la Nación española es una monarquía moderada hereditaria.

Artículo 15. La potestad de hacer las leyes reside en las Cortes con el Rey.

Artículo 16. La potestad de hacer ejecutar las leyes reside en el Rey."

http://www.congreso.es/portal/page/portal/Congreso/Congreso/Hist_Normas/ConstEsp1812_1978/Const1812

4.3 EL FINAL DE LA INVASIÓN FRANCESA

Rusia significó el principio del fin francés, Napoleón tuvo que trasladar sus mejores tropas acuarteladas en España para combatir al ingente ejército ruso, después el "general invierno" haría el resto.

Los problemas en el frente oriental supuso el punto de partida en el avance inglés, donde Wellington consigue unas rápidas victorias en Ciudad Rodrigo, Salamanca y Arapiles en julio de 1812. Lo que había comenzado como una guerra de guerrillas desigual se había convertido en una contienda europea, donde el invasor francés perdía efectivos y fuerzas a medida que sus frentes se hacían más amplios. Finalmente, las tropas españolas y británicas derrotaban al ejército francés que temeroso de perderlo todo, retorna ahora a su país para defender sus propias fronteras.

4.4 CONSECUENCIAS

Las consecuencias fueron las de una gran guerra: lo peor, la salida de España de cerca de 20.000 "afrancesados" con destino Francia, y con ellos buena parte del carácter liberal español; cerca de 500.000 muertos y exiliados; y la destrucción de ciudades como Zaragoza, Salamanca o San Sebastián.

El 11 de diciembre de 1813 Napoleón devolvía la corona a Fernando VII a cambio de un pacto de neutralidad y de no agresión entre ambos países basado en unas buenas relaciones comerciales, la salida de los ingleses de la Península y la inmunidad para los "afrancesados" que apoyaron a Napoleón durante la guerra.

Mientras, las Cortes se opusieron a reconocer a Fernando VII como rey hasta que no jurase la Constitución; el futuro de la España liberal está en el aire.

Figura: Guerrillero español; Guerra de Independencia 1808-1814

5. LA VUELTA AL ABSOLUTISMO CON FERNANDO VII; 1814

La vuelta de Fernando VII era deseada por diferentes motivos: los realistas pretendían la vuelta al Antiguo Régimen y a sus privilegios; los liberales deseaban que aplicara las reformas recogidas en la Constitución; y el pueblo, inculto y manipulable, se veía desasistido sin ningún monarca en el trono que "velara" por sus vidas.

La llegada de Fernando VII a Madrid se hizo esperar, pues deseaba recoger los máximos apoyos posibles para asegurar su corona y encontró a un numeroso grupo de serviles que le cortejaban, la nobleza antigua y terrateniente, el alto clero y los diputados absolutistas que dos años antes firmaban la Constitución de 1812, y que ahora proponen la implantación de la monarquía absoluta en manos de Fernando VII con la elaboración del "Manifiesto de los Persas" el 12 de abril de 1814.

MANIFIESTO DE LOS PERSAS

"Era costumbre de los antiguos persas pasar cinco días de anarquía después del fallecimiento de su rey, a fin de que la experiencia de los asesinatos, robos y otras desgracias les obligase a ser más fieles a su sucesor. Para serlo España a V.M. no necesitaba igual ensayo en los seis años de su cautividad.

Del número de los españoles que se complacen al ver restituido a V.M. al trono de sus mayores, son los que firman esta reverente exposición con el carácter de representantes de España (...)"

Ojalá no hubiera materia harto cumplida para que V.M. repita al reino el decreto que dictó en Bayona, y manifieste (...) la necesidad de remediar lo actuado en Cádiz, que a este fin se proceda a celebrar Cortes con la solemnidad, y en la forma en que se celebraron las antiguas: que entre tanto se mantenga ilesa la Constitución española observada por tantos siglos, y las leyes y fueros que a su virtud se acordaron: que se suspendan los efectos de la Constitución, y decretos dictados en Cádiz, y que las nuevas Cortes tomen en consideración su nulidad, su injusticia y sus inconvenientes (...)"

Madrid, 12 de abril de 1814.

Dicho Manifiesto fue apoyado fuertemente por la Iglesia, que buscaba recobrar su parcela de poder y por el pueblo campesino, que no entendía de ideales liberales, ni de cuestiones legales, ni por supuesto de democracia.

En mayo de 1814 Fernando VII suprimió las Cortes y derogó la Constitución, además de perseguir y encarcelar a los diputados liberales que se habían propuesto modernizar el país, quedando con ello resuelta la vuelta al Absolutismo.

6. LA EMANCIPACIÓN DE LAS COLONIAS

Las causas de la emancipación de las colonias las encontramos a través diferentes cuestiones: por un lado los ideales de la Revolución Francesa asimilados tras la Guerra de Independencia; por otro, la prohibición de acceder a cargo público a los criollos, nacidos en continente americano pero de origen europeo, el monopolio comercial español con los productos americanos, o el ejemplo de las colonias americanas en su lucha por separarse de la metrópoli inglesa con su independencia en 1783.

Así mismo, los problemas con Inglaterra sólo agravaron la situación, y la derrota en Trafalgar de 1805, o el bloqueo de los puertos españoles que impedían la llegada regular de los productos americanos, alentó enormemente el deseo de independencia en las colonias.

Los criollos comenzaron a formar Juntas de Gobierno en las ciudades importantes de América para organizarse política y socialmente. Por último, la aparición de nuevos líderes populares consiguieron arrastrar y unir a las poblaciones nativas; así, Simón Bolívar proclamó, en 1811, el virreinato de Nueva Granada y su independencia, de la que se formaría la primera República de Venezuela, consiguiendo expandir los procesos de emancipación por toda América.

La respuesta española no fue otra que la de enviar un ejército para reprimir y sofocar las revueltas, lo que provocó que se encendiera la llama del odio entre los indígenas, y que hizo surgir nuevos líderes que levantaron a la población contra el invasor español como José San Martín, que proclamó la independencia de Argentina en 1816 y de Chile en 1818; Simón Bolívar, la de Ecuador en 1819; y Antonio José Sucre, la independencia de Perú en 1824 tras la batalla de Ayacucho.

En México, el proceso fue diferente, en 1821 se firmó un acuerdo entre colonia y metrópoli para proclamar la independencia mexicana con el apoyo de la nobleza y alto clero español y coincidiendo con el resurgir del liberalismo en España.

En plena crisis independentista en las colonias, el presidente americano James Monroe expuso sus ideas sobre el proceso y sobre el futuro de América, en la "Doctrina Monroe" ("América para los americanos").

Las consecuencias fueron devastadoras para la endeble economía española que dependía en exceso de la venta de los productos americanos y del monopolio de las materias primas americanas, además de perder un área de expansión de los productos y capital español.

7. LA DECADENCIA POLÍTICA DE FERNANDO VII

El pronunciamiento liberal del coronel Riego de 1820 establecerá un pequeño periodo liberal en España sustentado por las débiles promesas de Fernando VII sobre la Constitución y el Estado Liberal.

Con la vuelta del Antiguo Régimen, y hasta 1820, el país quedó en manos de nobles y burgueses que sólo pretendían enriquecerse a costa del pueblo llano, la falta de medidas recaudatorias y el exceso de gasto de la Corte llevó a España a una nueva bancarrota; tal situación de deriva alentó de nuevo a los liberales, que, apoyados por los oficiales jóvenes del ejército, deseosos de escalar por méritos propios, comenzaron a realizar levantamientos militares como modo de instigar a Fernando VII.

Así, en 1820, consigue triunfar el levantamiento del Coronel Riego en Cabezas de San Juan, Sevilla, quien al mando de las tropas acuarteladas con destino a América para sofocar los intentos independentistas coloniales, proclama la Constitución de 1812 y obliga a Fernando VII, presa del miedo, a jurarla.

7.1 TRIENIO LIBERAL, 1820-23

Este periodo se caracteriza por la falta de confianza entre Fernando VII y el Gobierno, ya que éste, estaba formado por exiliados o presos por orden real, y el rey estaba convencido de que eliminarían sus prerrogativas divinas.

La imposibilidad de formar un Gobierno de plena confianza de Fernando VII derivó en una situación inviable, lo que produjo un enfrentamiento entre los propios Liberales, que acabaron divididos en dos grupos opuestos: Moderados o "doceañistas", con Martínez de la Rosa, que proponían contar con la Corona a la hora de aplicar las futuras reformas, y los Progresistas, o "veinteañistas", con el Coronel Rafael de Riego a la cabeza, que pretendían eliminar para siempre el Antiguo régimen y sus privilegios.

El inicio fue prometedor, las Sociedades Patrióticas surgen en cada ciudad, y se aprobaron reformas y decretos liberales, una carta de derechos y libertades, la Milicia Nacional y se abolieron rasgos absolutistas como la Inquisición, permitida por Fernando VII en 1814 tras su supresión en 1813, pero que no será hasta 1834 cuando al Isabel II firme su desolución definitiva.

Fernando VII no tardó en buscar ayuda exterior, y la encontró en la Santa Alianza, la unión entre los países vencedores de Napoleón: Austria, Prusia y Rusia, más la nueva Francia e Inglaterra. Reunidos en el Congreso de Verona en 1822, deciden ayudar a Fernando VII en su objetivo de recuperar el poder absoluto con la formación de la Quíntuple Alianza, que decide enviar a España un ejército absolutista, los "Cien Mil Hijos de San Luis", y reponer a Fernando VII.

En España, los absolutistas proponen su propia revolución, y en agosto de 1822 se proclama la Regencia de Urgel, un gobierno absolutista paralelo ante la ausencia de Fernando VII en Madrid.

España era caldo de cultivo para los propósitos absolutistas, y los soldados franceses no tuvieron ningún obstáculo en alcanzar la capital, y fue tal su poder, que se estableció un acuartelamiento de unos 45.000 soldados franceses en la Península hasta 1828, asegurando así la vuelta al absolutismo.

8. LA DÉCADA OMINOSA, 1823-33

El 1 de octubre de 1823, Fernando VII desembarca en El Puerto de Santa María poniendo fin al periodo de medidas y gobiernos constitucionales, y estableciendo una monarquía de carácter absolutista que centrará sus objetivos en la represión de los liberales y en la negación de cualquier derecho o libertad adquirido con anterioridad. A éste periodo la historiografía lo considera "negro", "abrupto", "violento" y recibe el nombre de "Década Ominosa". Su primera acción atroz fue el ahorcamiento del coronel Riego y sus oficiales, además de emprender una limpieza o purga contra los liberales como nunca antes había acontecido en el país.

Fernando VII utilizó a su favor el poder que le otorgaba el ejército francés, y se propuso restablecer la monarquía absoluta más tradicional y conservadora posible, amedrentar al pueblo llano y oprimir a los liberales a través de las Juntas de Purificación para controlar y castigar a todos los funcionarios, empleados públicos o profesores, que pudieran haber tenido relación con el Trienio Liberal.

SISTEMA DE PURIFICACIONES 27 de junio de 1823

"Art. 1. Cesarán inmediatamente todos los empleos civiles que no lo hayan sido por el Rey nuestro Señor antes del atentado cometido en 7 de marzo de 1820, quedando también sin efecto los honores conseguidos desde aquella fecha, cualquiera que sea su consideración.

Art. 2. Serán repuestos todos los empleados por S.M. antes del citado día, que hayan sido separados por desafectos al llamado sistema constitucional y conservado su buena opinión."

Por su parte, Fernando VII solicitó la permanencia del ejército francés en España para garantizar la estabilidad del gobierno absoluto del rey y evitar cualquier intentona liberal.

A Luis XVIII, rey de Francia, le interesó que se quedaran las tropas en España porque ello supuso un fortalecimiento de la situación francesa en el exterior y la mejora en las relaciones comerciales hispano galas.

La ocupación finalizó con la evacuación en septiembre de 1828 de las tropas francesas acuarteladas en Cádiz, cuando ya la monarquía absolutista se encontraba totalmente asentada.

Sin embargo, la situación desde 1823 había sido de verdadera guerra civil, Fernando VII se encontró con una sociedad no sólo dividida sino antagónica, opuesta y decididamente enemistada.

Los "realistas" esperaban la reparación de los perjuicios sufridos en los años de dominio liberal; los liberales, vencidos, se mostraron dispuestos a recuperar el poder; en los pueblos, salían a la luz duelos y venganzas personales que enturbia más la sensación de odio y miedo.

Los "reaccionarios" o carlistas acusaron al propio rey de dejarse convencer por las fuerzas liberales y masones en su búsqueda de la verdad y del desarrollo social y moral, apoyando a Carlos María Isidro, hermano de Fernando VII, viudo y sin hijos, como candidato al trono español.

Sin embargo, su boda con María Cristina de Borbón en 1829, de la que pronto tendrá descendencia, frenó el ímpetu de los reaccionarios, más aún cuando la reina quedó embarazada, lo que llevó a Fernando VII ordenó publicar la Pragmática Sanción de 1830, donde se abolía la Ley Sálica que impedía a las princesas herederas reinar.

Los carlistas se opusieron a tal medida, e incluso llegaron a convencer al propio rey para que derogase la Pragmática Sanción, pero finalmente, cansado y enfermo, nombra como regente a su esposa María Cristina en 1833 al mismo tiempo que su hija Isabel cumplía los 3 años de edad.

9. ECONOMÍA

El ámbito fiscal permaneció anclado en el Antiguo Régimen, aunque la necesidad de recaudación a través nuevos ingresos y de crear un nuevo modelo de administración, llevará al acercamiento del propio rey hacia posturas más liberales o moderadas y la oportunidad real de crear un futuro estado liberal.

Sin embargo, la improductiva economía española necesitó de amplias reformas, para ello se nombró como Ministro de Hacienda a Luis López Ballesteros quien aplicó una serie de medidas para controlar la falta de ingresos: estableció un presupuesto anual para conocer los gastos e ingresos del Estado, un Tribunal de Cuentas y el Banco de San Fernando con el compromiso de agilizar el movimiento de capital.

La búsqueda de un mercado productivo necesitó de cambios en el propio sistema, se estableció un Consejo de Ministros, y se puso fin a la Inquisición. Dicho giro moderado generó dentro de las filas absolutistas un movimiento opositor radical a Fernando VII y a favor de Carlos María Isidro.

10. MUERTE DE FERNANDO VII E INICIO DE LA REGENCIA DE MARÍA CRISTINA, 1833-40

En septiembre de 1832, Fernando VII palidece a causa de una enfermedad, su vida corre peligro, y los moderados piensan en su mujer como regente mientras Isabel no fuera declarada mayor de edad.

Para evitar una guerra civil entre españoles, se le propuso a Carlos María Isidro, hijo, una boda con la joven Isabel a cambio de que ésta renunciase a sus derechos al trono derogando la Pragmática Sanción. Todo se llevó en el máximo secretismo esperando la muerte de Fernando VII.

Sin embargo, el rey se restableció milagrosamente y se llevó a cabo el plan previsto por el monarca y por los liberales, cambiando a todo el Gobierno por otro garante de sus ideas. Carlos María Isidro perdió con este gabinete la posibilidad de acceder directamente al trono español, alumbrándose en España un paisaje de muerte y odio.

El 29 de septiembre de 1833, Fernando VII murió dejando como heredera a su hija Isabel, y un objetivo por cumplir: establecer las bases para la formación de un nuevo sistema político y social; el Estado Liberal.

María Cristina de Borbón se convertirá en reina regente de España durante la minoría de edad de su hija, la futura Isabel II entre 1833 y 1840.

11. LA CULTURA DE INICIOS DEL SIGLO XIX

El cambio de siglo estará protagonizado por la personalidad y la obra del maestro Francisco de Goya; figura principal en el arte español que influirá en el desarrollo pictórico español posterior hasta el mismo siglo XX.

Goya presentará magistralmente tres aspectos fundamentales de este periodo: la vida cotidiana, la crítica social hacia la familia real y los horrores de la guerra, tres fuentes históricas muy relevantes que explican con dureza y de primera mano la situación de España a inicios del siglo XIX.

Una obra que servirá de guía para entender tan confuso y complejo periodo; desde su época como pintor de corte, luminoso y despreocupado, hasta el final de sus días como pintor del horror y de la sinrazón de la guerra.

No será hasta mediados de siglo, y coincidiendo con la regencia de María Cristina cuando veamos llegar el Romanticismo a España, aunque no será hasta finales de siglo cuando muestre toda su fuerza social y crítica con la Generación del 98 y su mordaz reflexión sobre el atraso social y cultural del país.

CONCEPTOS CLAVE

Abdicaciones de Bayona renuncia al trono de España de Fernando VII y de su hijo Carlos IV a favor de Napoleón en la ciudad de Bayona el 30 de abril de 1808. Éste proclama rey de España a su hermano José, que reúne a algunos españoles en unas "Cortes" que votarán al nuevo monarca y luego se redactará la Constitución o Estatuto de Bayona.

Estatuto de Bayona: norma promulgada por José I Bonaparte en 1808 en la ciudad de Bayona. Es una carta otorgada que hacía las veces de una constitución y regulaba la vida política. En ella se declaraba a España como una monarquía hereditaria en la familia de Napoleón, cuya religión obligatoria era la católica. Tiene una sola cámara, elegida por estamentos; debe reunirse cada tres años y son convocadas y disueltas por el rey.

Sociedades patrióticas: eran reuniones de liberales en lugares públicos, normalmente cafés, donde los ciudadano improvisaban arengas y peroraciones invariablemente encaminadas a celebrar el advenimiento de la libertad, a exaltar a los caudillos del levantamiento, y a combatir a todos cuantos no participaban de aquel épico entusiasmo"

Pronunciamiento: sublevación o rebeldía militar que busca el apoyo de las fuerzas armadas o de un sector de las mismas, de los partidos y facciones políticas y, por fin, de la opinión pública en la España del siglo XIX. El pronunciamiento pretende la conquista del poder o una rectificación de la línea política del gobierno de turno. Otro aspecto importante era el manifiesto, declaración o "grito", que era el programa donde los que se "pronunciaban" anunciaban sus intenciones, de ahí el nombre de este tipo de sublevación.

Regencia: Es el periodo en el cual, en una monarquía, la jefatura del Estado es ejercida por una institución o persona que sustituye al titular, por estar temporalmente incapacitado o por ser menor de edad. Mientras que en el Antiguo Régimen la regencia por minoría de edad quedaba fijada en el testamento del rey anterior, en la historia contemporánea de España ha estado regulada legalmente, casi siempre en la Constitución vigente.

Pragmática Sanción: Disposición legal aprobada por las Cortes españolas en 1789 que aprobaba la anulación de la ley sucesoria de Felipe V y restablecía el derecho de sucesión de las mujeres. Fernando VII la aprobó en 1830 y reconoció como heredera a su hija Isabel, en detrimento de su hermano Carlos, lo que originó las guerras carlistas.

Milicia Nacional: Como defensa del régimen liberal se organizó en este periodo la Milicia Nacional. Ya la Constitución de 1812 en su Título VIII contemplaba la existencia de dos tipos de fuerzas militares nacionales. Además de la fuerza militar ordinaria, establecía en el artículo 362 que "Habrá en cada provincia cuerpos de milicias nacionales, compuestos de habitantes de cada una de ellas, con proporción a su población y circunstancias". Las Cortes de 1820 se ocuparon desde el primer momento de la creación de esta milicia. Su objetivo era en principio el de velar por el orden público y por el orden político

Capítulo 11

La formación del Estado liberal; 1833-1868

1. FIN DEL ANTIGUO RÉGIMEN E INICIO DEL ESTADO LIBERAL

Durante el largo reinado de Isabel II, 1833/1843-68, se va a poner fin a los antiguos resortes del Antiguo Régimen que obstaculizaban el desarrollo político, social y económico de España para formar un nuevo orden capitalista basado en el poder del dinero y sustentado por una joven monarquía parlamentaria.

Destaca el cambio de estatus social, en el que la burguesía sustituye a la anclada nobleza aprovechando el fin de los mayorazgos y el aumento de la propiedad privada y del establecimiento definitivo del liberalismo, utilizando su mayor cercanía con los negocios del Estado.

Este proceso será largo y turbulento, plagado de problemas dinásticos, infructuosas regencias y demasiados intereses particulares que hicieron imposible el asentamiento liberal definitivo en España; y en esto, el pueblo tuvo gran parte de culpa, ya que se dejó arrastrar por los poderes mediáticos olvidando, por completo, la lucha por sus derechos y por las libertades sociales.

Importante y significativo será la creación de tres grandes ministerios: Hacienda, Justicia y Fomento. En éste último, el ministro Javier de Burgos establecerá, en 1833, la organización adminstrativa de España a través de la división del país en 49 provincias. De talante ilustrado y afrancesado, incorpora al Estado un modelo centralista francés, donde los ayuntamientos adquieren un mayor protagonismo político y pone las bases de la revolución liberal que se avecina.

2. REGENCIA DE MARÍA CRISTINA, 1833-40

María Cristina de Borbón, fue reina de España entre 1829 y 1833, siendo regente durante la minoría de edad de su hija, la futura Isabel II, entre 1833 y 1840. Entre 1840 y 1843, el regente será el General Espartero.

Al morir Fernando VII en 1833, su hija Isabel fue proclamada reina de España, y su madre, María Cristina, es nombrada regente hasta su mayoría de edad en 1843; pero Carlos María Isidro, hermano del rey y apoyado por el papa Gregorio XVI, reclama desde Portugal su derecho al trono y pretende anular así la Pragmática Sanción aprobada antes de morir por el propio Fernando VII.

No tardaron los absolutistas en apoyar al nuevo pretendiente, y nobleza, clero, los sectores ultraconservadores del ejército y de la Administración, parte del campesinado atemorizado por las represalias de los terratenientes. Mientras, en las ciudades, los últimos representantes de los gremios, formaron grupos de carlistas que intentaron eliminar los pequeños avances sociales y económicos de la nueva España.

Su primer objetivo fueron aquellos territorios "dañados" por los Decretos de Nueva Planta de Felipe V entre 1707 y 1715, que defendieron la vuelta de los viejos fueros y de sus privilegios, por lo que tuvieron grandes apoyos en Cataluña, Navarra, las provincias vascas y el Maestrazgo (territorios situados entre el Norte de Valencia y Castellón).

Para contrarrestar al bloque absolutista, la regente María Cristina encontró el apoyo de los absolutistas moderados de Cea Bermúdez y de los liberales, que pretendían forzar la implantación del Estado Liberal en España. La oleada revolucionaria en Europa sirvió a la regente para recibir la ayuda de Portugal, Inglaterra y Francia.

La España dividida presentaba dos bandos opuestos, antagónicos y enfrentados: por un lado los isabelinos, formado por liberales y absolutistas moderados que entendieron que reformas y monarquía podían crecer juntas; y por otro lado, los carlistas, identificados como absolutistas, y que se enfrentarán en las Guerras Carlistas que hasta 1876 sacudirá a la endeble estructura política y social española.

2.1 PRIMERA GUERRA CARLISTA, 1833-40

Una vez formados los bloques, los ejércitos, liderados el carlista por el general Maroto tras la muerte de Zumalacárregui, y el liberal por el general Espartero, se iniciaron las hostilidades, momento en el cual los carlistas obtuvieron sus más importantes triunfos.

Figura: Tambor de Granaderos, primera Guerra Carlista, 1836

2.2 ESTATUTO REAL, 1834

La preocupación de la regente por la marcha de la guerra le hizo nombrar como presidente del Gobierno al liberal moderado Martínez de la Rosa entre 1834-35.

Pero Martínez de la Rosa malgastó su tiempo en intentar contentar a todos los grupos afines a Isabel y a la regente ofreciendo una política demasiado amplia y como fue el restablecimiento de la Milicia Nacional, la petición de ayuda extranjera, y la firma del Estatuto Real en 1834. Dicha política no va a contentar a nadie y termina originando la escisión de los liberales en: moderados y progresistas.

La regente María Cristina, temerosa de la reacción de los progresistas, destituye en 1835 a Martínez de la Rosa y nombra como su sucesor a José Queipo de Llano, ministro de Hacienda que será relevado ese mismo año por el liberal Juan Álvarez Mendizábal entre 1835-36.

ARTICULADO DEL ESTATUTO REAL, 1834

"(...) Estatuto Real de 1834 (10 de abril de 1834)

Artículo 1. - Con arreglo a lo que previenen la Ley 5a, Título 15, Partida 2a, y las Leyes 1a y 2a, Título 7o, libro 6 de la Nueva Recopilación, Su Majestad la Reina Gobernadora, en nombre de su excelsa hija doña Isabel II, ha resuelto convocar las Cortes Generales del Reino.

Artículo 2. - Las Cortes Generales se compondrán de dos Estamentos: el de Próceres del Reino y el de Procuradores del Reino. (...)

Artículo 24. - Al Rey toca exclusivamente convocar, suspender y disolver las Cortes."

http://www.senado.es/web/wcm/idc/groups/public/@cta_senhis/documents/document/mdaw/mde3/~edisp/senpre_018541.pdf

2.3 DESAMORTIZACIÓN DE MENDIZÁBAL; 1835

Mendizábal emprendió diversas medidas liberalizadoras como la publicación de los decretos de desamortización de las propiedades eclesiásticas de 1835, la obligatoriedad de transformar los bienes desamortizados en propiedades capitalistas a través de subasta pública, además de eliminar el diezmo y la exclaustración (obligación de abandonar aquellos conventos con menos de doce religiosos).

Todas estas medidas tenían como objetivos, crear una masa de población de ideología liberal, obtener recursos económicos para sufragar la guerra, disminuir la deuda pública y aumentar las tierras en producción. Sin embargo los grandes beneficiados de la desamortización fueron la nobleza terrateniente y la alta burguesía.

2.4 EXPEDICIÓN REAL Y CONSTITUCIÓN DE 1837

El último intento carlista para desequilibrar la guerra fue la Expedición Real de 1837; cuerpo expedicionario de alrededor de 12.000 soldados, que tuvo como objetivo extender la guerra y acabar de un golpe con la Regencia de María Cristina, y que a punto estuvo de conquistar Madrid.

En este sentido, hay que indicar que unas reuniones secretas entre la regente y Don Carlos aceleró dicha expedición; ya que en la corte, el descontento de los progresistas ponía en peligro el mandato de María Cristina.

Las consecuencias sociales y económicas del conflicto y de la desamortización de 1835 llevó a la regente María Cristina a cesar al propio Mendizábal y apoyar a los moderados formados por la antigua aristocracia y por la alta burguesía a modo de oligarquía en la sombra.

Sin embargo, esta vez el pueblo sí estalló en contra del giro conservador y, apoyado por militares del Palacio Real, obligaron a la regente a derogar el Estatuto Real, volver a instaurar la Constitución de 1812 y a formar un gobierno de carácter progresista.

No obstante, la nueva situación política, muy diferente a la de 1812, hizo casi imposible su aplicación, por lo que se decidió redactar una nueva constitución, la de 1837, que, a pesar de estar vigente hasta 1845, tuvo poco recorrido por la inestabilidad política del país.

2.5 CUADRO CONSTITUCIÓN DE 1837

La Constitución se aplicará entre los años 1837-45, y propone una serie de medidas que emanan de la Constitución de 1812, estableciendo la soberanía nacional como modelo legislativo.

Presenta una serie de derechos y libertades básicas como la igualdad, seguridad, o la libertad de expresión y de imprenta, aunque su sufragio continúa siendo censitario.

El Parlamento es bicameral, Congreso y Senado, y aunque presenta división de poderes, el Rey se establece como Jefe del Ejecutivo, compartiendo con las Cortes la potestad para formular y ejecutar las leyes. Establece una monarquía parlamentaria de carácter liberal donde el Rey mantiene una posición de fuerza pero matizada con los derechos aportados por la propia Constitución.

ARTICULADO DE LA CONSTITUCIÓN DE 1837

"Doña Isabel II, por la gracia de Dios ..... sabed: Que las Cortes generales han decretado y sancionado, y Nos de conformidad aceptado, lo siguiente:

Siendo la voluntad de la Nación revisar, en uso de su soberanía, la Constitución política promulgada en Cádiz el 19 de marzo de 1812, las Cortes generales, congregadas a este fin, decretan y sancionan lo siguiente (...).

Art. 2. Todos los españoles pueden imprimir y publicar libremente sus ideas sin previa censura, con sujeción a las leyes.

Art. 11. La Nación se obliga a mantener el culto y los ministros de la Religión Católica que profesan los españoles.

Art. 12. La potestad de hacer las leyes reside en las Cortes con el Rey.

http://www.congreso.es/portal/page/portal/Congreso/Congreso/Hist_Normas/ConstEsp1812_1978/Const1837

2.6 FIN DE LA PRIMERA GUERRA CARLISTA; 1839

Sin embargo, su fracaso dio paso al inicio de conversaciones de paz que se resolvieron con el Abrazo de Vergara en la madrugada del 31 de agosto de 1839 entre los generales Maroto y Espartero, quien dirige la protocolaria escena: "Abrazaos, hijos míos, como yo abrazo al general de los que fueron contrarios nuestros".

La victoria liberal no impedirá que siga anclada en las poblaciones del norte la ideología carlista "Dios, Patria y Leyes Viejas", y que se negocien ciertos privilegios como la Diputación Foral de Navarra, que le permitiría administrar sus impuestos, la ausencia de servicio militar obligatorio y una fiscalidad propia para las provincias vascas.

Sin embargo, su aplicación estuvo marcada por los continuos intentos de desestabilizar al Gobierno o a la propia Corona.

Una muestra de la inestabilidad de la época fue el levantamiento progresista de Espartero de 1840 tras el giro conservador de la regente con el Gobierno moderado entre 1837-40, y que supuso la aplicación de medidas intervencionistas como la Ley de Ayuntamientos, que permitía la elección directa de alcaldes y que provocó el malestar y la oposición entre los progresistas.

3. LA REGENCIA DE ESPARTERO, 1840-43

El levantamiento progresista de Espartero forzó la dimisión de María Cristina, y la elección, por parte de las Cortes, como nuevo regente, al victorioso general.

Tuvo los apoyos de los progresistas y de la cúpula militar del ejército, lo que acrecentó un gobierno autoritario y disciplinado que le restó simpatías entre el pueblo y que confluyó en la resolución de la crisis de Barcelona en 1843, donde patronos y obreros se declaran en huelga ante el acuerdo librecambista firmado con Inglaterra y que ponía fin a los aranceles que protegían a la industria textil catalana.

La represión ordenada por Espartero la aprovechará el general Narváez para liderar un nuevo levantamiento moderado en Cataluña, lo que forzará la dimisión del propio Espartero y el inicio de la etapa isabelina con la Década Moderada entre 1844-54.

4. EL REINADO DE ISABEL II, 1843-68. LA CONSTRUCCIÓN Y ORGANIZACIÓN DEL ESTADO LIBERAL

Tras el fracaso de las regencias, la única salida posible es coronar a Isabel II como reina, dando así comienzo la etapa conocida como sistema isabelino, protagonizada por la Década Moderada, entre 1843-53/54, y que verá cómo los partidos Moderado, Progresista, más la suma de los nuevos partidos políticos como: Unión Liberal, Demócrata, Monárquico y Republicano, se suceden unos tras otros buscando su posicionamiento ideológico definitivo.

El triste final de Espartero dio alas a un Gobierno moderado que terminó por acomodarse en el poder durante 10 años.

4.1 LA DÉCADA MODERADA (MODERANTISMO), 1844-54

El Partido Liberal Moderado, liderado por el general Narváez, gobernará de manera casi completa toda la primera década del reinado de Isabel II, y desde mayo de 1844 aplicará medidas ultraconservadoras para asegurarse su poder, como la expulsión del ejército de aquellos militares de ideas liberales, el cierre de periódicos, la disolución de la Milicia Nacional, la persecución de los líderes progresistas con el fin de eliminar a la oposición política y la creación de su propia cobertura jurídica que amparase dichos desmanes, estableciendo una nueva Constitución, la de 1845, de puro carácter conservador y autoritario.

4.1.1 CUADRO CONSTITUCIÓN DE 1845

Constitución de carácter conservador y casi oligárquico, establece una soberanía compartida entre el rey y las Cortes, donde los avances relacionados con las libertades individuales y colectivas son acotadas y "dirigidas".

España se configura como Estado confesional bajo el sufragio censitario y un Parlamento bicameral, conformado por Congreso y Senado. La reina aglutina todos los poderes en su persona, destacando su poder para designar a los propios miembros del Senado.

Constitución que otorgó excesivo poder a la reina y, por lo tanto, su capacidad para intervenir en la vida política, de tal forma que los progresistas se negasen a participar de las elecciones ("Retraimiento") y buscasen como única salida los pronunciamientos militares.

Pero no bastaba con la promulgación de una Constitución; el sistema debía ser perfecto, y para ello era preciso que la reina se casara y lo consolidara con un heredero; y así, en 1846, se casaba con Francisco de Asís y Borbón, nieto de Carlos IV, y que provocaría la 2a Guerra Carlista, al mismo tiempo que su hermana, María Luisa Fernanda, se casaba con el hijo del rey de Francia, Luis Felipe.

ARTICULADO CONSTITUCIÓN DE 1845

"Doña Isabel II, por la gracia de Dios y de la Constitución de la Monarquía española Reina de las Españas; a todos los que las presentes vieren y entendieren, sabed: Que siendo nuestra voluntad y la de las Cortes del reino regularizar y poner en consonancia con las necesidades actuales del Estado los antiguos fueros y libertades de estos Reinos, (...) Artículo 2. Todos los españoles pueden imprimir y publicar libremente sus ideas sin previa censura, con sujeción a las leyes.

Artículo 11. La religión de la nación española es la católica, apostólica, romana. El estado se obliga a mantener el culto y sus ministros.

Artículo 12. La potestad de hacer las leyes reside en las Cortes con el Rey.

Artículo 43. La potestad de hacer ejecutar las leyes reside en el Rey. (...)

http://www.congreso.es/portal/page/portal/Congreso/Congreso/Hist_Normas/ConstEsp1812_1978/Const1845

4.2 SEGUNDA GUERRA CARLISTA DURANTE LOS GOBIERNOS MODERADOS, 1846-49

El conflicto tuvo su origen al no celebrarse la boda acordada en el Convenio de Vergara, 1839, entre Isabel II y su primo "Carlos VI", hijo de Carlos María Isidro, y que se extendió fundamentalmente por Cataluña y el Maestrazgo.

Guerra de pocas consecuencias, ya que los liberales no consiguieron el apoyo del pueblo al liderar una revolución burguesa y no social. Fue el momento que aprovecharon los moderados para afianzar sus poder y aplicar sus reformas orientadas a reprimir cualquier atisbo de oposición, y que Bravo Murillo, Presidente del Consejo de Ministros entre 1851-52, llevó a cabo de manera eficaz.

Así, se firma en 1851 el Concordato con la Santa Sede, por el cual reconocen a Isabel II como reina de España, y se acepta la desamortización de los bienes de la Iglesia a cambio de pagar al clero un sueldo como indemnización de "culto y clero" y que continuaran impartiendo clase en las aulas. Se establece, además, una férrea censura, lo cual obligó a los liberales a mantenerse en una situación casi de clandestinidad.

Desde el punto de vista económico, destaca la labor de Alejandro Mon, ministro de Hacienda, quien dividió los impuestos en dos grupos diferenciados; los indirectos sobre el consumo y los directos, sobre las actividades industriales, comerciales y agrícolas. Además, se impuso un nuevo impuesto; la contribución, impuesto sobre la compra y venta de propiedades.

4.3 CRISIS DEL MODERANTISMO, 1854-56

Pero España no era una isla remota, y los ideales revolucionarios de 1848 se consolidaron con fuerza, sobre todo en ciudades importantes como Madrid, Barcelona o Alicante, y que produjo la escisión de los Progresistas en un nuevo partido, el Partido Demócrata, que propugnaba amplias libertades colectivas e individuales y el sufragio universal masculino entre otras.

Para contrarrestar el posible contagio revolucionario, Bravo Murillo intensificó su política autoritaria e intentó suprimir los escasos derechos individuales para controlar a la población, pero la reina, temiendo por la continuidad del Gobierno y acaso la suya, obligó a Murillo a dimitir en 1852.

Los sucesivos gobiernos conservadores mantendrán políticas similares a la de Murillo e intentarán evitar que los Progresistas alcancen el poder, tal fue, que incluso llegaron a falsear las elecciones. El mundo editorial progresista lo denunció ante los medios y el Gobierno mandó reprimir sus informaciones con la censura y la intimidación.

igura: Trompeta coraceros del Rey, 1845

4.4 BIENIO PROGRESISTA, 1854-56

Los liberales decidieron unirse ante el poder autoritario de los conservadores, y en el año 1854, se firmó una alianza entre Progresistas, Demócratas y Liberales Moderados que promovió el fracasado pronunciamiento de Vicálvaro dirigido por el General O´Donnell.

El año 1854 puede considerarse como el año de la "Revolución de los liberales"; el 28 de junio, el general O´Donnell se puso al frente de las tropas liberales, compuestas por formaciones militares y civiles, para liderar el pronunciamiento militar.

El 30 de junio se enfrentaron a las tropas gubernamentales en Vicálvaro; su indeciso resultado fragmentó la fuerza de los liberales en lo que se definió como la "Vicalvarada".

A pesar de no lograr sus objetivos, la alianza entre liberales dejó el valioso Manifiesto de Manzanares, un auténtico ideario progresista redactado por Antonio Cánovas del Castillo, donde exponen todas sus reivindicaciones, incluida la más importante, que "el Estado cumpliera las Leyes", y que promovió el auge de las ideas renovadoras en España y que será la base del Bienio Reformista entre los años 1931-33.

4.4.1 MANIFIESTO DE MANZANARES, 1854

"Españoles: La entusiasta acogida que va encontrando en los pueblos el Ejército liberal; el esfuerzo de los soldados que le componen, tan heroicamente mostrado en los campos de Vicálvaro; el aplauso con que en todas partes ha sido recibida la noticia de nuestro patriótico alzamiento, aseguran desde ahora el triunfo de la libertad y de las leyes que hemos jurado defender.

Dentro de pocos días, la mayor parte de las provincias habrán sacudido el yugo de los tiranos; el Ejército entero habrá venido a ponerse bajo nuestras banderas, que son las leales; la nación disfrutará los beneficios del régimen representativo, por el cual ha derramado hasta ahora tanta sangre inútil y ha soportado tan costosos sacrificios. Día es, pues, de decir lo que estamos resueltos a hacer en el de la victoria.

(...) Tales son nuestros intentos, que expresamos francamente, sin imponerlos por eso a la nación.

Las Juntas de gobierno que deben irse constituyendo en las provincias libres; las Cortes generales que luego se reúnan; la misma nación, en fin, fijará las bases definitivas de la regeneración liberal a que aspiramos. Nosotros tenemos consagradas a la voluntad nacional nuestras espadas, y no las envainaremos hasta que ella esté cumplida.

Cuartel general de Manzanares, a 6 de julio de 1854. El general en jefe del Ejército constitucional, Leopoldo O'Donnell, conde de Lucena."

En este ambiente liberal, Isabel II no tuvo otra opción que volver a llamar al general Espartero y nombrarlo presidente del Consejo de Ministros, aunque esta vez acompañado con los centristas de la Unión Liberal de O´Donnell, formado por los progresistas más conservadores y los moderados menos conservadores, y nombrando al propio O´Donnell ministro de la Guerra.

Para dar legalidad a la unión, en 1856 mandaron redactar una nueva constitución, la conocida como "non nata", y que no llega a promulgarse, a Manuel Alonso Martínez, persona de confianza de Isabel II mientras se volvía temporalmente a la Constitución de 1837 y que deja en el olvido la pretensión de consolidar la soberanía nacional y el liberalismo con el nuevo texto constitucional.

Figura: soldado camillero, Guerrra de África, 1859

4.4.2 DESAMORTIZACIÓN DE MADOZ, 1855

Sin embargo, la actividad política más sobresaliente del periodo fue la aprobación de la Ley de Desamortización de Pascual Madoz, 1855, donde se puso fin a las tierras de "manos muertas", y se pusieron en venta la casi totalidad de bienes de la Iglesia y otras terminan nacionalizadas. Conocida también como "desamortización civil", afectó a bienes de ayuntamientos y terratenientes además de a la Iglesia.

El objetivo de Madoz era intentar enmendar la grave crisis económica de la deuda pública y hacer frente a la anhelada Reforma Agraria que se truncaba una y otra vez porque las ventas de las tierras volvían por lo general a sus dueños, la nobleza terrateniente o a la nueva alta burguesía.

En esta situación de debilidad política, la nueva Constitución, de 1856, no pudo ser aprobada, y el Gobierno se dedicó a apagar los motines y huelgas que se producían tanto en la ciudad como en el campo.

La situación de malestar general era evidente y el pueblo se mostraba cada vez más irritado y exaltado, O´Donnell urgió a Espartero que acabase con tales desmanes, pero el general optó por los ideales de los revolucionarios e incluso apoyó las revueltas, por lo que O´Donnell asumió las funciones de Presidente enviando a las tropas a la calle para sofocar las rebeliones y decidiendo volver a instaurar la Constitución de 1845, garante del orden y del poder establecido.

4.5 CRISIS DEL SISTEMA ISABELINO, 1856-68

Esta etapa estuvo marcada por la alternancia de gobiernos. En un primer momento, entre 1856-58, gobernarán los Moderados de Narváez, a quien, tras un gobierno radicalmente conservador yególatra, Isabel II le retira su apoyo y designa al unionista O´Donnell, como nuevo Presidente en el conocido como "Gobierno Largo", entre 1858 y 1863.

4.5.1 GOBIERNO LARGO, 1858-63

El gobierno de O´Donnell estuvo marcado en lo económico por el fin de la bancarrota, el auge en la construcción del ferrocarril y el aumento de las inversiones extranjeras; en el plano social, destaca la Ley Moyano,1857-58, que establece la enseñanza pública gratuita y obligatoria entre los 6 y 9 años.

POLÍTICA EXTERIOR

El descrédito del Gobierno vendría en su política exterior, y su frustrante búsqueda de orgullo nacional conquistando nuevas colonias que, finalmente, acabó en un mar de sangre y lágrimas. El 11 de agosto de 1859, da comienzo la Guerra de África. Disputada contra el Sultanato de Marruecos, se inicia por el ataque a posiciones españolas de tropas marroquíes.

Tal hecho, motivó una oleada de indignación en España, lo que fue aprovechado por O'Donnell, que deseoso de devolver a España a su posición hegemónica en Europa, liderará, junto al General Prim, una guerra colonial que a pesar de la victoria, no supondrá ninguna ventaja territorial importante para España. En 1860, se firma el Tratado de Wad-Ras, "paz chica para una guerra grande", donde se reconoce la victoria final española.

A partir de 1863, la alternancia en el poder, la caída de las inversiones extranjeras y la corrupción política derivaron en un esperpento político. Progresistas, Demócratas y Republicanos se retiraron del juego político ("Retraimiento") que concluye con la firma del Pacto de Ostende en 1866, con el objetivo de derribar la Monarquía de Isabel II, a la que consideran culpable de todos los males del país.

La muerte de O´Donnell, último bastión político de Isabel II, y de Narváez en 1868, acaba con la adhesión de la Unión Liberal a dicho pacto. El reinado de Isabel II ha llegado a su fin y España continúa a la deriva.

La reina Isabel II, "derrotada" por la Revolución Gloriosa de 1868, abandona España con destino Francia donde morirá en 1904, siendo enterrada en el Panteón de los Reyes del Monasterio del Escorial.

5. LA ECONOMÍA DEL SIGLO XIX

5.1 INDUSTRIA

La etapa industrial en España es ciertamente tardía respecto al resto de países europeos, sólo Cataluña ofrecía un cierto nivel productivo, aunque basado más en las medidas proteccionistas que a su nivel tecnológico o capitalización.

La empresa española dependió de la llegada de capitales extranjeros y de las materias primas y población de las colonias; pero la pérdida de las colonias americanas deterioró y empobreció el crecimiento económico e industrial de España.

La inestabilidad política fue también un factor negativo, ya que la falta de programas económicos estables propició, finalmente, la caída de las inversiones extranjeras.

Hay que decir, que el tímido crecimiento industrial españo estuvo ligado, en parte, a la aplicación de ciertas reformas políticas como la desamortización, ya que produjo un aumento considerable de la producción agraria y favoreció la demanda de productos industriales relacionados con la maquinaria agrícola, la industria textil o la expansión definitiva del ferrocarril, con línea Barcelona-Mataró, Madrid-Aranjuez etc, aunque todos ellos con tecnología británica.

La industria española se fue transformando a lo largo del siglo XIX. En 1850 la siderurgia estaba situada en el sur y Levante español, pero a partir de 1860 se centra en Asturias y a partir de 1875 se asocia con Bilbao como ciudad portuaria y de enlace al mercado europeo.

5.2 TEXTIL

La industria textil catalana será la gran protagonista del crecimiento industrial en Cataluña y España ayudada por la aplicación de medidas proteccionistas que aseguraban el control del mercado nacional y de la compra de materias primas en América, pero la pérdida de las colonias puso freno a dicho desarrollo.

Figura: Marinero de la Marina Española, 1865

5.3 MINERÍA

España era una tierra rica en recursos minerales como hierro, cinc, plomo, cobre, o mercurio; pero no fue hasta la Ley de Bases sobre Minas de 1868, cuando comenzaron a producir y a generar la llegada de capital extranjero y aumentar el crecimiento económico.

Esta situación fue aprovechada para establecer una serie de medidas liberalizadoras como la rebaja de las tarifas aduaneras, la introducción del librecambismo y el establecimiento de la peseta como unidad monetaria única en octubre de 1868.

5.4 FERROCARRIL

En 1855 se promulga la Ley General de Ferrocarriles, y en 1856 la Ley Bancaria, con lo que se permitió la concesión de líneas férreas a capital extranjero y eliminó las barreras arancelarias a la inversión hasta la crisis financiera internacional de 1866.

La red ferroviaria se estableció de forma radial y centralizada en Madrid, fortaleciendo el poder central respecto a la periferia. En 1877, durante el reinado de Alfonso XII, se aprueba la nueva Ley de Ferrocarriles, donde se deja su explotación en manos casi enteramente privadas.

5.5 BALANZA COMERCIAL

El uso excesivo y dañino de los aranceles hicieron de España un país extremadamente proteccionista, con una balanza comercial deficitaria que no favorecía los intercambios comerciales. El funcionamiento español se basaba en la exportación de materias primas y la importación de maquinaria y materiales destinados a la construcción.

El Estado tuvo siempre una difícil financiación y necesitó de préstamos para mantener su maltrecha economía; en 1856 se crea el Banco de España, y a finales del XIX se crean los primeros bancos con capital español como el Banco de Bilbao, de Vizcaya, de Santander y el Español de Crédito.

CONCEPTOS CLAVE

Estatuto Real: Carta Otorgada que delegaba parte del poder real en las Cortes, pero manteniendo el poder legislativo y ejecutivo en manos de la reina. Suponía una declaración de compromiso del propio rey hacia las Cortes, pero manteniendo la soberanía "real". Tiene asumido el principio de soberanía nacional, el sufragio censitario, la libertad de expresión, y la separación entre Iglesia y Estado.

Partido Liberal: Agrupa a los partidarios del régimen constitucional que pretendían alcanzar mayores libertades políticas. Durante el Trienio Liberal se dividieron entre moderados y exaltados. A partir del reinado de Isabel II, los liberales se escinden de forma definitiva entre los moderados y los progresistas.

Partido Moderado: Grupo político formado por liberales de tendencia conservadora. Defendían el equilibrio entre las Cortes y la Corona como instituciones que comparten la soberanía. Crearon un sistema político en el que el rey era un elemento moderador y decisivo. Aparecieron durante la regencia de María Cristina y ejercieron el poder durante la llamada Década Moderada, 1843-54.

Partido Progresista: Grupo político formado por liberales de tendencia radical. Aceptaban la monarquía, pero defendían que la soberanía nacional residía en las Cortes, elegidas por sufragio; garantizaban los derechos individuales y eran anticlericales. Aparecieron durante la regencia de María Cristina.

Pronunciamiento: Alzamiento militar para derribar un gobierno. Tiene su origen en la España del siglo XIX, cuando un jefe militar se sublevaba apoyándose en sus tropas para cambiar el orden político para que exista pronunciamiento debe existir colaboración entre la fuerza militar y las políticas que le apoyan.

Mayorazgo: Práctica sucesoria que establecía un régimen de propiedad vinculada a bienes que no podían venderse-en beneficio del pariente mayor de la familia. Es una institución de origen medieval.

Desamortización: Principio económico básico del pensamiento liberal en materia de agricultura. Es el conjunto de medidas que pusieron en marcha los gobiernos burgueses para liberar las tierras de los vínculos jurídicos que impedían su enajenación y venta, conjunto de leyes que suprimen la amortización- prohibición de vender las propiedades de la iglesia, la corona, de los nobles y los municipios—.

Capítulo 12

El Sexenio Democrático, 1868-1874

1. LA REVOLUCIÓN GLORIOSA, EL FIN DE ISABEL II Y LA LLEGADA DE LA REPÚBLICA

En el exterior, las noticias de la caída de la reina llegan hasta Cuba, que rápidamente organiza un ejército libertador que comprometerá el poder español. Lucha que se prolongará hasta hasta la firma de La Paz de Zanjón en 1878 y el acuerdo en la capitulación cubana, aunque los problemas cubanos ya no cesarán hasta la pérdida de la colonia en 1898.

1.1. REGENCIA DE PRIM Y SERRANO; 1868-1870

En España, los generales Prim y Serrano se hacen con el control del Gobierno a través de una regencia, para asegurar un traspaso pacífico y convencer al pueblo de que con la revolución se acometería la pretendida reforma agraria.

Para ello convocan elecciones a Cortes Constituyentes bajo un sufragio universal masculino, y con el objetivo de elaborar una nueva Constitución basada en una mayoría de libertades, incluido el culto religioso. Propuso aspectos tan importantes como el derecho de asociación, la libertad de enseñanza o la libertad de culto en una monarquía parlamentaria con la única condición de que el candidato no fuera borbón, católico, demócrata y de Casa Real.

1.2 CUADRO CONSTITUCIÓN 1869

La Constitución de 1869 estableció los aspectos más importantes de la Revolución Gloriosa de 1868 tales como: soberanía nacional, sufragio universal, una concepción de la Monarquía hereditaria y limitada por la que el Rey mantiene ciertos derechos pero se identifica la importancia y responsabilidad de sus ministros ante las Cortes, y una declaración de derechos inspirada en textos liberales como la Constitución norteamericana de 1787.

ARTICULADO CONSTITUCIÓN DE 1869

"La Nación española, y en su nombre las Cortes Constituyentes elegidas por sufragio universal, deseando afianzar la justicia, la libertad y la seguridad, y proveer al bien de cuantos vivan en España, decretan y sancionan la siguiente Constitución...:

Art. 1. Son españoles:

1º. Todas las personas nacidas en territorio español.

2º. Los hijos de padre o madre españoles, aunque hayan nacido fuera de España.

3º. Los extranjeros que hayan obtenido carta de naturaleza.(...)

Art. 32. La soberanía reside esencialmente en la Nación, de la cual emanan todos los poderes.

Art. 33. La forma de gobierno de la Nación Española es la Monarquía.

Art. 34. La potestad de hacer las leyes reside en las Cortes. El Rey sanciona y promulga las leyes. (...)

http://www.congreso.es/portal/page/portal/Congreso/Congreso/Hist_Normas/ConstEsp1812_1978/Const1869

2. EL REINADO DE AMADEO I, 1870-73

La búsqueda de un nuevo monarca fue difícil, pues España era un país atrasado y sin tradición democrática, por lo que tras muchas dudas y negaciones, Prim convenció a la Casa Real de Saboya, en Italia, para que el príncipe Amadeo se convirtiera en el próximo Rey de España. El futuro rey desembarcó en Cartagena en diciembre de 1870, dos días después de que su valedor, el general Prim, fuera asesinado al salir del Parlamento.

Amadeo de Saboya fue designado por las Cortes españolas Rey de España con 191 votos a favor y 101 en contra; 60 votos por la República federal, 27 por el duque de Montpensier, 8 por el general Espartero, 2 por la República unitaria, 2 por Alfonso de Borbón, 1 por una República indefinida y 1 por la infanta María Luisa Fernanda, hermana de Isabel II; hubo, además, 19 papeletas en blanco. La reina Isabel II abdica finalmente en su hijo Alfonso atendiendo el consejo de Cánovas del Castillo, político conservador que pretendía la vuelta de los Borbones a España.

Amadeo I se encontró a un país que desconfiaba de él y con la fuerte oposición de la Iglesia y de gran parte de la Corte. La Iglesia pretendía recuperar sus privilegios y su posición en la Corte, el propio papa Pío IX no lo llegó a reconocer como rey legítimo, ya que la casa Saboya se hallaba excomulgada por ser una monarquía liberal y moderada en lo religioso.La Corte, a su vez, estaba plagada de intrigas y conspiraciones; leales carlistas, republicanos, alfonsinos, partidarios del hijo de Isabel II y realistas, promueven movimientos de oposición desde la sombra; mientras, en la calle, el movimiento obrero encendía las conciencias del pueblo llano.

2.1 GOBIERNO DE COALICIÓN

El gobierno de coalición monárquico-democrático entre Progresistas, Unionistas y Demócratas que había acabado con Isabel II en el Pacto de Ostende de 1866 y traído al nuevo rey, sufría ahora el desgobierno tras la muerte del líder progresista Juan Prim, lo que llevó a la división del partido Progresista en dos corrientes: la de Sagasta, más "conservadora" y la de Zorrilla, más "radical" y que terminará por asociarse con el republicanismo.

2.2 LA SEGUNDA GUERRA CARLISTA, 1872-76

Los carlistas seguían empeñados en colocar a su pretendiente en el trono español, en este caso a Carlos VII, bisnieto de Carlos IV, y que durante la monarquía de Amadeo I, la I República y el reinado de Alfonso XII tratarán de buscar su oportunidad para promover levantamientos militares que pudieran conseguir su acceso al trono.

Amadeo I entendió que España era un país ingobernable, y que sólo la acción del más fuerte tenía recompensa, por lo que en febrero de 1873, se niega a firmar una orden aprobada por las Cortes, forzando, así, su marcha. Tras la huida del monarca, las Cortes se reúnen en sesión especial y deciden, el 11 de febrero de 1873, proclamar la I República.

3. LA I REPÚBLICA, 1873-1874

La República nació de manera precipitada y llena de enemigos. Surge, por lo tanto, como una fórmula inédita dentro de la historia política española.

Los grandes avalistas serán el Partido Radical y el Partido Republicano Federal, mayoritarios en las Cortes, pero con intereses opuestos: los radicales, antiguos monárquicos desalentados tras el reinado de Amadeo de Saboya, defendían una república unitaria; sin embargo, los republicanos eran partidarios de una república federalista.

Finalmente la República de tipo federal fue proclamada sin respaldo del pueblo ni de la política nacional, con un 60% de abstención, ni de la internacional, ya que sólo Suiza y Estados Unidos reconocen el nuevo sistema.

La gobernabilidad del país estuvo marcada por los problemas en Cuba y el levantamiento cantonal en España durante 1873 en Cartagena, Salamanca o Ávila, que buscó cambiar la estructura del Estado a través de dos visiones o grupos diferenciados: los "radicales" o "intransigentes", guiados por la AIT buscarán un federalismo de carácter socialista basado en las clases obreras y el campesinado; y los "moderados", cantonales afines al modelo republicano federal de Pi i Margall de carácter político y consensuado. Tal situación propició el desprestigio de la República y el de sus cuatro presidentes:

3.1 ESTANISLAO FIGUERAS; (República Federal)

Como primer Presidente de la República, sustituyendo al "interino" Pi i Margall, y miembro del Partido Republicano Federal, tuvo que encabezar un gobierno en minoría, con la oposición general de los conservadores, católicos, carlistas, alfonsinos, y del pueblo, que quería mejoras sociales, y Cuba, donde los independentistas buscaban sacar partido de la endeblez de la República.

Incluso encontró la oposición de su propio partido, que terminó por escindirse en dos realidades: los Unionistas, que defendían una república centralizada, y los Federalistas, que buscaban una federación de estados o territorios.

Levantamiento cantonal: insurrección militar y civil que tuvo lugar durante la I República que tenía como objetivo principal la creación de un Estado Federal dividido en cantones y territorios aprovechando la instauración de la república.

3.2 FRANCISCO PI i MARGALL; (República Federal)

Presidente federalista de la República, tuvo que hacer frente al problema cantonalista. Numerosas ciudades, como Cartagena, lideradas por los cantonales "radicales" y rupturistas, buscaron un socialismo basado en la lucha de clases, la democracia, las doctrinas comunistas, anticapitalistas, anarquistas y federalistas.

Las luchas de poder internas entre republicanos, la desconfianza que observó entre todos los que se le acercaron, las luchas entre españoles y el odio generalizado; provocaron la renuncia del propio Pi i Margall.

3.3 NICOLÁS SALMERÓN; (República Federal)

Político demócrata y filósofo, que durante poco más de un mes dirigió la República, y que fue el encargado de suprimir militarmente los problemas cantonales. Su negativa a firmar la pena de muerte a los cabecillas provocó su dimisión por motivos morales.

3.4 EMILIO CASTELAR; (República Unionista)

Tras la derrota del cantonalismo se decide nombrar como presidente al unionista Castelar. Demócrata y republicano, propuso un gobierno conservador y autoritario apoyado en el ejército y en el control de las Cortes, para acabar definitivamente con los levantamientos cantonales. Sin embargo, las Cortes dirigidas por los federalistas, acabaron con su breve gobierno.

4. OPOSICIÓN Y CAÍDA DE LA REPÚBLICA

La oposición de los conservadores y del ejército aumentaba cada día, y en enero de 1874, el general Pavía comanda un levantamiento en Madrid que supuso el fin de trayecto del sistema republicano. Pavía encarga un gobierno provisional al general y líder del partido Conservador, Francisco Serrano, con el objetivo prioritario de mantener el orden público ante la ausencia de gobernabilidad del país.

Para ello persiguió a federalistas, marxistas, anarquistas, sindicalistas y líderes de los movimientos obreros. Tal represión atemorizó a políticos y al pueblo, quienes no dudaron en alentar y apoyar el levantamiento del 29 de diciembre de 1874 dirigido por el general Arsenio Martínez Campos, conservador y alfonsino, quien no dudó en proclamar la vuelta de los Borbones en la figura de Alfonso XII, y con ello la Restauración borbónica en España.

5. CAMBIOS SOCIALES

El siglo estuvo marcado por el cambio de una sociedad feudal y estamental a otra de carácter capitalista, de clases, de igualdad jurídica ante la ley y basada en la posesión de bienes y propiedades.

Sin embargo, desde el punto de vista demográfico y económico, siguió pareciéndose al sistema estamental, con una alta tasa de natalidad y mortalidad, con una gran repercusión motivada por las enfermedades y las crisis de subsistencia.

5.1 DEMOGRAFÍA

Aún así, la población aumentó debido a las mejores condiciones de vida, el movimiento interior de la población hacia la periferia, una mayor superficie cultivable y de producción, la construcciones de canalizaciones sanitarias y otras medidas modernizadoras que mejoraron la vida diaria de la población más humilde.

5.2 ECONOMÍA

El elitismo social influyó decisivamente en la economía y en la política, la carga fiscal se centraba en las mayores fortunas, que a su vez eran los que tenían derecho al voto (sufragio censitario) y los que tenían acceso a los cargos públicos en la Administración y en el ejército.

Estas élites intentaron mantener el estatus preestablecido controlando cualquier protesta social, y aunque la nobleza perdió su poder, mantuvo la propiedad de las tierras, ya que eran los únicos, junto a la nueva burguesía financiera, que podían adquirir las tierras desamortizadas puestas a subasta. Surgen, así, nuevos trabajos y actividades asociadas al auge de las finanzas como la compra de deuda pública, la bolsa y la inversión en ferrocarriles.

5.3 SOCIEDAD

La burguesía tuvo un papel importante en la mejora de la producción industrial española del siglo XIX, ya que invirtió decisivamente en el textil catalán y en la minería y siderurgia del norte español.

La alta burguesía terminó por emparentarse con la antigua nobleza, y fue la que tuvo acceso a los altos cargos del ejército, de la Iglesia, y por supuesto de la política, con lo que la democratización de la vida política y del Estado no llegó a culminarse.

La clase media era muy heterogénea, formada por multitud de oficios y niveles profesionales: oficiales del ejército, pequeños propietarios de tierras, médicos, funcionarios, comerciantes menores, etc.

Fueron los que soportaron dócilmente las épocas de crisis y en muchos casos apoyaron a los gobiernos autoritarios que, pensaban, protegían mejor sus intereses.

Influenciados por la Iglesia, cuando tuvieron acceso al voto, promovieron gobiernos conservadores hasta que los nuevos profesionales, profesores, médicos e intelectuales, empezaron a apoyar los movimientos más progresistas y laicistas, e identificaron a la monarquía como atraso y se volcaron en conseguir un sistema totalmente democrático.

Las clases populares sufrían las peores condiciones, y en muchos casos subsistían gracias a las instituciones de beneficencia.

Caso especialmente grave fue el de las mujeres, denigradas en el hogar y en el trabajo. Cabe destacar la aparición de grupos feministas liderados por mujeres excepcionales como Concepción Arenal, que a través de sus escritos reivindicó el papel de la mujer en cualquier ámbito de la sociedad. Sus resultados no fueron los esperados y se quedaron en meras protestas que casi nunca fueron atendidas.

El mundo obrero experimentó un gran desarrollo ante la desaparición de los gremios y la aparición de las primeras fábricas, sin embargo, la falta de cualificación y el analfabetismo, se tradujo en malos trabajos mal pagados y en su arrinconamiento en los suburbios de la ciudad.

Los campesinos, la mayoría de la población, se concentraron en determinadas zonas, como Extremadura, Castilla o Andalucía donde trabajaban como jornaleros por un sueldo mísero esperando la ansiada Reforma Agraria. Los mendigos vivían exclusivamente de la caridad de instituciones de beneficencia y de algunos "buenos parroquianos", pero siempre en condiciones penosas.

La sociedad en su conjunto vivía en malas condiciones, estaba excluida de la cultura, seguía dominada por los caciques o por la propia Iglesia y la mujer continuaba arrinconada en el hogar. Dicho panorama fue caldo de cultivo para numerosos levantamientos militares que se aprovecharon de la credulidad del pueblo para conseguir su apoyo.

6. EL MOVIMIENTO OBRERO

Procedente del excedente de mano de obra en el campo y del desempleo provocado por el fin de los gremios y la llegada de las primeras máquinas, generó un trabajo de escaso salario, largas jornadas de trabajo y falta de leyes laborales que los protegieran ante accidentes o enfermedades.

La legislación española beneficiaba a las oligarquías financiera, industrial, comercial y terrateniente, y estaban prohibidas las asociaciones obreras y las huelgas. A su vez, los obreros se hallaban localizados, en su mayoría, en la industria textil catalana, hecho que motivó la huelga obrera de 1855, que fue reprimida severamente.

El despegue obrero se produjo con la llegada de los ideales europeos que criticaban al capitalismo, la industrialización y al liberalismo, y que fueron los que promovieron la creación de las sociedades de ayuda mutua o de las cajas clandestinas destinadas a proporcionar ayuda en caso de necesidad.

6.1 ASOCIACIONES INTERNACIONALES

En 1864 se reunía en Londres la I Internacional con representantes obreros de los países desarrollados. En sus sesiones se identificaron dos tendencias diferentes: la visión política de Marx y Engels con su socialismo científico, que sostenía que el capitalismo era el resultado de un proceso histórico caracterizado por un conflicto continuo entre clases sociales opuestas; y la visión federalista y anarquista de Bakunin.

Esta escisión llegó a España de la mano de Fanelli, partidario de Bakunin, que creó la clandestina Federación Regional de Trabajadores Españoles, y en 1885, la legalizada Federación de Trabajadores de la Región Española.

Proponía una visión anarquista del sindicalismo y tuvo aceptación en gran parte de la España obrera, especialmente en Andalucía, Valencia y Cataluña, donde en 1907 crearían el sindicato Solidaridad Obrera.

Dentro del propio movimiento surgieron dos formas de actuación: desde el punto de vista laboral, se funda en 1910 la Confederación Nacional de Trabajadores o CNT; desde el punto de vista de la acción violenta, grupos como la Mano Negra, que a través de atentados como los de Cánovas del Castillo o el propio Alfonso XIII, intentaron imponer su opinión y autoridad.

Las propuestas de Marx llegaron a España de la mano de Paul Lafargue, quien trató de inculcar los ideales del socialismo científico y racional de Marx en la sociedad obrera.

El socialismo científico se vio reflejado en la fundación, por parte de Pablo Iglesias, del PSOE en 1879, que desde la clandestinidad intentó difundir dichos ideales. En 1882 el PSOE crea su sindicato, la UGT, para tratar temas laborales.

Durante la celebración de la III Internacional en Moscú, en 1921, el PSOE se negará a firmar los puntos propuestos por Lenin, situación que provocará la escisión española del movimiento y que dará origen al futuro PCE, fundado en abril de 1920.

Señalar también, la aparición de sindicatos de origen cristiano que tenían como objetivo obras sociales, pero que finalmente se fueron acercando a los intereses de patronos y al poder de la Iglesia.

Capítulo 13

La Restauración y su crisis, 1874-1931

1. EL SISTEMA DE LA RESTAURACIÓN

La Restauración supone la vuelta de la monarquía borbónica en la persona de Alfonso XII, 1874-85. Hijo de Isabel II, tuvo como tutor político a Antonio Cánovas del Castillo, líder del partido Conservador y monárquico convencido, que vio en su figura la posibilidad de introducir en España el sistema monárquico parlamentario británico de tipo católico, constitucional y liberal. Lo que en principio iba a ser un proceso político y social se acelerará repentinamente con el levantamiento militar de diciembre de 1874.

1.1 PRONUNCIAMIENTO MILITAR Y APOYOS AL REY

A finales de 1874, el general Martínez Campos se pronunciaba en Sagunto en nombre del futuro rey, provocando de manera inmediata, la creación de un gobierno-regencia en manos de Cánovas del Castillo mientras se hacía oficial el nombramiento de Alfonso XII. La llegada del nuevo monarca fue aclamada por los grupos más conservadores y de mayor poder económico y social, aristocracia, alta burguesía, los poderosos caciques y la Iglesia.

Por su parte, el pueblo analfabeto aplaudía cualquier tipo de cambio que pudiera mejorar su mala calidad de vida. Las Cortes, poseedoras del poder del pueblo, proclamaron con efusividad al nuevo rey al igual que años antes anunciaban la llegada de la I República.

2. LA FIGURA DE ALFONSO XII, 1874-85

Desde su llegada tuvo que hacer frente a dos conflictos abiertos: poner fin a la 3a Guerra Carlista, 1872-76, y cerrar el conflicto independentista cubano, lo que consiguió con la firma de la Paz de Zanjón en 1878, donde finalmente capitula el ejército revolucionario y que le dará al rey el sobrenombre de "el pacificador".

Alfonso XII supo ganarse al pueblo llano con su cercanía y buenos modales, visitó enfermos, apoyó al ejército real y trajo consigo a su joven prometida, María de las Mercedes, quien enseguida fue aclamada y querida por todos. Cánovas del Castillo no aprobaba el enlace, pues para consolidar la Restauración prefería un gran enlace entre potencias europeas y, como buen anglófilo, deseaba una boda con la hija de la reina Victoria de Inglaterra.

Sin embargo, la tragedia marcó el reinado de Alfonso XII; casado con María de las Mercedes el 23 de enero de 1878 y de tan sólo 17 años, ve cómo su joven mujer moría de tifus cinco meses más tarde y sin descendencia, el fatídico 26 de junio de 1878.

La obligación de perpetuar la dinastía obligó a Alfonso XII a casarse con María Cristina de Austria en 1879, enlace del que nacería el futuro rey Alfonso XIII. El 25 de noviembre de 1885, el rey Alfonso XII moría en el Palacio del Pardo aquejado de tuberculosis.

3. CONSTITUCIÓN DE 1876, OBJETIVOS Y FUNCIONAMIENTO POLÍTICO DEL TURNISMO, 1874-1931

Cánovas del Castillo ideó un sistema político monárquico, autoritario y antidemocrático establecido a través de una Constitución conservadora y desigual, basada en las de 1845 y 1869, y que repartía el poder político de manera irregular entre los dos partidos dominantes, el Liberal y el Conservador, en el sistema conocido como bipartidismo y que suponía un auténtico fraude democrático.

3.1 CONSTITUCIÓN DE 1876, LA BASES DEL SISTEMA URNISTA

La Constitución de 1876, de tipo conservadora, fue modelada por el propio Cánovas del Castillo. Establecía una soberanía compartida entre Rey y Cortes, sin división de poderes, sustentaba una monarquía parlamentaria que, a pesar de ser conservadora, establecía una amplia gama de derechos individuales y colectivos, que en algunos casos se incumplieron.

Establecía un Estado confesional pero con un alto grado de tolerancia; Cortes bicamerales, Congreso y Senado; y destacaba sobre todo por su funcionamiento, el bipartidismo y el turnismo asentado en una oligarquía financiera y aristocrática.

ARTICULADO DE LA CONSTITUCIÓN DE 1876

"(...) Art. 11o. La religión Católica, Apostólica, Romana, es la del Estado. La Nación se obliga a mantener el culto y sus ministros. Nadie será molestado en territorio español por sus opiniones religiosas, ni por el ejercicio de su respectivo culto, salvo el respeto debido a la moral cristiana.

No se permitirán, sin embargo, otras ceremonias ni manifestaciones públicas que las de la religión del Estado.(...)

Art. 13o. Todo español tiene derecho: De emitir libremente sus ideas y opiniones, ya de palabra, ya por escrito, valiéndose de la imprenta o de otro procedimiento semejante, sin sujeción a la censura previa. De reunirse pacíficamente. De asociarse para los fines de la vida humana. De dirigir peticiones individual o colectivamente al Rey, a las Cortes y a las autoridades.

Art. 18o. La potestad de hacer las leyes reside en las Cortes con el Rey.

http://www.congreso.es/portal/page/portal/Congreso/Congreso/Hist_Normas/ConstEsp1812_1978/Const1876

3.2 FUNCIONAMIENTO DEL TURNISMO

El sistema político fue ideado por Cánovas del Castillo, pero, para dotarlo de "cierta" legalidad, necesitaba de una oposición política. Cánovas convenció al líder del partido Liberal, Mateo Sagasta, para que formalizará un acuerdo político entre ambos partidos donde se repartirán los sucesivos gobiernos con el apoyo del rey.

El rey y las Cortes pactaban con los partidos el turno de Gobierno, quienes otorgaban su confianza a uno de los partidos designando al nuevo Presidente del Gobierno, el cual junto con el rey nombraban a los ministros.

Para "legalizar" dicha decisión, el rey disolvía las Cortes y anuncia nuevas elecciones; desde el Gobierno se daban instrucciones a los gobernadores civiles de cada provincia indicando el número de diputados que debía salir en las elecciones, proceso conocido como "encasillado".

Los alcaldes, caciques, curas o terratenientes, se encargaban de lograr que el pueblo votara lo asignado con amenazas y palizas, y para confirmar el resultado, se realizaba el llamado "pucherazo", donde se comprobaba que las papeletas se ajustaban a la decisión ya tomada. El partido en la oposición esperaba su turno hasta que el rey volvía a disolver las Cortes y se iniciaba el proceso.

4. REGENCIA DE MARÍA CRISTINA HABSBURGO-LORENA. 1885-1902; HASTA LA MAYORÍA DE EDAD DE ALFONSO XIII

Tras la muerte de Alfonso XII, Cánovas y Sagasta se reunieron con la regente para asegurar el mantenimiento del sistema del turnismo y así garantizar la estabilidad política de España en el llamado Pacto del Pardo en noviembre de 1885. La regente mantuvo su palabra hasta la mayoría de edad de Alfonso XIII en 1902.

La muerte de Cánovas del Castillo el 8 de agosto de 1897, puso a prueba la regencia de Maria Cristina. El anarquista Michelle Angiolillo asesinó a tiros al Presidente mientras gozaba de unos días de descanso en el balneario vasco de Santa Águeda.

Durante su regencia se aprobaron diversas leyes en ese sentido como: el Código Civil en 1889, la libertad de prensa en 1893, libertad de cátedra y la Ley de Agrupaciones políticas en 1887, y que sirvió para crear el sindicato UGT en 1888 dentro de la estructura social del PSOE, o la Ley de Aranceles que protegía los intereses industriales y comerciales españoles.

5. LA OPOSICIÓN AL SISTEMA

España se consumía bajo los hilos de un sistema injusto y malvado, el bipartidismo se lavaba la cara alegando la no exclusión del resto de partidos, incluidos los anti monárquicos como republicanos, carlistas, socialistas, nacionalistas y anarquistas.

Además, la oposición se desangraba en luchas internas ante la falta de presencia política, y tanto carlistas como republicanos murieron "peleando" por sus mismas ideas, como el caso de los republicanos, que terminaron por escindirse en unionistas que apostaban por una república centralista, y los federalistas, que proponían una República Federal Ibérica descentralizada, además de las pequeñas escisiones de radicales, partidarios de la lucha armada y los posibilistas, demasiado conservadores para ser republicanos y que terminaron en el Partido Liberal.

5.1. REGIONALISMOS Y NACIONALISMOS

El ideal nacionalista surge en España durante el siglo XIX a través de las oleadas revolucionarias europeas originadas tras la Revolución Francesa en las décadas de 1820 y 1830, y el año 1848, pero, que sin embargo muestran fuertes discrepancias en sus motivaciones y objetivos y que tendrán resultados diversos.

Si en el resto de Europa proponen la unión de territorios y de personas con características comunes tales como la lengua, tradiciones, cultura o costumbres, como en los casos de Alemania o Italia, en España su fundamento radica en la búsqueda de lo diferente y exclusivo, criticando los ideales centralistas y uniformes e identificados con el turnismo.

Para conseguir cierto respaldo dentro y fuera de España, vistieron su ideario bajo la toga de la lucha social contra la opresión de los ricos y poderosos sobre el desvalido pueblo.

5.1.1 NACIONALISMO CATALÁN

La política de los Borbones, identificada como centralista, fue, en gran medida, condescendiente con los nacionalismos, e intentaron animar el crecimiento y el desarrollo de los territorios periféricos con la aplicación de medidas proteccionistas en favor del textil catalán, o permitiendo la aparición de movimientos intelectuales como la "Reinaxença", que potenciaba el uso del catalán, o como la Unió Catalanista, de 1891, que llegó a redactar un proyecto de autonomía para Cataluña.

En 1901 surgirá el primer partido catalán, la Lliga Regionalista Catalana, con el apoyo de la burguesía industrial; al que seguirá Solidaritat Catalana, partido que reúne al resto de tendencias, y que tuvo a partir de 1907 su máxima representatividad hasta su desaparición en 1909 tras su mala gestión durante la Semana Trágica.

5.1.2 NACIONALISMO VASCO

Movimiento que surge tras la 3a Guerra Carlista, manteniendo su ideario de tradiciones, costumbres y fueros, y, al contrario que en Cataluña, vieron en el desarrollo un enemigo a sus derechos históricos.

De carácter étnico, católico y racista, culpaba al capitalismo, al centralismo y a la inmigración de su atraso. En 1895, Sabino Arana funda el Bizkai-Buru-Batzar, antecedente del PNV, que defendía la independencia de los territorios vascos bajo el lema "Dios y leyes viejas".

5.1.3 NACIONALISMO GALLEGO

Nacionalismo que gira en torno al movimiento cultural "O Rexurdimento", que a través del apoyo a la lengua gallega enlazaba con la descentralización política. Dentro de este movimiento destaca la aportación de la escritora Rosalía de Castro y la creación de la Real Academia Gallega.

5.1.4 OTROS NACIONALISMOS

El nacionalismo valenciano surge como oposición al centralismo castellano y al poder del catalanismo, apoyándose para ello en la alta burguesía y en la intelectualidad valenciana de la época.

En Andalucía, su marcado sentido agrícola le restó importancia ante el resto de nacionalismos.

Figura: Guardia Civil, Servicio de carreteras, 1890

6. EL PROBLEMA DE CUBA

Conflicto mal gestionado por la autoridades españolas de la metrópoli y de las colonias, tiene su origen a finales del siglo XIX, cuando los Estados Unidos potencian su comercio de tabaco y azúcar con Cuba. La intromisión americana y la resistencia española por mantener su control en la isla terminaría por llevar a los partidos del turno a ver en el horizonte su propio fin.

Figura: Oficial de voluntarios de artillería, 1892

La Paz de Zanjón de 1878, pretendía acabar con los abusos españoles en la isla y promover las estructuras sociales, políticas y económicas necesarias para agilizar el autogobierno de Cuba.

La falta de honestidad política y la crisis económica de finales del XIX provocaron que España tuviera que aumentar los aranceles comerciales con la isla para mantener la industria textil catalana, lo que supuso el acercamiento entre Cuba y los Estados Unidos, quien promovió en la isla los movimientos independentistas contra España.

En 1895, el Partido Revolucionario Cubano, liderado por José Martí, se levanta en armas contra el opresor español generando definitivamente la semilla de la lucha por la independencia.

Durante 1896, Cánovas del Castillo decide enviar a la isla al general Valeriano Weyler para acabar definitivamente con la insurrección, pero sus medidas salvajes, como el hacinamiento de campesinos en diversos campos de trabajo hizo que en los Estados Unidos se originase una corriente pública en favor de los isleños que desembocó en su apoyo económico.

La muerte de Cánovas en 1897 no hizo sino dificultar más la salida al conflicto, Sagasta, nuevo Jefe del Gobierno, ordenó la salida de Weyler de Cuba y el inicio de conversaciones de paz, pero ahora los americanos no estaban dispuestos a un entendimiento entre Cuba y España, y la "fortuita" explosión del acorazado Maine en febrero de 1898 les propició la excusa perfecta para iniciar una guerra de conquista contra España.

En abril de 1898, el presidente William McKinley autorizó la entrada americana en Cuba y la guerra contra España. La guerra fue desigual, y España no tardó en pedir el armisticio. En agosto de 1898 se firma el Tratado de París, por el que España renuncia a la soberanía de Cuba y vende Puerto Rico y las Filipinas a los Estados Unidos.

6.1 CONSECUENCIAS

El "desastre del 98" fue un duro golpe para toda la vida política y social española, el sentimiento de dolor, frustración y el desengaño fue tal que nada volvería a ser ya lo mismo.

Desde el punto de vista humano, perdieron la vida unos 70.000 hombres en Cuba y Filipinas, la mayoría de ellos de clase humilde, lo que generó una oleada de odio y rencor hacia el sistema.

En cuanto a la política, España pasó a ser una potencia de segundo orden, con las únicas aspiraciones coloniales en el norte de África.

Desde el punto de vista económico, la Iglesia, propietaria de tierras en las colonias, y la industria catalana, que perdió un mercado donde exportar sus tejidos, o la población en general, que sufrió la subida de precios de productos como el café o el tabaco, fueron los más perjudicados. Los únicos beneficiados fueron los bancos, que recogieron los capitales repatriados de las antiguas colonias.

7. EL REGENERACIONISMO

El turnismo estaba abocado a su fin, la muerte de Cánovas del Castillo, su pésima gestión del conflicto colonial y el daño emocional ocasionado provocó la aparición de una corriente política impulsada por algunos intelectuales y pensadores que, a través de una visión crítica de España, ofrecía una alternativa al sistema bipartidista mediante la aplicación de valores modernos y democráticos llamada regeneracionismo.

La figura más destacada de dicha corriente fue Joaquín Costa, autor del libro "Oligarquía y caciquismo", vinculado a la corriente filosófica del Krausismo, sistema ético y filosófico que defendía la libertad del ser humano en unión con el universo y con Dios, atacaba la corrupción política del turnismo y el atraso económico y social de España.

Como lema, "despensa y escuela", en busca del bien social y no de las oligarquías, tuvo gran repercusión en la Generación del 98 y su les "dolía España".

8. LA SOCIEDAD Y CULTURA ESPAÑOLA

La base de la sociedad española era analfabeta, excluida del deficitario sistema educativo español, donde la enseñanza y la cultura quedaban en manos de colegios de élite religiosos.

Con la aparición de la Institución Libre de Enseñanza, parte de la población segregada pudo acceder a la cultura.

Desde el punto de vista artístico, el Modernismo estético se implanta en España, y Barcelona, Málaga o Cartagena acogen la llegada de artistas extranjeros y el nacimiento de artistas como Pablo Picasso, Gaudí, Granados o Albéniz.

En las letras, destaca el resurgimiento del Romanticismo español con Bécquer o Rosalía de Castro.

CONCEPTOS CLAVE

Alfonsinos: Grupo monárquico encabezado por Cánovas del Castillo, partidarios de la restauración monárquica en la persona de Alfonso de Borbón, hijo de Isabel II, más tarde entronizado como Alfonso XII.

Turnismo: Sistema político por el que dos partidos se turnan en el gobierno. Para ello se necesitan dos partidos fuertes, un régimen parlamentario y una voluntad de ambos partidos por colaborar. En España se estableció con Cánovas y Sagasta entre 1876 y 1923.

Encasillado: Manipulación de los resultados electorales en los que la oposición conservaba siempre cierta representación parlamentaria. Es un fenómeno vinculado al caciquismo

Pucherazo: Fraude electoral que consiste en alterar el resultado del escrutinio de votos.

Oligarquía: Régimen político en el que el poder es controlado por un pequeño grupo de individuos o familias o incluso por una clase social. Se aplica también a la influencia preponderante que ejercen en su provecho un pequeño número de personas. Este término fue popularizado por la obra de Joaquín Costa, "Oligarquía y caciquismo como la actual forma de gobierno de España

Capítulo 14

El reinado de Alfonso XIII y la llegada de la II República; 1902-1931

1. INICIO DEL REINADO DE ALFONSO XIII; (1902-1931); EL REFORMISMO DINÁSTICO; (1ª ETAPA)

El inicio del reinado de Alfonso XIII entre 1902-1910, estará marcado por los gobiernos de Maura, "Gobierno corto y largo", el auge de los nacionalismos y la crisis de 1909. Alfonso XIII accede al reinado en 1902, conocido como el "regeneracionista", fue un rey deseoso de introducir mejoras en la corrupta vida política española; monárquico de nacimiento, propuso aumentar el poder político de la monarquía, y para ello no dudó en establecer un amplio intervencionismo en la formación de los nuevos gobiernos, provocando la caída o subida de los diferentes partidos.

1.1 GOBIERNO CORTO DE ANTONIO MAURA, 1902-03

La etapa conservadora se inicia en 1902 con el gobierno de Francisco Silvela, de carácter regeneracionista, que intenta aplicar un gobierno austero y de fuerte moralidad.

A mediados de 1902 le sucede en la jefatura Antonio Maura, líder de los conservadores en el llamado "Gobierno corto", 1902 -03. Su preocupación será controlar la débil economía española y disminuir la inflación; para ello establece una subida de impuestos que afectan a los productos agrícolas e industriales, limita los gastos del Estado y reduce el número de oficiales dentro del ejército, cuestión que fracasará y obligará a dimitir al propio Maura.

1.2 GOBIERNO LIBERAL DE CANALEJAS, 1903-06

Tras la muerte de Mateo Sagasta, líder del partido Liberal, y ante la falta de sucesor claro, entre 190 -05 se van a formar hasta cuatro gobiernos liberales hasta que, finalmente y ante la deriva del partido, Canalejas se convierte en el sucesor de Sagasta al frente de los liberales.

Los objetivos propuestos irán encaminados a reformar el anticuado y derrotado ejército, modificar la relación Iglesia -Estado con la firma de un nuevo concordato y disminuir la presencia de las órdenes religiosas cerrando aquellas que no fueran "productivas".

Al gobierno liberal se le abrirá un nuevo frente en Cataluña con la victoria en las elecciones municipales de 1905 de la Lliga Regionalista, y que supondrá un giro separatista en la política catalana, teniendo como objetivo la ridiculización del ejército español por sus derrotas coloniales, lo que abrirá un conflicto directo con uno de los pilares del Estado español.

El gobierno liberal apoyará al ejército poniendo fin a parte de las garantías constitucionales adquiridas el siglo anterior, y en 1905, se firma la Ley de Jurisdicciones por la cual se pena cualquier ataque producido hacia el ejército, lo que exaltará aún más la política catalana que se agrupará en torno a "Solidaritat Catalana", coalición electoral de grupos y partidos catalanes entre 1906 y 1909. Tales preocupaciones serán excesivas para el débil gobierno liberal, con lo que la única salida será la disolución de las Cortes para formar un nuevo gobierno.

El 31 de mayo de 1906 se produce el atentado de carácter anarquista sobre la comitiva real en las calles de Madrid tras la boda de Alfonso XIII con su prometida Victoria Eugenia, provocando una crisis interna y de confianza entre rey y Gobierno. La crisis se zanjó con la dimisión de Segismundo Moret al frente del gobierno en julio de 1906, y al que le siguieron tres presidentes de gobiernos liberales.

Si el inicio era poco esperanzador, la Conferencia de Algeciras promovida por Alemania en 1906 no iba a dejar mejores resultados. En el segundo reparto europeo de África tras la Conferencia de Berlín de 1885, España se queda con el pobre y conflictivo protectorado de Marruecos compartido con Francia.

1.3 GOBIERNO LARGO DE ANTONIO MAURA, 1907-09

Maura aplica también una política de tipo regeneracionista, que intente alejarse de los poderes tradicionales para buscar el apoyo de las "masas neutras" o nueva clase media.

Las medidas aplicadas van encaminadas a proteger y beneficiar al tejido empresarial español, controlando e interviniendo en la economía a través de la Ley de Protección de la Industria y Comunicaciones Marítimas. Todo este apoyo nacional provoca un gran auge de la siderurgia vasca, que activa más si cabe el extrarradio industrial español.

Desde el punto de vista social y político, se aplican medidas encaminadas a modernizar la Administración, se reforma la Policía para alejarla de sus antiguas funciones, se crea el Instituto Nacional de Previsión, precursor de la Seguridad Social.

Además se elaboran leyes laborales protectoras con el trabajador, la Ley de Inmigración y la creación de las mancomunidades, asociación libre de municipios dentro de un mismo marco jurídico y normativo, sin tener en cuenta la territorialidad y basándose, exclusivamente, en la unión de intereses económicos comunes, y como modo de acercarse al poder nacionalista que irrumpe con fuerza en Cataluña.

1.4 CRISIS DE 1909, LA "SEMANA TRÁGICA" DE BARCELONA. EL FORTALECIMIENTO DE LA OPOSICIÓN

Los sucesos de la "Semana Trágica" ponen fin al gobierno de Maura y forjan una oposición general de toda la sociedad catalana ante la gestión de la crisis, que distanciará aún más ambas mentalidades.

La situación en Marruecos es dramática, las tropas españolas son atacadas regularmente por grupos de guerrilleros que provocan gran números de bajas, la solución de Maura es enviar a Marruecos a un gran número de reservistas de Madrid y Barcelona.

El clima social se hace insostenible cuando, en el puerto de Barcelona, familiares, amigos y movimientos de izquierdas, bloquean el embarque de los militares en el puerto. La tensión generada es aprovechada por los nacionalistas para incendiar Barcelona con proclamas anti españolas y anti militares, y se inicia una feroz huelga general promovida por Solidaritat Obrera, aprovechando las noticias que llegan desde Barranco Lobo, en Marruecos, donde son asesinados ingenieros catalanes que trabajaban de manera privada en una mina bajo la protección del ejército español.

Se da inicio así, a la "Semana Trágica", donde Barcelona se llena de incendios, asesinatos y barricadas. La mala gestión y salida de la crisis provoca la emergencia de partidos políticos minoritarios como el Partido Republicano Radical de Lerroux y la unión política entre los republicanos y socialistas, liderados por Pablo Iglesias, lo que dividirá, aún más, el panorama político y social español.

Figura: Cabo de Infantería en África, 1912

2. LA ETAPA CONVULSA DE 1910-1919; (2ª ETAPA)

Estos años estarán marcados por tres fases fundamentales: el Gobierno liberal de Canalejas, que pretende modernizar la estructura política española, el Gobierno conservador de Eduardo Dato a partir de 1913; y la crisis de 1917, que significará el fin práctico del turnismo en España aunque siga vigente hasta el golpe de Estado de Primo de Rivera en 1923.

2.1. GOBIERNO LIBERAL Y REFORMISTA DE CANALEJAS, 1910-1912

Canalejas representa otro intento regeneracionista dentro de la política española. Su ideario se basaba en el mantenimiento del orden público por encima de todo, aunque siempre respetando las libertades y derechos individuales, a pesar de ello tuvo que hacer frente a diversos conflictos laborales y huelgas generales.

Tras la unión entre liberales y republicanos durante el gobierno conservador de Maura, los republicanos, a pesar del intento democratizador del Gobierno, van a iniciar una política de oposición más activa frente a los liberales.

Canalejas propondrá un programa de cambios absoluto que afectaba a toda la sociedad: establece una amplia regulación de los contratos laborales, promueve el acceso de la mujer al mercado laboral, y para trazar una línea divisoria con ciertas "normas" del turnismo, establece el servicio militar obligatorio para todos los españoles por igual.

Además, en su afán por conseguir mejorar las relaciones entre los diferentes territorios organiza el Estado a través de las mancomunidades con diversas competencias administrativas, favoreciendo así, las pretensiones catalanas y evitando cualquier enfrentamiento civil en Cataluña.

Por último, y ante el fracaso de diálogo con la Iglesia, firma en 1910 la Ley del Candado, por la que prohíbe la fundación de nuevas órdenes religiosas. Mientras, en noviembre de 1912, se produce el asesinato del propio Canalejas por el anarquista Manuel Pardiñas en la Puerta del Sol de Madrid, lo que va a provocar un tumulto general en la sociedad y en la política española que llevará consigo el final del turnismo organizado ante la ausencia de líderes sólidos y del regeneracionismo político y social como modelo alternativo.

La muerte de Canalejas afectó a los propios liberales, que no supieron mantener el poder con los gobiernos sucesivos del Conde de Romanones y de García Prieto, por lo que fue necesaria la convocatoria de elecciones a Cortes.

2.2 GOBIERNO CONSERVADOR DE EDUARDO DATO, 1913 -1915

La deriva liberal llevó al Gobierno al conservador Eduardo Dato, quien, además de su incapacidad para gobernar un Estado democrático, tendrá que adaptarse a los requerimientos del inicio de la I Guerra Mundial.

La pérdida de las colonias y el decrépito y viejo sistema político español, alejaron a España del conflicto y la establecieron como país neutral. Sin embargo, la sociedad española se posicionó a favor y en contra de los contendientes; de un lado los aliadófilos, del otro, los germanófilos.

Si bien España vivió un periodo de paz fuera del conflicto, la humillada sociedad española transitó entre cierta inestabilidad, debido a la debilidad política y económica del país, sobre todo de las clases populares, que a pesar del auge del comercio exterior con la venta de hierro y carbón a ambos contendientes y de la aplicación de los fletes de transporte, vieron decrecer sus ahorros, y sólo los bancos vieron engordar sus arcas; el resto de la población, sufrió la subida de precios ante la salida de la mayoría de productos de consumo con destino Europa provocando un empobrecimiento general de la población.

La mala gestión política y económica del conflicto mundial hizo que el gobierno de Dato cayera en 1915 y fuera reemplazado por el liberal.

Figura: Guardia Civil de Caballería, 1915

2.3 EL BIENIO LIBERAL DEL CONDE DE ROMANONES, 1915-1917

Fueron dos años de un mal gobierno que lo único que pretendió fue recuperar la débil economía nacional a base de impuestos y siempre supeditado a los requerimientos de los participantes en la Gran Guerra.

El afán recaudatorio generó cierto beneficio, pero lastró el crecimiento de las clases medias; se aplicaron tasas sobre el uso de carreteras, en la educación, sobre la producción industrial y sobre el comercio exterior, ya que España seguía proveyendo a gran parte de los países en guerra.

A inicios de 1917, el Conde de Romanones es sustituido por el también liberal García Prieto, lo que provocará el enfado de los conservadores al grito de "liberales sustituyendo a liberales", y la llegada al poder nuevamente de Eduardo Dato y con ello, el final del Bienio Liberal.

2.4 GOBIERNO CONSERVADOR DE EDUARDO DATO, 1917

De junio a noviembre de 1917, Eduardo Dato tendrá que hacer frente a uno de los hechos más significativos del siglo XX español, la gran huelga general de agosto de 1917. Huelga de carácter revolucionario que fue promovida por la UGT y el PSOE, y apoyada por los anarquistas de la CNT.

2.4.1 LA CRISIS SOCIAL DE 1917

Las causas de dicha huelga hay que establecerlas en el contexto de crisis social y económica española, con un alza de precios motivado por la guerra en Europa y que llevó la pobreza a gran parte de los hogares españoles, y que los sindicatos, UGT y CNT, utilizaron para movilizar a sus bases y encontrar el apoyo en el resto de la población.

La huelga tuvo su epicentro en Barcelona, pero en el resto de España los sindicatos también movilizaron a sus afiliados promoviendo huelgas en diferentes sectores industriales.

La crisis tuvo cuatro vertientes definidas: la del sistema turnista, con gobiernos débiles y sin apoyo social; la militar, que tras el desastre de 1898 no confía ni el Gobierno ni en la monarquía; los nacionalismos, que van a irrumpir en la dinámica parlamentaria exigiendo una autonomía municipal; y la social, quizá las más importante por su impulso y fuerza en las calles, donde la precaria situación económica del país movilizó a miles de españoles contra el Gobierno y la propia monarquía.

2.4.2 GOBIERNO DE CONCENTRACIÓN

Otra vez, la mala gestión del Gobierno unida a la falta de medios y a la presión nacionalista y de la izquierda española, conducen a la destitución de Eduardo Dato y a la entrada de García Prieto tras conseguir los apoyos necesarios para lideraral Partido Liberal; formándose así, el primer gobierno de concentración.

El impacto de la revolución bolchevique se hace patente entre los movimientos y partidos contrarios a Alfonso XIII, provocando una nueva crisis política que llevará a la formación de un nuevo gobierno de concentración dirigido por el conservador Antonio Maura.

2.4.3 LA HUELGA DE LA CANADIENSE, 1919

En 1919, el "estallido social" prenderá en la empresa eléctrica La Canadiense, donde las peticiones de readmisión de obreros despedidos y de mejoras laborales incendiará toda Barcelona durante 44 días y paralizará casi por completo la industria catalana.

Pero el movimiento revolucionario se levantaba no sólo como apoyo hacia los trabajadores, sino que se oponía, a su vez, a la legalización por parte del Gobierno del sindicato llamado Juntas Militares de Defensa, que había surgido tras la división interna del ejército entre africanistas y peninsulares, ya que el gobierno había establecido como condición para los ascensos los méritos de guerra, lo que hace agruparse a los peninsulares en estas juntas de marcado carácter político y que la UGT y el PSOE veían como una injerencia en el sistema político español.

Esta vez, la huelga afectó por igual a liberales y conservadores. El Conde de Romanones tuvo que hacer frente al desafío social dirigido y alentado por la CNT y el mundo obrero. Para sofocarla no duda en suspender las garantías constitucionales, aplicar una férrea censura de prensa y ordenar al ejército que acabe con la huelga dándole amplios poderes para ello. La actitud de enfrentamiento del Gobierno llevará a nacionalistas, republicanos y socialistas a apoyar la huelga general.

La huelga fue un gran éxito en las grandes capitales como Madrid, Bilbao, Valencia, toda Asturias, pero sobre todo en Barcelona, donde la represión del ejército llevó una semana, dejando tras de sí una ciudad en llamas y en parte destruida.

El fin del conflicto acabó con la victoria social y moral de la clase obrera, ya que se consiguió firmar, por parte de Romanones, el Decreto de la jornada de ocho horas, que se hizo bandera de la victoria obrera.

Romanones cumple su palabra y abandona el Gobierno, lo que provoca enormes contratiempos para la formación de un nuevo gobierno, pues nadie quería asumir la tarea de reconstruir la fractura social existente, lo que llevó a la formación, en 1919, de un gobierno de concentración dirigido por el conservador Antonio Maura y que ponía casi definitivamente el punto y final al turnismo hegemónico.

3. LOS AÑOS DE LA DERIVA POLÍTICA; 1919-23

Cinco años en los que se suceden once gobiernos de concentración diferente, que tendrán que hacer frente al problema autonómico catalán, a los conflictos entre patronos y sindicatos y a la guerra de Marruecos que concluye con el pronunciamiento militar de Primo de Rivera en 1923.

La inestabilidad política marcó claramente los años previos a la dictadura de Primo de Rivera. Los sucesivos gobiernos se ven incapaces de reconducir la situación en Cataluña tras la intervención del ejército a causa de la huelga general de 1917, y que llevó a la Lliga Regionalista a ser el partido más votado en Cataluña y a promover la redacción del Estatuto de Autonomía catalán. Sin embargo, los efectos mundiales de la gripe española en 1918, con una cifra de muertos que oscila entre los 50 y 100 millones, otorgaron a los gobiernos un cierto "respiro social".

3.1 LOS GOBIERNOS CONSERVADORES DE A. MAURA (1919 / 1921-22) Y E. DATO (1920-21)

Los gobiernos conservadores de Maura y Dato mantuvieron la línea dura de represión sobre sindicatos y huelguistas, lo que propició la aparición de los llamados sindicatos libres, auténticas bandas de pistoleros de izquierda y derecha, que imponían la ley de la violencia en las calles y que posibilitó la aprobación por parte del Gobierno de la Ley de Fugas de 1921, por la que las fuerzas policiales podían ejecutar, bajo el amparo legal, al preso que "intentara" escapar de la cárcel; y que años más tarde pondría en práctica la Alemania nazi.

La dura política de Dato hizo aumentar el radicalismo como forma de actuar frente a los problemas sociales y políticos, donde la CNT obtuvo un gran apoyo en Cataluña dando origen al anarcosindicalismo a través de la llamada acción directa de sus pistoleros, y que tendrá como culmen el asesinato en marzo de 1921 de Eduardo Dato en Madrid por pistoleros anarquistas catalanes.

3.2 EL PROBLEMA DE MARRUECOS Y LA INESTABILIDAD GUBERNAMENTAL, 1919-21

Si la situación política en España era tensa y frágil con la sucesión de los ineficaces gobiernos conservadores de Maura y Dato; los problemas en el protectorado español de Marruecos desde 1906 van a propiciar la puntilla al sistema establecido abriendo las puertas para la llegada de la dictadura de Primo de Rivera.

Así, en 1919 es nombrado como Alto Comisionado del protectorado el general Dámaso Berenguer, militar con ideales políticos que demostrará su incompetencia en territorio marroquí. La aparición del líder tribal Abd-el-Krim que une a las tribus rifeñas frente al invasor español y francés, provocará el segundo mayor desastre militar español de la historia, guerra civil aparte.

El envío de tropas mal aleccionadas, con un armamento anticuado comprado en el mercado negro tras la Gran Guerra y la incompetencia de los mandos, llevará al ejército español al tristemente famoso Desastre de Annual en 1921, donde las tropas españolas desorganizadas y temerosas del enemigo sufrirán incontables bajas, generándose multitud de deserciones previas y durante los combates.

Morirán más de 10.000 soldados, en su mayoría no profesionales, incluido el general Silvestre, al mando del acuartelamiento de Melilla y nombrado coordinador de la expedición que debía acabar con Abd -el-Krim. Las noticias de la derrota cayeron como jarro de agua fría sobre la sociedad española, lo que fue aprovechado por la oposición política para considerar al rey como responsable directo de las matanzas.

Entre tanta humillación cabe destacar los miles de soldados que valientemente dieron sus vidas por el país y por sus compañeros; mención especial debe recibir la heroicidad del Regimiento Alcántara, que, a mando del capitán Arenas, se lanzará en cargas de caballería contra el enemigo para proteger la retirada de la infantería; de los 691 soldados fallecieron 541 en Monte Arruit.

Tal enorme sacrificio sólo sería reconocido en 2005, cuando finalmente se les otorgaría la Cruz Laureada de San Fernando, la más preciada condecoración militar española. Alfonso XIII ordenará la creación de una comisión de investigación en base al Informe/Expediente Picasso, pero finalmente, no se esclarecen los hechos y no se asumen responsabilidades políticas ni militares.

Tras la derrota en el Protectorado, los gobiernos "express" de Maura y de García Prieto entre 1921 y 1923, pondrían fin al periplo del turnismo en España. La figura del Rey, muy en entredicho, sólo podrá admitir el fracaso de su gestión y apoyar el pronunciamiento militar de Primo de Rivera de 1923.

4. PRONUNCIAMIENTO Y DICTADURA DE PRIMO DE RIVERA. LA CAÍDA DE ALFONSO XIII.

El levantamiento militar de Primo de Rivera y su posterior dictadura difieren en mucho a los golpes militares producidos con anterioridad, ya que destacan por un apoyo general de todos los sectores nacionales: monarquía, instituciones, Iglesia y una gran parte de la sociedad española.

Los motivos los encontramos en la debilidad política de Alfonso XIII y en el descontento general de la población con el turnismo, y el particular de los partidos de izquierdas, los nacionalistas y del propio ejército.

4.1 DICTADURA DE PRIMO DE RIVERA, 1923

Primo de Rivera, capitán general de Cataluña, se mostró ante la opinión pública como una persona apolítica, autoritaria y honrada, capaz de acabar con los desmanes del turnismo y sacar a España de su atraso económico. En definitiva, Primo de Rivera no era más que otro intento regeneracionista, pero esta vez en base al control militar de la sociedad.

El deseo de los españoles por salir del ostracismo nacional e internacional permitió, a Primo de Rivera, conseguir un apoyo mayoritario tanto de las clases medias como de los nacionalismos y de los partidos políticos de izquierdas liderados por el PSOE y el sindicato UGT.

Alfonso XIII no tuvo más remedio que apoyar el levantamiento militar si quería mantener el trono, única vía posible, pues parte de la población lo consideraban culpable de los problemas políticos y económicos del país.

El propio monarca tomó la iniciativa y mandó llamar en audiencia a Primo de Rivera para encargarle la formación del nuevo Gobierno, quien haciendo honor a su autoritarismo, disolvió las Cortes, suspendió la Constitución de 1876, y aplicó una fuerte censura de prensa colocando gobernadores militares en cada una de las provincias españolas.

4.2 CONTEXTO HISTÓRICO DE LA LLEGADA DE PRIMO DE RIVERA

Sólo es posible entender la llegada "pacífica " de Primo de Rivera analizando las cuestiones sociales, políticas y económicas que afectan a España a inicios del siglo XX. El fracaso del turnismo era evidente, y los socialistas, republicanos y anarquistas buscaban acaparar los apoyos entre la descontenta sociedad; por su parte, el ejército continuaba dolido tras el desastre de Annual y el fallido y corrupto expediente Picasso.

Desde el punto de vista internacional, la lucha entre comunismo y fascismo en Europa aislaba a España de sus problemas al mismo tiempo que lanzaban sus tentáculos ideológicos a las ingenuas mentalidades españolas.

A partir de la Revolución Rusa de 1917, se forma el Komintern, un organismo destinado a exportar los ideales comunistas por el mundo; del mismo modo que en Italia y Alemania se refuerzan los ideales fascistas, que se mostraban como la única salida económica posible tras el fin de los "felices años veinte" y la llegada de la gran depresión de 1929.

4.3 DIRECTORIOS, AFIANZANDO EL PODER, 1923-29

Primo de Rivera propondrá dos modelos diferentes de directorios según sus objetivos más inmediatos: uno militar, de carácter autoritario y otro civil, con la vista puesta en su afianzamiento político, siendo ésta, otra de las características que diferencian el nuevo modelo de poder.

4.3.1 DIRECTORIO MILITAR, 1923-25

El carácter militar y monárquico del directorio le valió el apoyo directo de Alfonso XIII, y su lucha contra la corrupción política y militar, el del resto de la población.

En cuanto a su política interior, estuvo basada en el control del orden público, reprendiendo cualquier atisbo de oposición; en definitiva establecía aquello que quería erradicar, como el caciquismo, dando muestras de procedimientos muy similares ilegalizando sindicatos y partidos como la CNT, o prohibiendo huelgas o el uso del catalán.

El medio para conseguir sus objetivos era militarizar la sociedad, y la española, cansada de las buenas formas y malos resultados bajó la cabeza y consintió tal disparate. Para formar gobierno, tuvo que crear un nuevo partido, la Unión Patriótica en 1924, único legal y que aglutina en su ideario lo prometido en 1923.

Durante los dos años de Directorio Militar aplicó una serie de medidas de carácter autoritario presionado por los africanistas, que pretendían mantener el status de ascensos y por los empresarios y propietarios de las minas del Rif; medidas que terminaron por ser impopulares y que en 1925 le obligó a refundar el directorio.

En política exterior, y ante el problema marroquí, en un momento intentó dialogar con Abd-el-Krim, líder rifeño que había conseguido unir a las tribus del Rif ante la opresión francesa y española, quien viendo la debilidad española optó por una posición de fuerza. Primo de Rivera, autonombrado Comisario de Marruecos, decide retirar las tropas españolas y evitar otro desastre, pero siempre con la promesa de volver y resarcir el honor español.

En 1925, tras conseguir el apoyo militar francés, se decide intervenir en Marruecos y realizar el primer desembarco aeronaval de la historia en la bahía de Alhucemas, la "Normandía española"; la superioridad táctica y militar del contingente hispano-francés conseguirá la rendición de Abd-el-Krim y lo más importante, el apoyo total de la población hacia su Directorio Militar.

4.3.2 DIRECTORIO CIVIL, 1925-29

Primo de Rivera tenía en mente democratizar su dictadura y al mismo tiempo "establecerse" políticamente al frente del Estado, y tras la victoria en Alhucemas plantea un cambio hacia posiciones más políticas; incluso se convocó la Asamblea Nacional Consultiva para que se redactara una nueva constitución que finalmente fracasa.

Su primera medida será la de cambiar el organigrama del Gobierno e introducir a ministros tecnócratas con el objetivo de mejorar la economía aumentando la recaudación del Estado y aumentar los ingresos a través del Ministerio de Hacienda.

Las medidas iban complementadas con otras: unas destinadas a mejorar el nivel de vida de los campesinos, como ayudas a la producción, y otras, al sector empresarial español, creando un tejido de empresas públicas como Campsa o Telefónica.

La nueva deriva política de Primo de Rivera terminó siendo un entramado socio-político basado en tres grandes ministerios: Hacienda, ya comentado anteriormente y dirigido por los tecnócratas.

Fomento, con un ambicioso plan de obras públicas en el que se encontraban el estudio de las cuencas hidrográficas para la construcción de embalses y pantanos o el "Circuito Nacional de Firmes Especiales" y su plan para ampliar de forma radial la red de carreteras, pero que fracasó ante la situación de recesión económica española y mundial.

Trabajo, que impulsó políticas sociales y laborales nunca vistas hasta la fecha: se crearon el Instituto de Reformas Sociales y el Consejo Nacional de Trabajo, se empezó la construcción de un gran número de escuelas y viviendas destinadas a la población excluida, y se llegaron a acuerdos con los patronos para proteger al trabajador ante las bajas por enfermedad o maternidad a través de los Consejos Corporativos de Trabajo que negocian los convenios colectivos, y del que participaban todos los agentes implicados salvo la ilegalizada CNT. Decir que la mayoría de estas medidas están tomadas de las propuestas liberales de inicio de siglo.Bajo estas circunstancias, el directorio obtuvo los apoyos de PSOE y UGT y de gran parte de los trabajadores.

5. LA OPOSICIÓN A LA DICTADURA

En junio de 1926, meses después la creación del Directorio Civil, se produce un intento de golpe de Estado dirigido por los mandos africanistas descontentos con la eliminación de sus ascensos, y que fracasa antes de su ejecución al ser descubiertos sus cabecillas.

Solucionado el problema militar, Primo de Rivera deberá hacer frente ahora al problema político. Los intentos pseudo democráticos de Primo de Rivera no bastaron para contentar a la oposición, y los antiguos partidos del turno, parte del ejército, los partidos de izquierda y los intelectuales, se unieron de una u otra forma para oponerse al régimen.

En septiembre de 1927, se convoca la recién creada Asamblea Nacional Consultiva, creada no como un Parlamento ni dedicado a legislar, sino como un órgano informativo y de discusión donde no se proponen y mucho menos se votan leyes. La Asamblea, compuesta por miembros de la Unión Patriótica, tendrá una corta vigencia.

El PSOE se opone ya frontalmente al Gobierno, y más a la izquierda se produce la unión de los partidos de carácter republicano, el Partido Radical de Lerroux, el Partido Republicano de Blasco Ibáñez, el Partido Conservador Republicano de Miguel Maura y Acción Republicana de Manuel Azaña. Por su parte, desde la intelectualidad, personajes como Miguel de Unamuno dirigen la oposición de corte intelectual y universitaria.

6. FIN DE LA DICTADURA E INICIO DE LA II REPÚBLICA

La situación política entre los años 1929 y 1930 era caótica, los partidos opositores se negaban a enviar representantes a la Asamblea Nacional Consultiva por su nula eficacia y exigían la convocatoria de elecciones generales democráticas, por lo que en 1930 se pide la dimisión del propio Primo Rivera.

6.1 EL CRACK DE 1929

Aunque la crisis económica no afecta gravemente a debido a la importancia de la agricultura nacional, capaz de abastecer el mercado nacional y capaz de exportar cierta cantidad de excedentes o, a la pobre industria, que no se ve afectada de igual forma que las grandes potencias industriales del mundo.

Sí es cierto que el retroceso económico obliga a paralizar gran cantidad de obras públicas ante la falta de inversión extranjera, y el descenso del comercio con América con el consiguiente aumento del paro y de las tensiones sociales propias. Ante esta situación, Alfonso XIII propone una salida consensuada al problema, la creación de la conocida como "Dictablanda".

6.2 LA DICTABLANDA DE DÁMASO BERENGUER, 1930

Primo de Rivera, sin el apoyo de Alfonso XIII, presenta su dimisión en enero de 1930, cuando el Rey ya ha tomado la decisión de encargar un nuevo Gobierno al general Dámaso Berenguer dando paso a la breve "Dictablanda".

Sus características se basaron en la restauración de la Constitución de 1876 y la eliminación de todas las leyes y medidas propuestas por el régimen anterior en un intento por salvar de nuevo a la monarquía.

Ningún partido político mostró su apoyo al sistema: la derecha republicana dirigida por Alcalá Zamora, la izquierda republicana de Manuel Azaña, los nacionalismos, que defendían sus estatutos, ni el movimiento obrero que pedía mejoras sociales y económicas, ni los radicales, ni los intelectuales. Tal oposición en bloque dio lugar a la firma en 1930 del Pacto de San Sebastián, cuyo objetivo fue el de poner fin al reinado de Alfonso XIII y al aumento de poder del ejército en España.

6.3 PACTO DE SAN SEBASTIÁN, 1930

Firmado en agosto de 1930 por los partidos republicanos, nacionalistas y algunos representantes del PSOE, proponían instaurar un comité revolucionario que acabará con las sublevaciones militares como la que se produjo posteriormente en diciembre, en Jaca, y que por fortuna termina fracasando, y la proclamación de la II República. Tanto PSOE, UGT como la CNT vieron con buenos ojos el apoyo a dicho pacto.

Las consecuencias del Pacto fueron: la dimisión de Dámaso Berenguer en febrero de 1931, la formación de un Gobierno de concentración dirigido por el almirante Juan Bautista Aznar, que tuvo que hacer frente a las antagónicas corrientes políticas de su gabinete y la celebración de unas elecciones municipales fechadas el 12 de abril de 1931.

En dichas elecciones se produjo la victoria de los partidos monárquicos con casi 5.000 concejales más, pero con la victoria de la coalición entre republicanos y socialistas en alcaldes de capitales de provincia, 37 frente a los 10 de los monárquicos.

Aunque las elecciones sólo decidían los nuevos concejales, para los partidos de la oposición fue una verdadera prueba de apoyo y oposición hacia la monarquía, el almirante Aznar presentó su dimisión el mismo 12 de abril.

Alfonso XIII, pensando en que el pueblo español lo llamaría para salvarlo de las llamas de la República, se exilia el 14 del mismo mes rumbo a París para no volver jamás. El 14 de abril de 1931 quedaba proclamada la II República.

7. LA CULTURA ESPAÑOLA

Son los años de la Edad de Plata de la cultura española, sobre todo en literatura. De la reflexión política y social de Unamuno y Machado surge la Generación del 98; de la aportación de soluciones a los problemas de España de Ortega y Gasset y Juan Ramón Jiménez la Generación del 14; y por las ansias de renovación política y social de Lorca, Alberti y Gaudí, la Generación del 27.

CONCEPTOS CLAVE

Dictablanda: término aplicado al Gobierno de Dámaso Berenguer en 1930, en sustitución de Primo de Rivera y que intentó gobernar eliminando las medidas más impopulares de su antecesor y "sortear" las dificultades económicas provocadas por el Crack de 1929.

Regeneracionismo: Movimiento ideológico iniciado en España a fines del siglo XIX que, motivado principalmente por el sentimiento de decadencia, propugna una regeneración completa de la vida española.

Crisis de 1917: Se desarrolló en el verano de 1917, coincidiendo tres conflictos consecutivos: Uno militar, mediante la creación de Juntas de Defensa; otro político, en donde políticos catalanes demandaban la apertura de Cortes y la convocatoria de unas constituyentes; otro social, al convocar anarquistas y socialistas la primera huelga general en España, demandando un cambio en el sistema político.

Anarcosindicalismo: Tendencia sindical anarquista nacida en los primeros años del siglo XX, que consideraba a los sindicatos el instrumento preferente en la lucha para lograr las reivindicaciones de los obreros.

Dictadura: Régimen político que concentra todos los poderes en manos de una persona o un reducido grupo, que ejerce el poder al margen del sistema constitucional, legislando sin contar con el parlamento y suspendiendo en gran medida los derechos individuales.

Directorio: forma de Gobierno, organigrama directivo formado por personas de diversa índole, y que acumulan los poderes políticos de un estado ante la ausencia del Presidente.

Capítulo 15
La II República, 1931-36

1. LA LLEGADA DE LA II REPÚBLICA, 14 de abril 1931

La llegada de la II República vino de la mano de la incredulidad, de la fascinación y, posiblemente, de la falta de cultura política democrática de la sociedad española del momento.

Unas obligadas elecciones municipales y el continuo descontento contra el modelo tradicional, conseguían acabar de manera imprevista con el viejo sistema monárquico inamovible durante más de 50 años y que se diluía por su estancamiento y falta de renovación.

El resultado de las elecciones municipales del 12 de abril de 1931 fue vista por los partidos de izquierda como un referéndum sobre la continuidad de la monarquía, y la gran victoria de la coalición republicana y socialista en las grandes capitales de provincia, 37 frente a los 10 de los monárquicos, supuso el fin del sistema y el exilio definitivo de Alfonso XIII de un país, que ahora, le daba la espalda.

El 13 de abril de 1931 media España salía eufórica a la calle a expresar su júbilo por la llegada de la República y el fin de la monarquía; en el extranjero, gran parte de las potencias occidentales dieron su bienvenida al "nuevo" país.

Pero tanta felicidad enseguida se vio empañada por la fuerte oposición monárquica y de derechas, por problemas de carácter interno propios de un país atrasado como lo era España, y por la necesidad imperiosa de convocar elecciones a Cortes para dotar de legalidad al nuevo Gobierno Provisional, y redactar una nueva Constitución acorde con el nuevo sistema.

1.1 GOBIERNO PROVISIONAL Y PRIMEROS PROBLEMAS

El 14 de abril se proclama la II República, "borracha" media España de alegría y esperanza, el mismo día que Cataluña aprueba urgentemente la proclamación de la República Catalana Independiente, generándose así el primer conflicto con los nacionalistas de la II República.

Además, el Gobierno Provisional tuvo que hacer frente a las deficiencias estructurales y casi endémicas del país: la Iglesia había crecido unida al poder político y no quería perder ningún privilegio; dentro del ejército se mantenían las diferencias entre los peninsulares y los africanistas por los ascensos, y un número excesivo de oficiales poco preparados.

Además, quedaba pendiente la ansiada reforma agraria; la economía real se mantenía bajo el control de las oligarquías y élites del sistema anterior, sin olvidar el problema añadido entre centralismo y nacionalismo.

Si en un principio las clases adineradas van a oponerse a cambios drásticos que hicieran temblar su poder, y a los decretos del Gobierno en favor de los trabajadores y en contra de las grandes fortunas, poco a poco serán las clases más desfavorecidas las que muestren su desencanto ante la falta de cambios reales.

Durante el mismo mes de abril, se produjeron las primeras huelgas pidiendo una actuación más dura e inequívoca. Tal sensación de ruptura generó la aparición de grupos extremistas que obligaron a los españoles a posicionarse a favor o en contra del comunismo de la URSS o del fascismo italiano y alemán.

Desde la izquierda, socialistas, anarquistas y comunistas pedían cambios drásticos y contundentes para cambiar el sistema económico y social de España; desde la derecha, fascistas, la Iglesia o el propio ejército se opusieron a perder parte del poder acumulado durante los años de la Restauración.

Si la situación interna era tensa y preocupante, en el exterior, el Crack del 29 llevó a la ruina a la clase media, y el paro, el hambre y la miseria azotaron el mundo occidental y puso en peligro a las democracias occidentales, que se debatían entre los discursos extremistas de izquierda y derecha.

1.2 CREACIÓN DEL NUEVO MODELO DE ESTADO.

A falta de unas elecciones generales que otorguen la legalidad a la República, se conforma un Gobierno Provisional con la unión de los partidos republicanos tanto de derechas como de izquierdas, socialistas y autonomistas, que estará presidido hasta el 15 de octubre por Niceto Alcalá Zamora y por Manuel Azaña después.

Su primera función será la de tratar el conflicto catalán. Allí se ha proclamado la República Catalana Independiente tras alcanzar un acuerdo todos los partidos nacionalistas, liderados por Esquerra Republicana, por el cual se crea la Generalitat presidida por Francesc Maciá con el objetivo de elaborar el estatuto catalán. La solución al conflicto se encontrará con la promesa del Gobierno provisional de que las Cortes aprobarían el Estatuto de Autonomía redactado por la Generalitat.

El éxito de las primeras medidas estaban supeditadas a la celebración de elecciones a Cortes y a la elaboración de una Constitución. Mientras, y para poner en marcha el Gobierno, se acometieron los primeros cambios: para mantener el orden en el sistema, se hizo obligatorio para el nuevo ejército jurar fidelidad a la República; Fernando de los Ríos, ministro de Justicia, estableció como obligatoria la enseñanza primaria y para ello ordenó la construcción de más de 1000 escuelas públicas, además del apoyo a las misiones pedagógicas, escuelas públicas destinadas a una educación laica y libre, intelectual y filosófica para las zonas rurales y más desfavorecidas del país.

Largo Caballero, ministro de Trabajo, estableció la Ley de Términos Municipales de 1931, por la cual, los patronos se veían obligados a contratar a obreros de su término municipal. Estas medidas vienen acompañadas por las aplicadas a la cuestión religiosa y que separan a los religiosos de las aulas.

Pero la paz social no llega a asentarse, y entre provocaciones mutuas, los monárquicos salen a las calles de Madrid al sonido de la Marcha Real, o "Marcha de Granaderos" de 1770 en Castilla, lo que enerva a la izquierda más radical que se lanza al asalto de periódicos pro monárquicos, como el diario ABC, y a la quema de conventos e iglesias ante la pasividad del gobierno.

2. ELECCIONES A CORTES Y CONSTITUCIÓN DE 1931

El 28 de junio de 1931 se realizan las elecciones a Cortes con la intención de legalizar y normalizar al nuevo Gobierno; la abstención de anarquistas y de la derecha radical evita los conflictos previos, y la población se decide entre los dos movimientos ideológicos mayoritarios.

El resultado de los comicios nos deja una gran victoria de los partidos que integraban el Gobierno Provisional. La lista más votada es el Partido Socialista Obrero Español con 116 diputados y se convirtió en la oposición mayoritaria; a los socialistas le sigue el Partido Republicano Radical de Alejandro Lerroux que obtuvo 89 diputados.

Tienen representación parlamentaria otros partidos minoritarios como el Partido Republicano Radical Socialista, Acción Republicana de Manuel Azaña, la Derecha Liberal Republicana de Niceto Alcalá-Zamora y los partidos de ámbito nacionalista como Esquerra Republicana de Cataluña o la Federación Republicana Gallega de Santiago Casares Quiroga.

Los resultados electorales ofrecen, por tanto, un nuevo camino constitucional en busca del cambio y de la renovación de las instituciones jurídicas, políticas y sociales, ya anticuadas e inmóviles. Por contra, la derecha pasa a la oposición sumando 160 diputados; los partidos monárquicos sólo obtienen unos 50 diputados con el apoyo de Acción Nacional de José María Gil Robles; integran también la oposición de derechas los diputados de la coalición católico-fuerista, integrada por la carlista Comunión Tradicionalista y los nacionalistas vascos del PNV.

En diciembre de 1931 se aprueba la nueva Constitución bajo el gobierno de Manuel Azaña, siendo nombrado como Presidente de la República Niceto Alcalá Zamora.

2.1 CONSTITUCIÓN DE 1931

La nueva constitución va a representar un cambio radical en la forma de hacer política en España, una auténtica política social. Uno de los principios básicos es el modelo de Estado, España se convierte en una República Democrática de Trabajadores de toda clase bajo una serie de derechos y obligaciones:

Se establece un Gobierno sometido a la soberanía nacional integrado por municipios mancomunados formando provincias; se aplica la división de poderes, el poder ejecutivo para el Presidente de la República con elecciones cada 6 años, unas Cortes unicamerales elegidas cada 4 años por sufragio universal a partir de los 23 años; un Tribunal Constitucional como garante de la legalidad ante una sociedad que disfrutaba de la igualdad ante la ley, el derecho a la educación dentro de un Estado aconfesional, democrático y pacifista.

ARTICULADO DE LA CONSTITUCIÓN DE 1931

"(...) Artículo 1. España es una República democrática de trabajadores de toda clase, que se organiza en régimen de Libertad y de Justicia. Los poderes de todos sus órganos emanan del pueblo. La República constituye un Estado integral, compatible con la autonomía de los municipios y las regiones. La bandera de la República española es roja, amarilla y morada.

Artículo 2. Todos los españoles son iguales ante la ley.

Artículo 3. El Estado español no tiene religión oficial.

Artículo 4. El castellano es el idioma oficial de la República. Todo español tiene obligación de saberlo y derecho de usarlo, sin perjuicio de los derechos que las leyes del Estado reconozcan a las lenguas de las provincias o regiones.

Artículo 6. España renuncia a la guerra como instrumento de política nacional.

Artículo 7. El Estado español acatará las normas universales del Derecho internacional, incorporándolas a su derecho positivo. (...)"

http://www.congreso.es/portal/page/portal/Congreso/Congreso/Hist_Normas/ConstEsp1812_1978/Const1931

Figura: Dama republicana (Alicia May Antón)

3. EL BIENIO REFORMISTA, 1931-1933

Una vez aprobada la Constitución de 1931 se inicia una nueva etapa con un Gobierno presidido por Manuel Azaña y formado por la unión de republicanos de izquierda y socialistas, siendo Alcalá Zamora el Presidente de la República. Dicho periodo durará dos años y se le conoce como "Bienio Reformista".

Los objetivos planteados para el nuevo gobierno serán: completar las reformas iniciadas por el Gobierno Provisional y conseguir modernizar la estructura política, económica, cultural y religiosa de un país atrasado.

Las reformas o medidas propuestas van a chocar con la oposición de la Iglesia, los terratenientes, los extremistas de izquierdas y de derechas y el alto nivel de paro, por lo que muchas de ellas, o no se aplican, o tienen un resultado escaso.

Las medidas van a afectar a varios sectores del Estado:

3.1 REFORMA DEL EJÉRCITO

Dentro del ejército se promovió su modernización en base a la Ley de Retiro de la Oficialidad, que afectó a un 60% de los soldados; se suprimió el Consejo de Justicia Militar, la prensa militar, la Academia Militar de Zaragoza, de donde habían salido algunos de los oficiales más conservadores del ejército, la anulación de los ascensos a los "africanistas" y el fortalecimiento de la Guardia de Asalto, cuerpo policial republicano.

3.2 REFORMA LABORAL

Desde el punto de vista laboral, se nombra como ministro de Trabajo y Previsión al socialista Largo Caballero. Su primera medida es la aplicación de la Ley de Contratos de Trabajo, que imponía la aplicación de convenios colectivos a través de las delegaciones de trabajo, y aseguraba la implantación de diversos modelos de contrato.

Por último, y para solventar los problemas laborales entre patronos y obreros, Largo Caballero estableció los jurados mixtos para buscar un mayor equilibrio entre posturas.

3.3 REFORMA RELIGIOSA

Las reformas aplicadas a la religión serán, con mucho, las que provoquen mayor rechazo y apoyo radical. El Gobierno republicano aplicó las bases de la Constitución de 1931, es decir; matrimonio civil, divorcio, la secularización del cementerio y poner fin en un periodo máximo de dos años al presupuesto del clero.

El máximo desarrollo de las medidas fue la aprobación en 1933 de la Ley de Congregaciones, ley que intentaba regular el culto público a la vez que limitaba la posesión de bienes a la Iglesia, vetaba nombramientos religiosos y obligaba al cierre de los colegios religiosos de primaria y secundaria.

Bien sea por la amplitud de medidas o por el ánimo con que se aplicaron, la República se gestó un problema político de gran magnitud: los partidos opuestos a la República se unieron ferozmente y se enfrentaron al Gobierno en apoyo a la Iglesia. Si bien es cierto, la Iglesia intentó por todos los medios incumplir las medidas, y se hizo común el uso de testaferros por parte de conventos e iglesias.

3.4 REFORMA AGRARIA

La anhelada y deseada reforma agraria se promulgaba el 9 de septiembre de 1932 con el objetivo principal de acabar con las desigualdades sociales y económicas entre el sur de España, agrícola y atrasado, y el norte industrial y moderno.

Para llevar a cabo dicha reforma se creó el Instituto para la Reforma Agraria. A través de este organismo se pusieron en marcha los mecanismos de expropiación de tierras a cambio de una serie de indemnizaciones, trece tipos diferentes según la extensión y la producción.

Sin embargo, el exceso de burocracia en la Administración para la ejecución de las expropiaciones y la escasez de medios económicos y humanos llevó al fracaso a la reforma ante la oposición no sólo de latifundistas y de los partidos de derechas, sino también de los campesinos que seguían sin tener acceso a las tierras.

3.5 REFORMA AUTONÓMICA Y EL PROBLEMA NACIONALISTA

Al igual que en las reformas anteriores, los problemas superan a los avances. En Cataluña se aprueba definitivamente el "Estatut de Nuria", firmado en el Santuario de Nuria en 1932, y que propone un modelo Federal de Estado, la ciudadanía catalana y el catalán como lengua oficial del nuevo Estado, a cambio de aceptar la autoridad del Gobierno Central, por ello, Cataluña recibe importantes competencias como sanidad, justicia, educación y orden público.

Además, el catalán pasaba a ser lengua cooficial del Estado y se autorizaba la formación del primer gobierno autonómico catalán presidido por la Generalitat, con un Consejo de Ministros y un Parlament. En este "negociado", el Estado español se queda la gestión de la política exterior y el control del ejército y Hacienda.

El triunfo de Esquerra Republicana de Cataluña en las elecciones municipales de 1931, llevarían a Francesc Maciá, a ser nombrado President de la Generalitat continuando así, con el proceso de elección de los nuevos presidentes interrumpida a partir de 1714.

Más tarde, en 1934, le sucedería LLuis Companys, quien con los apoyos del PSOE, UGT, CNT, FAI y PCE forma el nuevo Estado Catalán dentro de la República Federal Española.

En el País Vasco la situación es diferente, las características nacionalistas del PNV, tradicionalismo, catolicismo y la falta de democracia en su organización, llevan a que el propio Gobierno de la República no admita el "Estatuto de Estella". Para Valencia y Galicia, sus intentos tardíos de estatutos chocarán con el inicio de la Guerra Civil, lo que provocará su no aprobación.

3.6 REFORMA EDUCATIVA

El ministro Fernando de los Ríos propondrá a través del Ministerio de Instrucción Pública y Bellas Artes, la modernización completa de la educación en España.

La ambiciosa propuesta incluía la construcción de más de 10.000 escuelas públicas y 100 institutos públicos, en un intento por eliminar la religión de los centros de enseñanza y disminuir la presencia de colegios privados religiosos. Tal reforma encontró la enérgica oposición de la derecha española y la imposibilidad económica para llevarla a cabo; teniendo que coexistir ambas realidades educativas.

Cuestión aparte merecen las misiones pedagógicas que se engloban dentro del proyecto educativo republicano, que pretendía hacer llegar una cultura general a las zonas rurales y aisladas de España. Formado por intelectuales comprometidos, destaca la labor de Federico García Lorca y Alejandro Casona.

4. LA OPOSICIÓN POLÍTICA AL BIENIO

La violencia se asentó en la vida cotidiana española, y el 31 de diciembre de 1931 daba comienzo una serie de hechos dramáticos que marcarán el Bienio Reformista y el futuro político de Manuel Azaña como Jefe de Gobierno.

Diciembre de 1931, en la población extremeña de Castilblanco, la huelga general promovida por la Federación Nacional de Trabajadores de la Tierra (FNTT) provocará el enfrentamiento entre la población y la Guardia Civil que acabará con un campesino y cuatro guardias civiles muertos.

En enero de 1932, en Arnedo, La Rioja, la huelga general convocada por la UGT, derivará en un enfrentamiento entre la población y la Guardia Civil que acaba con once campesinos muertos.

En enero de 1933, en la localidad gaditana de Casas Viejas, una insurrección anarquista liderada por la CNT concluye con la matanza de diecisiete personas entre guardias civiles y anarquistas, y que erosionarán los apoyos políticos y sociales del gobierno de Azaña.

Pero el "frente" anti republicano no sólo se quedaba en las pequeñas poblaciones rurales, en el Parlamento, la oposición de derechas liderada por el Partido Radical de Alejandro Lerroux y la CEDA de José María Gil de Robles se hacía fuerte con los apoyos de los extremistas de Renovación Española y de Falange Española. Por su parte, los partidos de derechas utilizarán los violentos hechos para crear una "leyenda negra" de la República, que mantendrán durante la Guerra Civil.

Indicar que a partir de 1932 se van a suceder protestas de la oposición de derechas que no hicieron más que anunciar el fallido intento de golpe de Estado el 10 de agosto de 1932 motivado por la falta de apoyo de la oficialidad del ejército, dirigido desde Sevilla por el general Sanjurjo, y conocido como "Sanjurjada".

Según las memorias del propio general, y Jefe de la Guardia Civil bajo el mandato de Azaña, lo hacía "por amor a España", para "salvarla de la ruina, de la iniquidad y de la desmembración".

En el extremo opuesto, aunque fuera del juego político, las agrupaciones anarquistas de la CNT y la FAI criticaban la falta y amplitud de reformas.

En septiembre de 1933 se produce la caída del cuarto gobierno de la República, Alcalá Zamora mandará formar gobierno a Alejandro Lerroux, que, sin apoyos de la derecha y de la izquierda, debe dimitir para que su compañero Martinez Barrio ocupe la Presidencia del Gobierno.

La inestabilidad provocada dentro de la República va a obligar a Alcalá Zamora a convocar elecciones a Cortes para noviembre de 1933.

5. BIENIO RADICAL-CEDISTA, 1933-35

Si la situación social era extrema, las elecciones generales de 1933, las primeras con el voto de la mujer, generan más incertidumbre al conseguir los partidos de derecha la mayoría de diputados: la CEDA con 115 escaños es la agrupación más votada; le sigue el Partido Radical con 102 escaños, y del que saldrá Alejandro Lerroux como Presidente de Gobierno; muy por debajo, aparecen el PSOE con 59 escaños, 25 la Lliga Regionalista, 14 Renovación Española y 11 el PNV.

La clave electoral estuvo en la desunión del bloque reformista formado por socialistas y republicanos, y la abstención de los anarquistas. Por contra, el centro-derecha concurría unido obteniendo una clara victoria. Los anarquistas, que se habían "borrado" de las elecciones, no aceptan los resultados y llaman a la desobediencia civil a sus afiliados.

El nuevo Gobierno formado tras las elecciones estará liderado por Alejandro Lerroux y contará con miembros del resto de partidos de derecha: José María Gil de Robles, como Ministro de la Guerra, además, defenderá abiertamente la modificación de la Constitución.

Dentro del nuevo Parlamento, adquirirán mayor importancia las figuras de José Calvo Sotelo, líder de la extremista Renovación Española, y de Jose Antonio Primo de Rivera, fundador de Falange Española. Fuera del arco parlamentario se encuentran las formaciones anarquistas de la CNT y la FAI.

5.1 CARACTERÍSTICAS POLÍTICAS DEL BIENIO RADICAL-CEDISTA

Alcalá Zamora intentó manejar la situación dando muestras de su amor por la democracia, la fe y, sobre todo, el respeto a la ley. Para evitar un conflicto social mandó formar gobierno a Alejandro Lerroux, intentando alejar del poder a las pretensiones de la CEDA. Lerroux aplicó rápidamente una serie de medidas:

Paralizó la reforma del ejército y de los estatutos de autonomía, puso fin a las expropiaciones y al desmantelamiento de los bienes de la Iglesia, restableció su financiación, estableció libertad de salarios para activar la economía y puso fin a las escuelas mixtas.

Para contentar a su socio mayoritario, firmó en 1934 la Ley de Amnistía para los golpistas del Bienio anterior, norma, que provocará el inicio de disturbios y la oposición sindical de la UGT y la CNT. Tal medida terminó por hacer caer al propio Lerroux al que sustituirá el también "radicalista" Ricardo Samper entre abril y octubre de 1934.

5.2 LA REVOLUCIÓN SOCIAL DE 1934

El aumento de poder de los miembros de la CEDA en los gobiernos del Partido Radical, lleva a la radicalización de las posturas del PSOE, lideradas por Largo Caballero, y que consiguieron el apoyo de comunistas y anarquistas.

Los movimientos fascistas en Alemania e Italia unieron más la "causa social" y se produjeron disturbios generales en gran parte de España; los más importantes en Cataluña, que terminaron con la proclamación del Estado Catalán dentro de la República Federal Española.

La intervención del ejército, la suspensión del estatuto y el encarcelamiento del gobierno catalán obligó a dimitir a Ricardo Samper ante la falta de apoyos por parte de la izquierda y de la propia derecha, que lo veían excesivamente moderado en sus medidas. El 4 de octubre de 1934, Alejandro Lerroux se convertía de nuevo en Jefe de Gobierno apoyado por los tres ministerios de la CEDA: Justicia, Agricultura y Trabajo.

Los movimientos de Lerroux alimentaron a la oposición que apoyó la huelga general de noviembre de 1934, dirigida por la UGT, y que provocó la unión entre la izquierda y el nacionalismo catalán y vasco ante el rechazo del estatuto catalán por el gobierno radical-cedista.

En Asturias, territorio de mineros y obreros, triunfa la huelga liderada por UGT con el apoyo expreso de sus líderes, Largo Caballero e Indalecio Prieto. La represión ordenada por Lerroux será cruenta, enviará al ejército peninsular apoyado por tropas coloniales; el rastro de muertos se elevará cerca de 1.500, mientras, los apresados sufrirán torturas y a veinte de ellos se les sentencia a muerte.

5.3 NUEVO GIRO A LA DERECHA POLÍTICA

El año 1935 se inicia con una serie de indultos promovidos por Lerroux a cambio de largas condenas para aquellos que participaron o lideraron la revolución de octubre. Es el año final de Alejandro Lerroux y de la propia República. Tras lo ocurrido en octubre, Lerroux se radicaliza introduciendo en el Gobierno a cinco ministros de la CEDA, incluidos Gil Robles y un joven Francisco Franco como Jefe del Estado Mayor.

En el plano político va a hacer frente a una nueva Ley de la Reforma Agraria. Básicamente se trata de una auténtica contrarreforma que intenta dejar sin solución los problemas agrarios en España.

Para maquillar sus protestas, la ley va a prever las expropiaciones de tierras, pero sin embargo va a establecer unas indemnizaciones tan desorbitadas que va a ser completamente imposible llevarlas a cabo.

Sin embargo, será un hecho aislado el que marque la agenda política. El escándalo del "estraperlo" llevará a Azaña a cesar al propio Lerroux. El motivo, el cobro a través de unos relojes de oro por parte de Lerroux y su hijo, a cambio de conseguir una licencia de juego en una ruleta de casino. El escándalo fue de tal magnitud que Azaña no dudó en convocar elecciones a Cortes para febrero de 1936.

6. LA DIVISIÓN POLÍTICA Y SOCIAL, LA RADICALIZACIÓN DE ESPAÑA

Para acudir a las elecciones, la izquierda, desunida en 1933, aparece ahora formando un gran "frente patriótico" llamado Frente Popular; en él se unen los republicanos antifascistas, los socialistas, comunistas, los nacionalistas de izquierda, los sindicatos obreros y reciben el apoyo indirecto de la CNT y la FAI.

El programa electoral recogía la amnistía para los implicados en la revolución de octubre, el restablecimiento de las garantías constitucionales y la vuelta a las reformas del Bienio Reformista. Por contra, la derecha, unida en las últimas elecciones, aparece ahora dividida y sólo vinculada al ejército ante el fracaso de constituir un Frente Nacional frente a la nueva izquierda.

Las elecciones ofrecen una victoria contundente del Frente Popular, que con un 72% de participación ciudadana, cosechan 285 escaños, incluidos 89 del PSOE, de un total de 473. Los problemas en el recuento y las actas falsificadas en algunas circunscripciones no evitan los resultados finales.

Tras el triunfo del Frente Popular, la izquierda más radical y los anarquistas, toman las cárceles y liberan a los presos políticos relacionados con la revolución de octubre, para los que el propio Gobierno de Manuel Azaña proclama una amnistía general.

Las primeras medidas irán destinadas a recomponer la República de los años del Bienio Radical-Cedista, a través de la vuelta del estatuto catalán y de su Generalitat, la devolución de las tierras a los campesinos y el inicio de la tan deseada Reforma Agraria.

6.1 FORMACIÓN DE LAS CORTES Y DESTITUCIÓN DE ALCALÁ ZAMORA

En abril de 1936, en plena formación de las Cortes, los republicanos de izquierdas, fortalecidos por la victoria del Frente Popular, y no olvidando la actuación de Alcalá Zamora durante el Bienio Radical-Cedista, van a proponer su destitución utilizando una norma incluida en la Constitución por la cual la segunda vez que se disuelven las Cortes, la Cámara puede valorar su idoneidad y, en su caso, puede destituir al Presidente si no encuentra causa justificada.

La mayoría de izquierdas llevará a votación su propuesta, con tal mayoría, que la propuesta se acepta, quedando Alcalá Zamora destituido y nombrando como Presidente interino a Martínez Barrio, hasta que el 11 de mayo se nombra Presidente de la República a Manuel Azaña.

6.2 ACTOS VIOLENTOS. EL CAMNINO A LA GUERRA CIVIL

El nuevo arco parlamentario, de mayoría de izquierdas, va a generar una bipolarización política que poco a poco se va a trasladar a la calle de manera muy radical y violenta.

La derecha va a formar una oposición severa que provocará continuos enfrentamientos violentos en la calle entre las "ramas" más extremistas de la izquierda y derecha española: falangistas, milicias socialistas, anarquistas y comunistas.

El posicionamiento del PSOE ante dichos actos va a derivar en una profunda división interna, donde los dos grandes líderes se van a disputar el control del partido y provocando su escisión en dos "estilos": el moderado, dirigido por Indalecio Prieto, y el radical, liderado por Largo Caballero, quien finalmente se impondrá con los apoyos de los anarquistas y comunistas.

Quizás, de todos los hechos violentos previos a la Guerra Civil, destaca el asesinato del líder de Renovación Española, y posiblemente de la nueva derecha, José María Calvo Sotelo, el 13 de julio de 1936 cometido por policías vinculados al PSOE en venganza por la muerte de José del Castillo, miembro de la Guardia de Asalto republicana y de las Juventudes Socialistas, que según algunos historiadores, serían miembros de los requetés carlistas o de Falange Española.

7. LA CULTURA DURANTE GUERRA

En momentos tan delicados, surgen intelectuales y artistas comprometidos con su tiempo y sus gentes. En literatura, la Generación del 27 se nutre de las experiencias humanas y sensitivas del pueblo español con los trabajos de Unamuno, Machado o Lorca.

En arquitectura y pintura, los estilos técnicos predominan sobre lo emotivo con el racionalismo, el cubismo o el surrealismo de Dalí. No menos importante será la labor de Luis Buñuel en las artes cinematográficas y su surrealismo visual.

Capítulo 16
La Guerra Civil, 1936-39

1. EL LEVANTAMIENTO NACIONAL /
EL GOLPE DE ESTADO MILITAR

Los primeros movimientos dirigidos a "cambiar" el modelo político e institucional del país lo hallamos a inicios de 1933 con la creación de la UME, Unidad Militar del Ejército, y enfocada a expresar su malestar y oposición a la reforma del ejército iniciada por el gobierno republicano de Azaña. Sin embargo, la identidad y fuerza de la UME nace de la creación de las Juntas de Defensa en 1917, que tienen como objetivo sofocar los disturbios durante la huelga general de Barcelona.

Tras años de silencio, y tras el nacimiento de la UME, el general Emilio Mola, desde Navarra, va a liderar, a partir de 1935, el movimiento militar, alentando al grupo y a sus mandos territoriales, Goded, Cabanellas, Queipo de Llano, o Franco, para una futura intervención en nombre del ejército y del Estado español.

La victoria del Frente Popular en las elecciones de 1936 va a unir a toda la oposición política de derechas con la UME y con parte del ejército español con el objetivo de "evitar" una posible revolución comunista.

Los objetivos a corto plazo son los de evitar la propagación de ideas subversivas de izquierdas, poner fin a las leyes republicanas y a lo que ellos llaman "revolución comunista" y aplicar un régimen autoritario transitorio en España. Como única vía posible, acuerdan el golpe de Estado.

1.1 LA DIVISIÓN DE ESPAÑA EN DOS BLOQUES

La situación en España, en febrero de 1936, es realmente conflictiva: la victoria de la coalición de izquierdas lleva a los campesinos a la ocupación masiva de fincas liderados por la FAI y la UGT; el recuerdo del fallido golpe de Estado del general Sanjurjo en 1932 y la revolución obrera de 1934, divide a la población.

Mientras, las medidas aplicadas por el Gobierno no contentan a ninguno; monárquicos, comunistas, socialistas, terratenientes, la Iglesia o el ejército, muestran públicamente su descontento, y con ello exaltan, aún más, a la población, que se transforma en una sociedad bipolar entre los que apoyan a los militares y a la derecha, y los que apoyan a la revolución obrera y a la izquierda.

Lo que es evidente, es que la UME recibe el apoyo de parte del ejército, de los carlistas, de la CEDA, de los fascistas de la Falange y de la Iglesia, que se embarca en una "cruzada" por la liberación espiritual del pueblo español.

El asesinato de José María Calvo Sotelo, líder de Renovación Española, el 13 de julio de 1936 como respuesta a la muerte de José del Castillo, miembro de la Guardia de Asalto republicana y de las Juventudes Socialistas, supone el último acto previo al levantamiento militar, aunque días antes, la cúpula militar golpista había elegido ya el día del golpe de Estado.

El 17 de julio de 1936 se "levantan" las comandancias militares de Melilla, Ceuta y Tetuán, donde se encuentran las tropas "africanistas"; el 18 de julio será la de Sevilla dirigida por Queipo de Llano, y el 19 de julio se les suman las de Pamplona y Navarra al mando del general Mola; Canarias, liderada por Franco; y Aragón por el general Cabanellas.

Figura: Legionarionacional, 1936

1.2 RESPUESTA DEL GOBIERNO REPUBLICANO

El recién elegido Presidente del Gobierno, Santiago Casares Quiroga, de Izquierda Republicana, dimite ante el levantamiento militar. Manuel Azaña elige a Martínez Barrio como sucesor de Casares Quiroga el 19 de julio con el objetivo de formar un gobierno de coalición contra los sublevados, a lo que el general Mola, tras conversación telefónica se niega:

"Martínez Barrio: Saludos a usted, general. Soy Martínez Barrio.

General Mola: ¿Don Diego Martínez Barrio? Le escucho respetuosamente.

MB: General, he sido encargado de formar Gobierno. Y he aceptado. Al hacerlo me mueve una sola consideración: la de evitar los horrores de la guerra civil, que ha empezado a desencadenarse. Usted, por su historia y por su posición, puede contribuir a esta tarea. Desconozco las ideas políticas de los generales, entre ellos usted, que están el frente del Ejército. Supongo que por encima de todo otro estímulo colocan su amor a España y el cumplimiento de su deber militar. En esta confianza me dirijo a usted, para exhortarle que la tropa a sus órdenes se sostenga dentro de la más estricta disciplina y bajo la obediencia de mi Gobierno.(...)

MB: Habría de tener las mismas desconfianzas que usted, que no las tengo, y la conveniencia general me impondría el deber de aceptar la tarea. Lo que pido a todos es que como yo cumplo con el mío, cumplan con el suyo. España quiere tranquilidad, orden, concordia. Pasadas que sean las horas de fiebre, el país agradeceráa sus hombres representativos que le hayan evitado un largo periodo de horror.

GM: No lo dudo. Pero yo veo el porvenir de distinta manera. Con el Frente Popular vigente, con los partidos activos, con las Cortes abiertas, no hay, no puede haber, no habrá gobierno alguno capaz de restablecer la paz social, de garantizar el orden público, de reintegrar a España su tranquilidad.

MB: Con las Cortes abiertas y el funcionamiento normal de todas las instituciones de la República estoy yo dispuesto a conseguir lo que usted cree imposible. Pero el intento necesita de la obediencia de los cuerpos armados. Ésa es la que pido, antes de ser poder, y la que impondré e intentaré imponer cuando sea. Espero que en este camino no me falte su concurso.

GM: No, no es posible, señor Martínez Barrio.

MB: ¿Mide usted bien la responsabilidad que contrae?

GM: Sí, pero ya no me puedo volver atrás. Estoy a las órdenes de mi general, don Francisco Franco, y me debo los bravos navarros que se han colocado a mi servicio. Si quisiera hacer otra cosa, me matarían. Claro que no es la muerte lo que me arredra, sino la ineficacia del nuevo gesto y mi convicción. Es tarde, muy tarde."

Extraído de "Memorias" de Diego Martínez Barrio, Editorial Planeta, 1983

El fracaso del Presidente Barrio lleva al nombramiento, el mismo día, de José Giral, miembro de Acción Republicana, como nuevo Presidente del Gobierno. Como primera medida se decide el reparto de armas a los obreros y sindicatos. Dicha propuesta encontrará la oposición de parte de su mismo Gobierno, que desconfía de la eficacia de las nuevas milicias y a la espera de acontecimientos que puedan ayudar a la República.

En defensa contra el levantamiento nacional, se encuentra el bloque de izquierdas: PSOE, CNT, UGT, POUM y PCE, que alienta a la rebelión ciudadana mientras se trata de formar un auténtico ejército republicano capaz de hacer frente a los sublevados, y se pide ayuda militar a Francia y a la Unión Soviética. La falta de oficiales para dirigir el ejército y el retraso en su formación serán claves para el asentamiento del golpe militar.

2. DIVISIÓN TERRITORIAL E IDEOLÓGICA

El fracaso del levantamiento llevará a España a las fauces de la guerra. El país queda dividido en dos: los nacionales se apoderan de capitales como Burgos, Valladolid, La Coruña, Granada, Sevilla y controlan la casi totalidad de las Canarias, Castilla y León, Extremadura y Galicia. Un total de 150.000 km2 para el 25% de la población, y un ejército de 72.000 soldados además de 30.000 guardias civiles.

Del lado republicano quedan ciudades de la Andalucía mediterránea, todo el levante, Castilla la Mancha, Asturias, Santander y las dos grandes capitales, Madrid y Barcelona. Un total de 350.000 km2 para un 75% de la población, y un ejército de 70.000 soldados y 40.000 guardias de asalto.

La situación inicial es, en principio, favorable a la República; en Barcelona es ejecutado el general rebelde Goded y en Madrid, las milicias sindicalistas y de obreros resisten los ataques de los nacionales. La guerra civil se tornó en una guerra entre revoluciones: una liderada por anarquistas, comunistas y socialistas, y otra liderada por fascistas, nacionales y sindicalistas de derecha. Una guerra entre amigos y hermanos que dividirá el país en dos movimientos opuestos, enemigos e irreconciliables, cuyos ecos perviven hoy en día.

Figura: Carabinero republicano, 1936

3. LA EVOLUCIÓN DE LA GUERRA, 1936-1939

El fracaso del golpe generó la formación de un frente inestable y poco definido. Fueron en las primeras semanas cuando se cometieron, por ambos bandos, las mayores atrocidades de la guerra; persecuciones y ejecuciones sin juicio, pueblos divididos, muertos por las calles, exiliados buscando "suelo amigo", dolor y muerte como muestra de fuerza y venganza; es lo que se conoce por "terror caliente".

3.1 BATALLA POR MADRID, 1936-37

La primera de las fases en que puede dividirse el conflicto se la conoce como "guerra de columnas" y que tenía como objetivo Madrid. Franco ha viajado desde Canarias para tomar el mando de las tropas africanistas y con ellas cruza el Estrecho de Gibraltar. El objetivo es una guerra corta tomando Madrid, para ello, el ejército nacional se transforma en columnas de asalto de rápida movilidad.

En el otoño de 1936 cuatro columnas dirigidas por el general Mola buscan en la sierra de Madrid la llave para entrar en la capital y contactar con la "quinta columna" que se hallaba dentro de la ciudad esperando las órdenes para sublevarse. Al mismo tiempo, en Cataluña se forma la "columna de hierro " republicana que se dirige hacia el frente de Teruel a conquistar territorios hacia el mar.

En esta primera fase, las tropas nacionales llegadas de África, con la toma de Madrid en mente y dirigidas por Franco, conquistan las ciudades de Sevilla, Málaga, Almería y desde allí hacia Extremadura para envolver Madrid. Desde las ciudades sublevadas de Irún y San Sebastián, el general Mola cerca Madrid desde el norte.

El cerco de Madrid llevará al Gobierno de la República a huir hacia Valencia, mientras que se deja la defensa de la capital a las Juntas de Defensa, dirigidas por los generales Miaja y Rojo, que tuvieron la decisiva ayuda de la defensa ciudadana, compuesta por las milicias populares y, posteriormente, por las brigadas mixtas del nuevo ejército popular y las brigadas internacionales, cuerpos de voluntarios internacionales de más de cincuenta países que llegaron a España para luchar por la democracia y contra el fascismo emergente en Europa.

La lucha por Madrid tendrá tres batallas decisivas:

La batalla de la Carretera de La Coruña, en diciembre de 1936, que supone la primera gran derrota del ejército nacional; la batalla del Jarama, en febrero de 1937, con una nueva derrota del ejército nacional en su intento por cortar el abastecimiento republicano de la ciudad; y la batalla de Guadalajara, en marzo de 1937, donde unas ineficaces tropas italianas son derrotadas por el espíritu y la fuerza republicana.

Ante tales contratiempos, el general Franco decide dirigir sus tropas hacia el norte industrial y dejar Madrid asediado e incomunicado.

3.2 EL NORTE PENINSULAR, 1937

La segunda fase de la guerra, se centrará en el norte peninsular. El objetivo nacional será la zona industrial de Vizcaya, donde se producirán los tristes bombardeos de las poblaciones de Durango y Guernica.

Durante estos combates se produce un hecho tremendamente importante para el curso y el futuro del conflicto: la muerte, el 3 de junio de 1937, del general Mola en un accidente de avión, y por el cual, el general Franco pasa a convertirse en el mando único de todo el "ejército de liberación".

La lucha se convertirá, a partir de ahora, en una lucha sin cuartel entre ambos ejércitos; la toma del "cinturón de hierro" vasco lleva al bando republicano a realizar ataques desesperados para intentar minar la confianza de los nacionales; son combates duros que dejan un gran número de bajas por ambos bandos, los más relevantes suceden en Segovia, Brunete y Belchite, donde al combate cuerpo a cuerpo se le añade el de los bombardeos alemanes sobre población civil. La pugna por el norte lleva también consigo el final del Estatuto vasco y sus pretensiones nacionalistas.

3.3 LA LLEGADA AL MEDITERRÁNEO, 1937-38

Entre 1937 y 1938 se produce una de las campañas más largas y cruentas de la Guerra Civil, la lucha por la salvación republicana contra el golpe de gracia de los nacionales a la contienda.

En todo el frente mediterráneo se van a suceder diversas operaciones en Aragón, y muy concretamente en la provincia de Teruel, desde diciembre hasta febrero de 1938. El cerco a Madrid y la pérdida del norte industrial llevan a la República a comenzar una serie de ataques sorpresa y contundentes sobre el ejército nacional.

El fracaso del ejército popular lleva a la rotura del frente republicano en dos, llegando los nacionales hasta Vinaroz, Castellón, y poniendo sobre la mesa la victoria en la guerra. La derrota republicana no dejará otra opción al general Rojo que la de idear un ataque absoluto, con todo el ejército republicano disponible y jugarse el final del conflicto a una carta.

La batalla del Ebro tendrá lugar entre julio y noviembre de 1938, más de 100.000 hombres por bando participarán en una batalla de desgaste. A pesar del inicio victorioso del ejército popular, la superioridad militar nacional en abastecimiento y armamento, y la firma del Pacto de Munich, acuerdo para el mantenimiento de una política exterior de apaciguamiento, firmado por Alemania, Francia, R. Unido e Italia, en septiembre, o la retirada de las Brigadas Internacionales en octubre de 1938, sellan la derrota republicana.

A inicios de 1939 la guerra está totalmente "controlada" por el ejército nacional; Barcelona es conquistada, y Francia y G. Bretaña reconocen al Gobierno de Franco.

3.4 RENDICIÓN REPUBLICANA Y FIN DE LA GUERRA, 1939

La derrota en la batalla del Ebro "desarma" el ánimo republicano que comienza una huída desorganizada a través de los Pirineos o rumbo al puerto de Alicante. El Gobierno republicano huye hacia el exilio, Azaña dimite y en Madrid se queda el socialista Juan Negrín con el único apoyo de los comunistas.

El 5 de marzo de 1939, el general Casado da un golpe de Estado contra el Gobierno, y forma el Consejo Nacional de Defensa con el único objetivo de iniciar conversaciones de amnistía con Franco, quien, sabedor de su total victoria, lo emplaza a una rendición incondicional.

El 1 de abril de 1939 se proclama el bando de la victoria: *"En el día de hoy, cautivo y desarmado el Ejército Rojo, han alcanzado las tropas nacionales sus últimos objetivos militares. La guerra ha terminado."*

(El Generalísimo Franco. Burgos 1o abril 1939.)

4. LA GUERRA EN LOS DOS BANDOS

La situación inicial de la guerra parece favorable a la República, pero la inacción de las potencias europeas y el desplome de las estructuras del Estado acaban por abrir las "puertas del infierno". Durante tres años, los españoles se verán inmersos en una lucha de odio y venganza.

4.1 LA ZONA REPUBLICANA Y SU DESINTEGRACIÓN PAULATINA

Con el alzamiento de julio de 1936 desaparecen las estructuras políticas y militares de la República, y ante la inoperancia del Gobierno, las milicias obreras se hacen con el poder en Madrid. Durante las primeras semanas, la guerra comienza a perderse: la falta de oficiales en el ejército, la mala gestión en la defensa de Madrid y la falta de liderazgo en la superior armada y aviación republicana, les dan a los nacionales el tiempo necesario para transportar el grueso de las tropas africanistas a través del Estrecho.

Por su parte, en Cataluña la CNT y la FAI se desmarcan de las instrucciones republicanas y forman el comité de milicias antifascistas para liderar una revolución comunista y obrera aprovechando el alzamiento nacional. Mientras tanto, en Madrid y en el resto de capitales fieles a la República, los comunistas y socialistas buscan el control obrero en las fábricas y establecen una economía de guerra.

En septiembre de 1936, al inicio del conflicto, Largo Caballero es nombrado Jefe de Gobierno. Su intención es formar un gobierno de concentración entre socialistas, nacionalistas, republicanos y la CNT, y la creación del Ejército Popular, un verdadero ejército profesional y donde destacará el Quinto Regimiento comunista, verdadera tropa de élite en los primeros meses de contienda.

Como en toda guerra, la propaganda es parte fundamental, y en el bando republicano sobresale la figura de Valentín González "el campesino", quien luchó dentro del Quinto Regimiento y posteriormente comanda una brigada y se convierte en "protagonista" de la propaganda comunista durante el conflicto.

Los malos resultados de la guerra durante 1937, llevaron al inicio de rivalidades y conflictos internos; así, en Cataluña, la Generalitat y los anarquistas se enfrentan por el control militar y de orden público en Cataluña, con el apoyo del POUM, Partido Obrero de Unificación Marxista.

Los sucesos de Barcelona dan término al Gobierno de Largo Caballero y supone la llegada de Juan Negrín, que se encargará de disolver el POUM atendiendo las consignas de los comunistas. Dentro de la etapa de Juan Negrín destaca la elaboración de su programa político conocido como "Programa de los Trece Puntos", que busca alcanzar apoyos internacionales que le posibiliten concluir la guerra:

1. La independencia de España.

2. Liberarla de militares extranjeros invasores.

3. República democrática con un gobierno de plena autoridad.

4. Plebiscito para determinarla estructuración jurídica y social de la República Española.

5. Libertades Regionales sin menoscabo de la unidad española.

6. Conciencia ciudadana garantizada por el Estado.

7. Garantía de la propiedad legítima y protección al elemento productor.

8. Democracia campesina y liquidación de la propiedad semifeudal.

9. Legislación social que garantice los derechos del trabajador.

10. Mejoramiento cultural, físico y moral de la raza.

11. Ejército al servicio de la Nación, estando libre de tendencias y partidos.

12. Renuncia a la guerra como instrumento de política nacional.

13. Amplia amnistía para los españoles que quieran reconstruir y engrandecer España.

Mientras intenta "vender" su programa, moderniza el Ejército Popular reorganizando su cuadro de mandos con nuevos oficiales, establece una economía de guerra y da un giro comunista a la República en un intento de mediación internacional que llevase al fin del conflicto.

Figura: Oficial republicano, Infantería de Marina, 1936

4.2 LA ZONA NACIONAL Y LA ORGANIZACIÓN DE SU PODER POLÍTICO

Los territorios sublevados tras el alzamiento militar se ordenan y estructuran rápidamente, al contrario de lo que sucedía en la zona republicana. El orden militar y jerárquico se aplicó a la economía y a la sociedad, siendo vital en los primeros meses del conflicto.

El alzamiento está perfectamente organizado: entre el 17 y 18 de julio de 1936 se sublevan parte de las comandancias militares peninsulares, además cuentan con el apoyo del ejército "africano". El general Sanjurjo es designado para tomar el mando de las tropas el 20 de julio, pero muere en accidente de avión el mismo día.

La muerte de Sanjurjo lleva a los nacionales a formar una Junta de Defensa Nacional al mando del general Cabanellas, que tenía como objetivo imponer el estado de guerra en la zona sublevada y poner fin a los derechos civiles individuales y colectivos, como la censura de prensa.

La propaganda fue importante para mantener unida a la población de las zonas sublevadas; el alzamiento nacional se "vendía" como una auténtica lucha frente a la revolución comunista que pretendía destruir los cimientos sociales y económicos del Estado español.

Las características de la "vida" en la zona nacional estuvo marcada por el control de la Iglesia sobre la vida pública y privada, y el adoctrinamiento moral de la población. Era, por lo tanto, la formación de un Estado católico, donde se pone fin a las leyes de la República con el apoyo de la Iglesia, configurando un régimen basado en la ideología del nacionalcatolicismo. Muerto el general Sanjurjo, y siendo necesarias las tropas africanistas para la victoria en la guerra, el 1 de octubre de 1936 Franco es nombrado Jefe de Gobierno y Generalísimo de todos los ejércitos.

Para evitar conflictos dentro de la cúpula de mando, Franco firma el Decreto de Unificación por el que se estructura política y socialmente el "nuevo Estado": crea un partido único, la FET y de las JONS, unión de Falange Española y la Junta Ofensiva Nacional -Sindicalista, y se asegura el poder absoluto y el nombre de caudillo.

La transformación de la estructura socio-política de los territorios sublevados se realiza en base a tres axiomas: el catolicismo, el nacionalismo y el anticomunismo; y se establece el partido único y el sindicalismo vertical con la SEU, Sindicato Español Universitario. Por último, se articula y organiza el papel de la mujer a través del Servicio Social de la Mujer y de la Sección Femenina.

El siguiente "golpe de suerte" de Franco será la muerte en accidente de avión del general Mola, ideólogo del alzamiento en junio de 1937, y el único capaz de hacer frente al liderazgo de Franco.

El 31 de enero de 1938, Franco conforma su primer Gobierno apoyado por las bases de católicos, carlistas, falangistas y militares. Como primera gran medida aprueba el Fuero del Trabajo, una de las ocho Leyes Fundamentales del franquismo, lo cual establece un marco legal a la regulación de la jornada laboral, sueldos, indemnizaciones y las relaciones entre patronos y obreros a través de los sindicatos verticales.

5. LA ECONOMÍA DURANTE LA GUERRA

Encontramos dos formas diferentes de afrontar económicamente los rigores de una guerra:

Por el lado republicano, la economía estará en manos de las organizaciones obreras y en la puesta en marcha de la colectivización de la tierra y de la industria catalana al servicio de la República; aunque la reforma agraria sólo se lleva a cabo en Castilla la Mancha, Aragón y Andalucía. En esta situación de guerra, los anarquistas empiezan a tener mayor relevancia dentro de la República.

Los nacionales articulan un verdadero Estado capaz de autoabastecerse y de ordenar la vida diaria de su población. Las medidas económicas aplicadas van en dos direcciones: por un lado, afecta al sector agrícola, predominante en España, con la creación del Instituto Nacional de Reforma y Desarrollo Agrario, cuyos objetivos eran: transformar económica y socialmente la vida rural, obtener un mayor rendimiento de las explotaciones agrarias y un mejor aprovechamiento de los recursos naturales y las materias primas.

Para el sector industrial, se inició la creación de empresas industriales del sector químico y eléctrico con participación alemana. Para poner en movimiento dicho entramado, la Junta de Defensa Nacional aprueba la emisión de moneda y con ello, dinamizar la economía.

6. IDEOLOGÍAS DE GUERRA

Una guerra civil es una muestra cruel de lo peor de una guerra, el enfrentamiento, odio y terror entre "hermanos". Además, el uso indiscriminado de la propaganda ideológica será uno de los elementos críticos en la guerra contra la población civil.

Identificamos como "terror rojo" al uso ideológico de la extrema izquierda, los comunistas y los anarquistas con fines violentos de opresión y represión. Se establece una cantidad superior a 55.000 las personas asesinadas por la extrema izquierda por motivos puramente ideológicos.

Las grandes matanzas tuvieron lugar en las primeras semanas del conflicto, cuando el odio ideológico salió a las calles y el tiro en la nuca se convirtió en el recurso más utilizado durante el llamado "terror caliente". La matanza de Paracuellos del Jarama, en Madrid, con cerca de 2.500 presos "nacionales" asesinados durante noviembre de 1936, supone uno de los ejemplos más dramáticos y violentos ocurridos en territorio republicano. Tales sucesos generaron un gran desprestigio hacia la República y la oposición católica internacional.

Del lado nacional, el conocido como "terror blanco", liderado por extremistas de derecha, fascistas y militares afines al levantamiento. Las persecuciones y asesinatos alcanzan la cifra de 100.000 personas, aunque hoy en día se localizan nuevas fosas comunes en zona nacional que advierten de una cifra de asesinados mucho mayor.

Para dar una muestra de cierta legalidad, se habilitaron tribunales militares que asignaban las diferentes penas. Brigadas Internacionales: Grupos de voluntarios de todo el mundo que se alistaron para defender el gobierno de la II República española durante la Guerra Civil (1936-1939) organizados por comités de la I Internacional. www.educacionyfp.gob.es/educacion-mecd/

Durante el gobierno socialista de Zapatero, se elaboró la Ley de Memoria Histórica de 2007, que buscaba encontrar a los desaparecidos durante la guerra civil y los inicios del franquismo para devolverles la "dignidad" y el descanso a sus familiares, así como atestiguar los métodos represivos establecidos por los golpistas como son sus campos de concentración e internamiento que están distribuidos por toda la geografía española y que están siendo desarrolladas actualmente por el Gobierno socialista de Pedro Sánchez en 2025.

7. EL CONFLICTO INTERNACIONAL

Ya desde el inicio de la guerra en España se transforma en una verdadera lucha entre el fascismo, comunismo, anarquismo y los regímenes democráticos.

En un primer momento, las potencias europeas debaten entre sí la posición a elegir: el aislacionismo, el intervencionismo militar o la neutralidad "táctica". Tanto Alemania e Italia como Inglaterra, Francia y la Unión Soviética, adoptan la posición de neutralidad.

En 1936 se crea en Londres el Comité de No Intervención; los países europeos aprueban no intervenir en España para no internacionalizar el conflicto, e impide a la República comprar armamento a ingleses y franceses. La decisión del Comité no fue respetada por Alemania, Italia, Portugal ni la Unión Soviética, que repartirán ayudas económicas, materiales y humanas a ambos bandos. La posición de Estados Unidos es aislacionista, a pesar del apoyo moral hacia la República española.

Las Brigadas Internacionales serán la gran ayuda "humana" que reciba la República, miles de voluntarios que llegaron de cualquier parte del mundo en su lucha contra el fascismo y autoritarismo.

La ayuda fue desigual, pues el bando nacional se aprovechó de la gran ayuda económica y militar de Alemania e Italia, que desequilibró la contienda con el paso del tiempo.

8. LAS CONSECUENCIAS DEL CONFLICTO

Fueron consecuencias globales, tanto demográficas, como económicas y morales, que perduraron durante años ante el "lento y penoso caminar" de la dictadura franquista.

Los muertos del conflicto ascienden a unos 600.000 entre ambos bandos y cerca de 500.000 exiliados en dirección a Francia, Méjico, la Unión Soviética o Gran Bretaña, de los que 200.000 jamás regresarían, "mutilando" el desarrollo demográfico y social de España.

A las pérdidas humanas hay que sumar las industriales, las estructuras de comunicación, las agrícolas y el nulo mercado internacional, que atrasaron al país cerca de 40 años respecto al resto de Europa.

Desde el punto de vista económico, los pagos de los préstamos a Alemania, Italia y la Unión Soviética, durante el conflicto, lastraron su economía hasta la llegada americana y sus inversiones en 1960.

9. LA CULTURA DE GUERRA

Curiosamente, cuando el pueblo español daba muestras de incultura, violencia o radicalismo, surgen figuras emblemáticas en nuestro panorama cultural. Ideológicamente de izquierdas, poetas como Miguel Hernández, Rafael Alberti, García Lorca y el artista Picasso. Del bando nacional, surgen pensadores como Ortega y Gasset, Miguel de Unamuno y el literato Pío Baroja.

CONCEPTOS CLAVE

<u>Izamiento Nacional</u>: *nombre dado por el franquismo al Golpe de estado producido el 17 y 18 de julio de 1936, protagonizado por generales del ejército español (Mola, Franco, Sanjurjo) con el apoyo del partido Falange Española, carlistas y CEDA, con el propósito de derribar el gobierno legítimo de la II República española.*

<u>Milicianos</u>: *Fueron los cuerpos de voluntarios, procedentes generalmente de partidos o sindicatos, que espontáneamente se organizaron y armaron para la defensa de la República frente a la sublevación militar del 18 de julio de 1936.*

Capítulo 17
El Franquismo; 1939-1975

1. LOS INICIOS DEL RÉGIMEN Y SU CONTEXTO INTERNACIONAL CENTRADO EN EL BLOQUE DEL EJE

Los acuerdos de Munich de septiembre de 1938, caen pisoteados por el hambre de la guerra, y un año después da comienzo la II Guerra Mundial con la invasión alemana de Polonia. La aplicación de los acuerdos defensivos firmados con Polonia llevan a Francia e Inglaterra a declarar la guerra a Alemania.

La victoria nacional tras la Guerra Civil en abril de 1939 se produce en un momento de gran incertidumbre internacional; toda Europa siente cercano el estallido de la guerra, y las potencias europeas ya no esconden su rearme, y las industrias trabajan sin descanso para conseguir aumentar la producción de armamento y de maquinaria bélica.

España, recién salida de una cruenta guerra civil, arrasada económica, política y moralmente, se declara neutral a pesar de firmar un acuerdo de asociación anticomunista con el EJE, Alemania, Italia y Japón.

1.1 "PARTICIPACIÓN" ESPAÑOLA EN LA II GUERRA MUNDIAL

Con el paso del tiempo, y viendo el Gobierno franquista la posibilidad de apostar por el bando vencedor ante las primeras victorias alemanas, España se declara no beligerante, pero accede abiertamente al uso de los puertos españoles por parte de Alemania, a la venta de alimentos y minerales, como el wolframio, y al espionaje nazi en el Estrecho de Gibraltar para controlar la llegada de buques ingleses al Norte de África.

Sin embargo, el empeño de Ramón Serrano Suñer, cuñado y Ministro de la Gobernación, lleva a Franco a negociar con Hitler en Hendaya, en octubre de 1940, la posible entrada española en la guerra. "La relación entre Hitler y Franco durante la Segunda Guerra Mundial fue un juego de intereses pragmáticos más que ideológicos" (Moreno Juliá, 2007, p. 45).

« Protocolo Secreto entre los Gobiernos de España, de Alemania y de Italia se conviene lo siguiente:

(...) 2.- España se declara dispuesta a adherirse al Pacto Tripartito entre Alemania, Italia y el Japón suscrito el veinte de septiembre de mil novecientos cuarenta y a formar, a este efecto, el oportuno Protocolo estableciendo la efectividad de su adhesión en la fecha que se fijará de común acuerdo entre las cuatro potencias.

3.- España declara por el presente Protocolo su adhesión al pacto de amistad y de alianza entre Alemania e Italia y al Protocolo secreto suplementario del veintidós de mayo de mil novecientos treinta y nueve.

4.- En cumplimiento de sus deberes de aliada, España entrará en la guerra actual de las Potencias del Eje contra Inglaterra después de que le hayan estas prestado la necesaria ayuda militar para su debida preparación, en la fecha que será fijada de conformidad y acuerdo unánime por la tres Potencias. Alemania le prestará a España además ayuda económica mediante la entrega de víveres y materias primas para atender a las necesidades del pueblo español y las de la guerra.

5.- Además de la reintegración de Gibraltar a España y conforme al nuevo orden general que se intenta implantar en África, una vez vencida Inglaterra, por los tratados de paz, las Potencias del Eje se declaran en principio dispuestas a encargarse de que España reciba ciertos territorios de África en igual medida en que Francia podrá ser compensada, asignándole territorios equivalentes en África. Las reivindicaciones de Alemania (y escrito a pluma, y de Stalin) no serán afectadas por lo precedente. (Existe una rúbrica junto a este artículo).

6.- Este Protocolo tendrá carácter absolutamente reservado, y las partes se comprometen a guardar la mayor discreción en cuanto a él se refiera, hasta que de común acuerdo convenga hacerlo público.

Este Protocolo va extendido en tres ejemplares originales en las lenguas española, alemana e italiana. Hendaya, veintitrés de octubre de mil novecientos cuarenta ».

(Moreno Juliá, X. (2007). Hitler y Franco: Diplomacia en tiempos de guerra. Editorial Planeta.)

Las peticiones desorbitadas de Franco a Hitler, como el control de Gibraltar, Marruecos, parte de Algeria y la Guinea Ecuatorial, convencieron al alemán de alejarse cuanto antes del "pretencioso" caudillo de un país atrasado como el nuestro; aunque sí se acordó una posible entrada de España en la guerra si era requerida por las tropas del Eje.

A inicios de 1941, es Mussolini quien intenta convencer a Franco de la entrada española en la guerra, a lo que Caudillo es ahora reacio, pues no está dispuesto a compartir el "pastel colonial" con Italia. Sin embargo, la perseverancia de Ramón Suñer llevará a Franco a firmar el envío de la División Azul a Rusia tras la invasión alemana de la URSS.

Serán tropas falangistas que marcharán a primera línea del frente, incluido Leningrado, en tres remesas de unos 18.000 soldados, causando baja alrededor de 6.000, la mayoría enterrados en suelo ruso.

A partir de diciembre de 1941 y coincidiendo con el ataque japonés a Pearl Harbour y la entrada de EEUU en la guerra, se produce un cambio de orientación del régimen. Franco cambia su Gobierno y en Exteriores, el aliadófilo Gómez Jordana, sustituye al germanófilo y "cuñadísimo" Serrano Suñer. Es un cambio sustantivo, Alemania no avanza en el frente oriental, y la entrada americana en el conflicto complica aún más el frente occidental.

Franco busca ahora alejarse de los posibles perdedores y volver a colocar a España en una situación de neutralidad. Para concretar dicho paso, firma con Portugal el Pacto Ibérico en febrero de 1942 por el cual España se aleja del EJE mediante una acuerdo pacifista y sólo en defensa de la cristiandad. Al año siguiente, la derrota de Rommel en el norte de África convence a Franco de la retirada de la División Azul del frente ruso.

2. LA FIGURA DE FRANCO, CAUDILLO Y GENERALÍSIMO. LA EXALTACIÓN DEL LÍDER

Francisco Paulino Hermenegildo Teódulo, Francisco Franco Bahamonde, muere el 20 de noviembre de 1975 a los 83 años de edad, alabado y querido por unos, odiado y repudiado por otros.

Nace en el Ferrol en 1892, de familia militar, hace carrera en la Academia Militar de Infantería de Toledo, y, tras pasar por la Academia Militar de el Ferrol, es trasladado a Marruecos, donde se ganará un gran prestigio y liderazgo entre las tropas "marroquíes" formadas por regulares de indígenas.

Aprovechándose de los ascensos promovidos por méritos de guerra, Franco se convierte en General de Brigada a los 33 años. Fue tal su importancia dentro de la carrera militar y tras la guerra de Marruecos, que el propio Alfonso XIII fue su padrino de boda, representado, eso sí, por el general Antonio Losada.

Tras ser nombrado Jefe de la Legión, donde destaca por su tenacidad y su "baraka" o suerte, y que le acompañará durante toda su vida, se traslada a la Península donde se le nombra Director de la Academia Militar de Zaragoza en 1927, que se mantendrá abierta hasta la llegada de la República cuando se manda cerrar por su carácter conservador.

Su carrera militar se asociará a la política durante el Bienio Radical-Cedista cuando es nombrado Jefe del Estado Mayor en 1933. Sin embargo, la victoria del Frente Popular en las elecciones de 1936 cambia radicalmente la carrera y el futuro de Franco. El nuevo Gobierno lo traslada a Canarias con el fin de evitar un posible golpe militar en la Península. La decisión tomada supuso el afianzamiento ideológico de Franco, y el 18 de julio de 1936, lidera el levantamiento militar al mando de las tropas africanistas.

Las sucesivas muertes del general Sanjurjo, el general Mola y de Primo de Rivera, lo elevan a Generalísimo de todas las tropas sublevadas, tomando como primera medida la unificación de las fuerzas políticas en un sólo partido, la FET y de las JONS.

Franco se presenta ante sus soldados y ante los españoles, como nacionalista español, religioso, anticomunista, antiparlamentario y antimasón, una asociación o grupo que promueve el uso de la fuerza de la razón, en busca del perfeccionamiento moral de la humanidad, respetando las opiniones ajenas, y prohibiendo toda discusión política o religiosa.

3. LOS APOYOS DEL RÉGIMEN Y LA ANULACIÓN DE LA OPOSICIÓN

Los grupos o tendencias políticas que apoyaron al Régimen, recibieron el nombre de "familias", pues formaban un entorno cerrado y sólido de anexión al Caudillo y al propio Régimen. En el debe de Franco cabe resaltar su buena gestión en la administración de sus apoyos.

Franco intentó contentarlas a todas por igual y les dotó, en algún momento, de mandato y de autoridad, aunque nunca les dio gran poder en la toma de decisiones, ni en el tiempo, evitando así, un desequilibrio entre las "familias".

Los grupos que apoyaron a Franco formaban un bloque homogéneo, por lo que las disputas o diferencias entre ellos no eran importantes: Los *católicos*, quizás el grupo más relevante y poderoso, que se hicieron fuertes en las parcelas de Diplomacia Exterior y en Educación. Los *carlistas*, ocupaban normalmente la cartera de Justicia. Los *falangistas*, que tenían grandes apoyos en el medio rural y de los trabajadores, fueron los elegidos para dirigir el Ministerio de Agricultura y el de Trabajo. El *ejército* se comportó como fiel colaborador del Régimen desde su inicio, ejerciendo de regulador de la vida política y pública española. Por último, los *tecnócratas* del Opus Dei, que desde los años 1957/59 hasta 1975, se encargaron de las carteras de Economía con el objetivo de dinamizar y modernizar la economía española.

Pero el apoyo de las "familias" no era suficiente para consolidar el nuevo sistema que limitaba derechos y libertades y regía la vida cotidiana de la población.

Por ello, Franco se asegura el apoyo de la Cámara con el Decreto de Unificación de abril de 1937, por el cual se prohíben los partidos políticos salvo el propio del Movimiento, llamado FET y de las JONS (Falange Española Tradicional y de las Juntas de Ofensiva Nacional Sindicalista) y que perdurará hasta 1977.

A todo este engranaje socio-político se le conoce como Movimiento Nacional, en el que se suman todos los servicios sociales destinados a la población, la educación física dentro y fuera de los colegios, la FEN o Formación del Espíritu Nacional y la OJE, la Organización Juvenil Española.

Para controlar el proceso productivo, el franquismo crea el sindicato vertical, se prohíben los sindicatos de clase y se establece un control del trabajador a través de un sistema vertical por el cual todo depende finalmente del Movimiento.

El sistema generará una doble base social: por un lado, las clases medias y altas apoyarán al Régimen a través de favores mutuos; por otro, las clases bajas y desfavorecidas se opondrán al Régimen, pero el miedo al fracaso y a la represión los hará "invisibles".

4. EL FRANQUISMO, 1939-1975. IDEOLOGÍA Y REPRESIÓN

Se conoce como franquismo al sistema político español que dominará durante casi cuarenta años la vida cotidiana de millones de españoles. Establecía un gobierno vitalicio, en la figura de Francisco Franco, sin doctrina política concreta y basado en la acumulación de poderes en su persona. Todo el sistema se sostiene a través del miedo y de la falta de libertades tan elementales como la ideológica o de expresión.

Las características propias del sistema son "cercanas" y comunes al fascismo italiano y alemán, como el ultranacionalismo, un acusado anticomunismo, el fascismo más vil, y el odio al liberalismo y parlamentarismo, que representa la libertad y la igualdad para crear un Estado centralista y tradicionalista.

Figura: Guardia Mora de Franco, 1937-1958

El franquismo no fue un sistema fijo, sino que se fue acomodando a la evolución de la política internacional, mostrando su cara más opresiva y aislacionista desde el final de la Guerra Civil hasta mediados de la década de los 50, para terminar con un progresivo aperturismo político, económico y social.

Si durante la primera etapa la utilización de símbolos franquistas en uniformes, saludos y canciones era norma, con la apertura hacia Occidente desaparecen dichos "gestos" para atraer inversiones extranjeras.

El fin de Alemania y la hegemonía americana trajo consigo un nuevo "estilo": España se sumó en la lucha contra el comunismo en plena Guerra Fría, y, tras un gran acuerdo económico, se establecen en España hasta cuatro bases militares americanas, además de conseguir el reconocimiento internacional de los EEUU y del Vaticano. La nueva fórmula del Régimen permite la entrada de inversión extranjera que irá acompañada por la entrada de la modernidad que supone la llegada de la nueva cultura extranjera.

4.1 CONTROL DEL ESTADO

A pesar de los cambios sociales y económicos que sufrió el Régimen, el franquismo mantuvo en todo momento el deseo de controlar a la población y así, asegurarse la estabilidad futura. Para ello controlará sectores fundamentales de la sociedad:

La enseñanza y la cultura estarán en manos de la Iglesia y del Estado. Su primera medida fue la depuración de los profesores afines a la República y establecer una férrea censura sobre los contenidos culturales en prensa, libros, cine, o radio.

Por su parte, la mujer también estará sometida al control del Régimen, tristemente se la ubica en un papel secundario, como ama de casa, esposa y madre. En muchos casos estaba mal visto ver a la mujer beber o fumar, e incluso necesitaba la firma del marido para realizar cualquier operación bancaria. Por fortuna, a partir de la década de los 50, con la apertura del Régimen, la mujer abandona su "status" y se lanza al mercado laboral, lo que hará cambiar su forma de vida y de los que la rodean.

La Iglesia será otro gran pilar del sistema y tuvo un papel protagonista incluso después de la muerte de Franco. Económicamente se mantiene a través de donaciones públicas y privadas y de grandes exenciones fiscales.

Su papel más intenso estuvo relacionado con el control de la población: la anulación del matrimonio civil y del divorcio, la secularización del trabajo en los cementerios, además de su papel adoctrinador en la enseñanza y en la moral de los infelices españoles. Por si fuera poco, su ansia de poder la llevó a ocupar parte de los escaños de las Cortes tutelando, también así, la vida política española.

La sociedad estuvo, pues, completamente manipulada, bien desde los púlpitos, bien desde los medios de comunicación, que, en poder del Estado, adulteraban los contenidos en pos del país y su futuro nacional. La población asumía como veraces las informaciones vertidas por los canales oficiales, como el NO-DO de TVE o RNE, al mismo tiempo que se censuraban las emisoras privadas.

5. LA ECONOMÍA AUTÁRQUICA ESPAÑOLA: 1939-1959. UNA ECONOMÍA DE GUERRA, DE NECESIDAD Y DE MALNUTRICIÓN

5.1 BASES ECONÓMICAS

Es importante reseñar la amplia destrucción del tejido industrial español tras la Guerra Civil. Para solucionar dicha situación, el Régimen propuso un sistema de emergencia para poner en marcha la lastrada economía. El método propuesto se conoce como política autárquica y tiene una serie de características propias que se repetirán allí donde se aplique:

Primero, una profunda intervención del Estado en la economía del país ante la falta de materias primas y de fuentes de energía producida tras la guerra; segundo, una burocracia y Administración tremendamente lentas y basadas en el "amiguismo"; y por último, el trato de favor con las oligarquías empresariales. Pese a todo, la falta de recursos de la España agrícola produjo un importante aumento de la pobreza que llegará hasta mediados de siglo.

5.1.1 LOS ORGANISMOS ECONÓMICOS DEL RÉGIMEN

Lo que sí es cierto, es la puesta en marcha de un plan económico global que va a suponer la creación de diversos organismos estatales con el objetivo de impulsar la economía nacional.

El Instituto Nacional de Colonización, asociado al Ministerio de Agricultura, va a iniciar el desarrollo de nuevos cultivos con el objetivo de dinamizar la anticuada y poco productiva agricultura española.

El Servicio Nacional del Trigo, también asociado al Ministerio de Agricultura, tiene como objetivo controlar el precio del pan ante el auge del mercado negro clandestino, obligando a todo productor a vender el cereal al Estado.

El Instituto Nacional de Industria, creado en 1941, es el organismo encargado de dirigir la producción de bienes de equipo y de la industria pesada.

RENFE, que introdujo en España el concepto de empresa nacional y que durante el franquismo tendrá su mayor auge. Su mayor logro, la construcción del TALGO.

Por último, posiblemente uno de los iconos del franquismo, y de los años posteriores, la ampliación de los grupos de socorros mutuos en favor de la Seguridad Social.

5.2 CONTEXTO INTERNACIONAL, AISLAMIENTO Y LA LARGA POSGUERRA

La política autárquica española llevó a la nación al aislamiento internacional más profundo, fuera de las instituciones internacionales y fuera de los acuerdos e intercambios comerciales más importantes.

En el año 1945, la URSS propone en la Conferencia de Postdam el bloqueo político y económico de España por representar a las dictaduras fascistas, contra las que poco antes se había combatido.

En 1946, la ONU deniega la entrada de España en su organismo, mientras que EEUU, Francia e Inglaterra, proponen la retirada de todos los embajadores de España, lo que tendrá una gran respuesta, ya que sólo quedarán en España los embajadores de el Vaticano, Argentina, República Dominicana y Portugal.

Importante será el apoyo del Gobierno y del pueblo argentino, que suministrará carne y trigo a las vacías despensas españolas. La situación de aislamiento fue tan cruel, que el propio Régimen se vio obligado a eliminar progresivamente las imágenes y símbolos fascistas del repertorio franquista, y a sustituir a los ministros falangistas por católicos en un intento de mantener con vida a la triste dictadura. Curiosamente, y de manera fortuita para el Régimen, la situación cambiará por completo a partir de 1948, cuando las relaciones entre las dos grandes potencias, EEUU y la URSS, derivan en la Guerra Fría.

A partir de éste momento, los EEUU intensificarán su diplomacia y encontrarán en España el aliado perfecto para "controlar" la posible expansión comunista por el sur de Europa. Es importante recordar que el franquismo tiene como base ideológica la lucha contra el comunismo, al que considera un enemigo.

La nueva situación supondrá un giro completo en la política española y el fin del aislacionismo. En 1950, y promovido por los EEUU, la ONU autoriza a España a entrar en sus organismos internacionales, para más tarde, en 1956, ingresar como miembro de pleno derecho en la ONU, lo que supuso la llegada masiva de inversores que veían en España la oportunidad de hacer negocio con precios bajos y mano de obra muy barata.

En 1958, y motivado por el cambio de políticas económicas internas, España ingresa en el FMI. Los motivos de tales cambios residen en el apoyo español a los EEUU en su "lucha" contra el comunismo y que derivarán en la firma, el año 1953, del Tratado de Cooperación con los EEUU, que incluía, la cesión de suelo español para la instalación de bases militares americanas en Zaragoza, Rota, Torrejón y Morón de la Frontera para uso militar y para la colocación de radares espía. A cambio, España recibirá una cantidad cercana a los 1.100 millones de dólares, cifra muy por debajo de las recibidas por Francia e Inglaterra, e inferior a la obtenida por la República Federal de Alemania, a través del Plan Marshall.

Figura: Legionario con traje de campaña, Sidi Ifni, 1958

5.3 FIN DEL AISLAMIENTO POLÍTICO. LOS AÑOS DEL DESARROLLISMO, 1950-1973

El fracaso de la política autárquica llevó, a finales de la década de los 50, a iniciar un leve pero progresivo aperturismo político y económico basado en la incorporación de la libre circulación de mercancías, el fin de la industria de autoabastecimiento y el nacimiento de la industria de importación-exportación con la ayuda económica americana. Además, a partir de las buenas cosechas de 1952, se pudo poner fin a las cartillas de racionamiento y a una leve liberalización de los precios.

Sin embargo, la endeble economía española no supo o no pudo corregir los problemas estructurales, y, sumida en el amiguismo y la corrupción, el proteccionismo desmesurado, la baja productividad de la industria, la inflación y el déficit presupuestario, llevaron a una balanza comercial deficitaria, y con ello los problemas sociales y las primeras huelgas contrarias a las políticas del régimen.

Desde el punto de vista internacional, el año 1956, además de recoger la entrada efectiva de España en la ONU, supone el inicio de la descolonización de Marruecos tras obtener su independencia. En 1957 dará comienzo la guerra de Ifni, última guerra colonial española, que la enfrentó contra las tropas marroquíes por el control de los territorios de Ifni, el Protectorado Sur y el Sáhara Español, y que culminaría en abril de 1958.

Sin embargo, el final del conflicto llegaría en 1968 con la entrega a Marruecos del control total de Ifni y de la administración del Norte del Sáhara. Las ciudades de Ceuta y Melilla se mantienen en posesión española, pues pertenecían a España antes de la formación del Reino de Marruecos en 1660.

El caso marroquí no es el único conflicto territorial español, Gibraltar continuará siendo británico desde la firma del Tratado de Utrecht en 1713, ante la oposición internacional al traspaso del Peñón a España al mantener un sistema dictatorial, y al gozar de un alto nivel de vida los propios gibraltareños, muy diferente del nivel de vida español.

En 1960, y en pos de solucionar el último conflicto colonial en Europa, la ONU promueve conversaciones sobre Gibraltar al mismo tiempo que Inglaterra inicia los trámites para la firma de una constitución y estatutos para todos los territorios británicos de ultramar. La actitud española será la de autoprotección y cierra las fronteras hacia el Peñón.

6. CRECIMIENTO ECONÓMICO Y POLÍTICO ENTRE 1957/59 Y 1975

El cambio significativo se producirá entre los años 1957 y 1959 cuando Franco, impulsado por la necesidad de un cambio económico, forma un nuevo Gobierno con la introducción de miembros tecnócratas del Opus Dei para las carteras de Hacienda y Comercio en busca del éxito económico a través de cuestiones y planteamientos puramente técnicos.

El plan impulsor de dicho cambio será el Plan de Estabilización de 1959, que supuso un cambio radical en la política económica del Régimen. Establecerá como objetivo fundamental el desarrollo industrial al modo occidental, con el apoyo económico, a través de créditos, del BM y del FMI.

Las medidas propulsoras del crecimiento estarán basadas en la liberalización de la economía, el fin de la costosa burocracia, la reducción del gasto público y el aumento de las inversiones y del comercio exterior. Como consecuencias positivas al cambio económico, cabe destacar el aumento de la reserva de divisas y la consecución de una balanza de pagos positiva con el auge de las exportaciones agrarias, el aumento de los ingresos y el descenso del déficit del Estado y de la inflación, lo que produjo un crecimiento general de la economía española.

Sin embargo, la economía española no estaba preparada para asumir los riesgos de la occidentalización económica, por lo que se sucedieron una serie de problemas que pusieron en riesgo el deseado crecimiento. La liberalización de los precios llevará al aumento indiscriminado del precio de los productos básicos, lo que afectará de lleno a las clases más desfavorecidas.

Además, la apertura hacia el exterior y activar los protocolos del comercio internacional, trerán consigo el aumento del gasto público y la subida de los tipos de interés con la consiguiente bajada en el número de créditos otorgados.

La débil peseta española sufrió una inevitable devaluación al entrar en contacto con el dólar americano. Para el resignado trabajador, las consecuencias fueron desastrosas: los salarios bajaron enormemente y con ello el consumo, el poder adquisitivo, el cierre de empresas y el aumento del paro.

Es evidente que las cifras macroeconómicas mejoraron, que el crecimiento industrial español, a partir de 1957, fue espectacular, y que mejoró la cualificación y la formación profesional de los trabajadores españoles ante la oportunidad de nuevos empleos, pero la triste población "avanzó" aturdida por la burocracia del Estado y continuó empobrecida, lo que motivó la emigración masiva hacia Francia, Suiza, Alemania y América del Sur, y el éxodo rural despoblando zonas de Castilla, Extremadura o Andalucía.

Significativa fue la década de los 60, cuando la llegada masiva de capital extranjero, sobre todo de los EEUU, de Alemania, Francia y Gran Bretaña, provoca la mejora directa del sector servicios, y con ello los sueldos y las posibilidades de trabajo. La "nueva" relación con las culturas extranjeras posibilita la entrada de ideales modernos y democráticos hasta entonces desconocidos. En el debe, el negativo impacto medioambiental que la fiebre de la construcción y en nombre del progreso, ocasionó al paisaje natural y urbano de España.

6.1 PLANES DE DESARROLLO Y ESTABILIZACIÓN. ENTRE EL APERTURISMO Y EL INMOVILISMO POLÍTICO

El Plan de Estabilización de 1959, negociado directamente con el FMI, fue uno de los hitos más importantes de la historia económica moderna española.

Fue un plan que propuso unos amplísimos cambios económicos, pero también estructurales, que modificaron el rumbo del país por la senda del crecimiento y el desarrollo y alejándolo de una más que posible paralización de la economía ante la falta de llegada de divisas extranjeras.

La importancia del plan radicaba también en la amplitud de las reformas, contenía medidas fiscales que "aseguraban" el equilibrio de la balanza de pagos mediante medidas monetarias destinadas a proteger la concesión del crédito bancario y una controlada devaluación de la peseta que posibilitaría su acercamiento a los mercados internacionales, además de establecer el nuevo cambio con el dólar fijado en 60 pesetas.

Dentro de ese plan de reformas cabe destacar las modificaciones a la ley propuestas entre 1958 y 1969: Ley de Convenios Colectivos (1958); Ley de Bases de la Seguridad Social (1963); Tribunal de Orden Público (1963); Ley de Prensa (1966); Ley Orgánica del Estado (1967); Ley de Libertad Religiosa (1967) y Ley de Sucesión (1969).

El resultado fue espectacular, se frenó de golpe la progresiva especulación, la exportación se convirtió en el nuevo motor económico, y la inversión alcanzó niveles superiores al del resto de Europa.Las cifras macroeconómicas mejoraron enormemente, entre 1960 y 1975, la economía española creció más del 7%, el PIB soportó un crecimiento rápido y continuo, y la renta per cápita de los españoles se igualó a las grandes potencias europeas.

6.1.1 PILARES ECONÓMICOS, 1964/67, 1969/71 y 1972/75.

El Plan de Estabilización estuvo basado en dos grandes pilares: el Plan Agrícola de 1950 y el Plan Económico y Social de 1962.

A) PLAN AGRÍCOLA

En 1950 se activó el Plan Agrícola con la creación de una serie de planes de colonización por los cuales se "levantan" nuevos pueblos con la llegada de numerosas familias atraídas por el sueño de poseer una casa y tierras de cultivo.

Asociado a los nuevos pueblos, el Régimen modificará el paisaje natural español con la construcción de presas, embalses y centrales hidroeléctricas, dando un fuerte impulso a la energía hidroeléctrica y llevando la electricidad a un mayor número de hogares.

Destacar también la creación del Servicio Nacional de Concentración Parcelaria, por la que se transforman las tierras de secano en zonas de regadío; sin embargo, la falta de mecanización y de uso de abonos químicos, ralentizó el programa.

Sólo hasta la llegada de la década de 1960, y coincidiendo con el éxodo rural y el abandono de las explotaciones no rentables, se pudo crear una agricultura productiva y exitosa destinada al comercio exterior y por tanto a un aumento de la balanza de pagos.

B) PLAN ECONÓMICO Y SOCIAL

En 1962, y dentro del Plan Económico y Social del Estado, se crea la Comisaría del Plan de Desarrollo bajo el control de Laureano López, que tenía como objetivo regular el cambio y la evolución de las nuevas medidas.

La Comisaría estableció incentivos y ayudas estatales destinadas a industrializar las zonas más atrasadas y evitar el desequilibrio entre los territorios nacionales.

Los resultados fueron excelentes, España sufrió un importante crecimiento económico y supuso la creación de nuevas industrias como la siderurgia, la química y la automoción. Las consecuencias de la aplicación de los diversos planes de desarrollo fueron, en general, muy positivos.

El nivel de vida de los españoles aumentó considerablemente, sobre todo en las clases altas y la nueva y abundante clase media, debido a la acumulación de capital generado por la inversión extranjera, lo que se transformó en el auge de los bancos, que emprendieron una dura carrera en la búsqueda de nuevos potenciales clientes ante la oferta de disposición de créditos disponibles.

Desde el punto de vista de la enseñanza, destacar su gran crecimiento, a pesar de su orientación confesional y patriótica, no sólo en los ciclos de primaria y secundaria, obligatoria tras la aprobación de la Ley General de Educación de 1970, que marcaba la Educación General Básica (EGB) obligatoria desde los 6 a los 14 años, sino también en la educación no obligatoria como el bachiller o la universidad, y que se relacionaba con la frase: "¿Estudias o trabajas?".

Unido al cambio socio-cultural del régimen, en el año 1974, el crecimiento demográfico había sido espectacular, convirtiéndose España en una demografía occidental con más de 37 millones de habitantes.

Figura: Soldado de Artillería de Campaña nº 18, Murcia 1969

7. ESTRUCTURA POLÍTICA DEL RÉGIMEN

La consolidación política y jurídica del Régimen se planteó desde la temporalidad. En un principio, el alzamiento nacional necesitó de ciertos resortes que le posibilitará un mantenimiento del orden público y control de la economía rápido y eficaz, por lo que se tradujo en un régimen marcadamente militar y jerarquizado. Por contra, una vez consolidado el nuevo sistema, se fueron aprobando progresivamente una serie de leyes que estructuraban el Régimen con vistas a su consolidación en el tiempo, son las conocidas como Leyes Fundamentales del Reino.

A partir de 1940, y ante la necesidad de estructurar políticamente el alzamiento, los militares golpistas conforman el país como su propia unidad militar. Franco es nombrado Jefe del Estado y del Gobierno apoyado por el ejército y la Iglesia.

El país se vertebra en tres pilares: la familia, el municipio o territorio y el sindicato vertical o Estado, y que están bajo la tutela del partido FET y de las JONS, que se unen en el llamado Movimiento Nacional; motor socio-político del Régimen ante la prohibición del resto de partidos políticos y que recoge las órdenes del propio Caudillo. Se establecen unas Cortes formadas por procuradores que defienden la estructura familia, municipio y sindicato, y que "trabaja" para aprobar las leyes de Franco. Las leyes son "debatidas" previamente en el Consejo Nacional antes de ser enviadas a las Cortes para su "votación".

Cuando el miedo, la represión o la asimilación del Régimen fue total, y ante la falta de una Constitución, se elaboran, desde 1938 hasta 1977, las Leyes Fundamentales del Reino, auténtico cuerpo jurídico del Régimen y que eran aprobadas mediante referéndum.

7.1 LEYES FUNDAMENTALES DEL REINO

1) Fuero del Trabajo de 1938: Ley que regula y organiza el trabajo y la vida económica de los ciudadanos tales como la jornada laboral, salario básico o días de enfermedad. El resultado fue siempre en beneficio del Régimen.

2) Ley Constitutiva de las Cortes de 1942: La formación de las Cortes franquistas estaban destinadas a ser un instrumento más del Régimen, donde se aprobaban las leyes propuestas por el Movimiento.

3) Fuero de los españoles de 1945: Marco legal donde están fijadas los derechos y los deberes de los españoles.

4) Ley del Referéndum Nacional de 1945: Mecanismo legal aprobado por el Régimen para dar validez a todas las cuestiones vitales del Estado, incluidas la modificación de las Leyes Fundamentales.

5) La ley de Sucesión a la Jefatura de Estado de 1947: Por dicha ley, España se configura como reino y regula la sucesión del Jefe del Estado, cargo vitalicio en manos de Franco. Para regular dicha sucesión se crea el Consejo del Reino y el Consejo de Regencia.

6) Ley de los Principios del Movimiento Nacional de 1958: Dicha ley representa la unión entre el Estado y el ciudadano a través de unos principios básicos. Tales principios se resumen en varios aspectos esenciales: La defensa de la Patria como deber sagrado; la formación de la Nación española como Católica, Apostólica y Romana; la unidad de los hombres y de las tierras de España es intangible e inviolable, siendo el Ejército el garante de dicha unión; la familia es la base de la vida social y siempre en beneficio de la Nación; los principios básicos de todo español son la familia, el municipio y el sindicato.

El Movimiento Nacional recoge todos los principios básicos y es obligatoria su adscripción, por lo que son ilegales cualquier tipo de alternativa socio-política; se establece una Monarquía tradicional, católica, social y representativa en las Cortes; el Estado procurará por todos los medios a su alcance perfeccionar la salud física y moral de los españoles a través del trabajo y de la adhesión al Movimiento, la Sección Femenina o la OJE, por poner algunos ejemplos.

7) Ley Orgánica del Estado de 1967: Se establece como método de institucionalización del Régimen, donde se fija el poder del jefe del Estado y su responsabilidad política dentro del Régimen.

8) Ley para la Reforma Política de 1977: A la muerte de Franco, el Presidente Suárez llevará a las Cortes la última Ley Fundamental, convirtiéndose en su propio "epitafio" político que ve terminada su etapa al frente del Gobierno Dicha ley destaca por ser aprobada por las Cortes franquistas una vez el dictador fallecido y por la legalización de todos los partidos políticos, incluido el PCE, y los sindicatos, permitiendo así, la libre afiliación política de los trabajadores. Además, se regulaba la nueva Ley Electoral y se concedía una amnistía política a los presos políticos del Régimen.

7.2 EVOLUCIÓN DEL RÉGIMEN

Destacar la evolución sufrida durante la década de los 60, cuando el Régimen comienza a modernizarse introduciendo leyes y normas más permisivas como la Ley de prensa de 1966, el inicio de cierta libertad religiosa o la designación como heredero y sucesor al príncipe Don Juan Carlos de Borbón.

8. LA OPOSICIÓN AL RÉGIMEN

Desde el final de la guerra, y en pleno proceso de huída y exilio, el Gobierno republicano va a mantener cierta presión internacional para conseguir que las potencias europeas derroten a Franco. Sin embargo, la lucha en Europa no plantea ningún tipo de invasión en España.

Dentro de la oposición no política y más radical al Régimen encontramos, a partir de 1940, la aparición esporádica de los maquis o guerrilla antifranquista que sólo tuvo repercusión en Asturias y Andalucía, y que mantuvo en jaque durante gran parte del franquismo a las fuerzas de la Guardia Civil.

Al finalizar la II Guerra Mundial, el socialista José Giral reúne las Cortes españolas republicanas en su exilio de Méjico, donde es nombrado Jefe de Gobierno de la República de España entre 1945 y 1947. Sin embargo, la oposición real al Régimen la encontramos en el entorno comunista, en 1951.

Por su parte, desde el sector más tradicionalista, los monárquicos abogan por la restauración monárquica en la persona de Don Juan de Borbón, y desde 1945, con la firma del Manifiesto de Laussane y con el apoyo del PSOE, proponen un programa democrático que lleve al Régimen a convertirse en una monarquía parlamentaria.

A partir de 1951, los anarquistas deciden acercar posturas con los comunistas en un intento de evitar su desaparición. En esos momentos, y bajo la clandestinidad, el PCE estaba dirigido por Dolores Ibárruri y Santiago Carrillo.

De manera mucho más efectiva y organizada, en 1961 se produce la llamada Unión de Fuerzas Democráticas entre socialistas y democristianos españoles y europeos buscando la exclusión total y definitiva de España de cualquier Institución Europea, incluida la CEE. A ésta unión, Franco la adjetivo como el "Contubernio de Múnich" y, como represalia, encarceló y exilió a gran parte de los asistentes a las reuniones de Múnich, y a través de un decreto ley de 1962 suspendía algunos de las garantías aprobadas en el Fuero del Trabajo de 1938.

A su vez, en las zonas mineras de Asturias y las nacionalistas del País Vasco y Cataluña, fueron frecuentes las protestas y huelgas encubiertas en las fábricas. Para su organización fue determinante la formación de los sindicatos UGT y CCOO, legales a partir de 1965, que posibilitaron el auge del movimiento obrero bajo la dirección del líder de CCOO, Marcelino Camacho.

Dentro de éste proceso de marcada "revolución social", fue significativo el inicio de las protestas universitarias desde 1965, que marcaban el nacimiento de una nueva oleada de jóvenes democráticos y de fuerte ideal político.

Curiosa será la oposición de la Iglesia al Régimen. También desde 1965, y sobre todo después de la represión a los integrantes del "Contubernio de Munich", el Vaticano, en un ejemplo de cinismo, se distancia del Régimen acuciado por las presiones del mundo occidental. En España, el motor de las protestas religiosas estarán bajo el ánimo de los llamados "curas obreros". Tal fue el distanciamiento, que en 1971, la Asamblea de Obispos y Sacerdotes Españoles determina pedir perdón por aquellos actos impulsados o apoyados por la Iglesia durante la Guerra Civil y la posterior represión. Muchos curas se secularizaron y muchos seminaristas abandonaron su vocación, por lo que el número de ingresos disminuyó notablemente.

Entre tanto, la prensa escrita "imita" a las radios clandestinas del lado francés de los Pirineos y comienza a ejercer una labor democrática y de sensibilización de la sociedad.

En el año 1976, una vez muerto el dictador, se forma una coalición de carácter democrático conocida como la "Platajunta". Dicha coalición estará compuesta por miembros activos del PCE, CCOO, PSOE y personas vinculadas ideológicamente con la socialdemocracia. Su objetivo: trabajar por la amnistía y libertad política de los represaliados por el régimen franquista.

9. EL FINAL DEL RÉGIMEN

Finalmente, la bonanza económica desarrollada entre 1960 y 1975, propiciada por la llegada de divisas extranjeras a través del turismo y del comercio exterior y de la aportación de los tecnócratas, hizo posible una deriva aperturista en España difícilmente explicable antes de la década de 1960.

En 1969 Franco nombra como su sucesor a Don Juan Carlos de Borbón, quien presta fidelidad a Franco, a los principios del Movimiento Nacional y a las Leyes Fundamentales del Reino con el apoyo de los miembros del "búnker" y del sector conservador de la política y la sociedad española; al igual que ocurrirá con el nombramiento de Adolfo Suárez como Presidente del Gobierno, pues la única y mejor manera de "orientar" al Régimen hacia la democracia era hacerlo desde dentro y utilizando los mecanismos propuestos y disponibles por el propio sistema.

En 1973, la oposición obrera y universitaria al Régimen se encontraba ya organizada y era mayoritaria, y la crisis económica internacional por el aumento del precio del petróleo imposibilitaba al Régimen una respuesta adecuada que suavizara las protestas.

En pleno "derrumbe" social y moral del Régimen, el Tribunal de Orden Público condena como ilegal una reunión de dirigentes de CCOO iniciando así, el conocido como "Proceso 1001", por el cual, se condena a prisión a los dirigentes sindicales quienes estuvieron un año encarcelados hasta la convocatoria de juicio, que finalmente se celebró entre los días 20 y 22 de diciembre de 1973.

Dichos juicios estarán marcados claramente por el asesinato a manos de ETA del Presidente del Gobierno, Carrero Blanco. Las penas oscilaron entre los 20 años del dirigente Marcelino Camacho a los 12 años de otros dirigentes. La publicidad y la presión internacional fue tan negativa y sólida que el propio Tribunal Supremo rebajó la condena ostensiblemente a los 6 años del propio Marcelino Camacho, y al año, para Soto Martín. La oposición social e internacional es enorme, sin embargo el Régimen se mantiene firme y hace oídos sordos a las protestas.

A la muerte de Franco y buscando una mejor imagen exterior, el 25 de diciembre de 1975, reinando Don Juan Carlos I, el Estado indulta a los presos del proceso 1001 en un ejemplo claro tanto a la sociedad española como al resto del mundo occidental, de los deseos democráticos del nuevo monarca. Si la oposición sindical era evidente, también lo fueron las tensiones con la Iglesia vasca que se "aproximaba" al entorno nacionalista abertzale.

Tímidamente, en 1974, animado por la nueva situación social, se celebra el Congreso de Suresnes, Francia, donde el PSOE nombra a su nueva cúpula dirigente liderada por Nicolás Redondo, Felipe González y Alfonso Guerra. En dicho congreso dictan sus nuevas posiciones políticas para el futuro, como es la lucha contra el capitalismo antisocial, su rechazo a la OTAN y al Pacto de Varsovia.

Entre tanto, el PCE vive uno de sus mejores momentos políticos, y se convierte, gracias a su gran número de afiliados, a su distanciamiento de la URSS y al gran apoyo de los intelectuales europeos, en una alternativa seria al Régimen.

Figura: Recluta del Ejército de Tierra, 1970

10.   1975, EL AÑO CLAVE DEL FIN DEL FRANQUISMO

En dicho año se abre consejo de guerra contra dos miembros de ETA y tres miembros del Frente Revolucionario Antifascista y Patriota. El resultado, cinco ejecuciones que pondrán la continuidad del franquismo contra las cuerdas; incluso se llegan a asaltar las embajadas españolas de Roma y Lisboa.

Al mismo tiempo, y con Franco hospitalizado, Don Juan Carlos asume las funciones de Jefe de Estado, y durante la Marcha Verde de noviembre de 1975 por el Sáhara español, ordena la retirada pacífica de las tropas españolas, en un claro ejemplo de pacifismo y cordura, y que sirve de "prólogo" a la muerte de Franco, el 20 de noviembre de 1975.

11. LA CULTURA EN EL FRANQUISMO

Durante la convulsa y represiva época franquista, cabe destacar la explosión intelectual y cultural como modo de "liberación personal y humana". Al finalizar la Guerra Civil y en el exilio republicano surgen los textos del Nobel Juan Ramón Jiménez, del pensador Ortega y Gasset, y del poeta y ensayista de la Generación del 27, Pedro Salinas.

Dentro de España, pero al margen del oficialismo cultural, destacan los textos humanos de Pío Baroja, Azorín, Camilo José Cela, Miguel Delibes o de Rafael Alberti y Federico García Lorca, miembros también de la Generación del 27, que a través de sus textos "esquivaron" el exilio y la muerte.

La figura de Unamuno identifica claramente el entendimiento "real" del significado del Régimen, y pasa del apoyo al control del orden público que representa el franquismo a su máximo odio y repulsa.

Dentro de las "otras" ramas de la cultura, destaca el cineasta Luis García Berlanga con su obra "Bienvenido Mr. Marshall"; en escultura, los trabajos realizados para levantar el "oficial", Valle de los Caídos; y en pintura, destacan las diferentes visiones de Salvador Dalí, Antoni Tápies y el hiperrealismo de Antonio López.

CONCEPTOS CLAVE

Autarquía: Etapa económica durante el régimen franquista, entre 1939 y 1959. Se pretendía lograr la autosuficiencia económica con la sustitución del mercado, la intervención generalizada de la Administración, la explotación de los productos nacionales y la configuración de un tejido industrial suficiente como para depender lo menos posible de la producción y el mercado de otros países.

Desarrollismo: Etapa económica durante el régimen franquista, entre 1959 y 1975. Mediante la apertura de fronteras a la inversión extranjera y al comercio, la devaluación de la peseta con respecto al dólar, la remesa de emigrantes y una coyuntura favorable en nuestros vecinos europeos, España fue capaz de' experimentar un crecimiento económico muy significativo a costa de una creciente inflación y daños ambientales irreparables.

Plan de Estabilización: Diseñado en 1959 bajo los auspicios del Fondo Monetario Internacional y la OECE (Organización Europea de Cooperación Económico) y la convicción de ministros aperturistas, para paliar la bancarrota en la que se encontraba España, e iniciar un nuevo proceso económico, que condujera a la modernización del país.

Leyes fundamentales:. conjunto de disposiciones legales que desde la Guerra civil se van promulgando para institucionalizar el nuevo régimen, adecuando el lenguaje más que los contenidos que cambian muy poco a las conveniencias del momento.

Aperturistas: Miembros del franquismo que consideraban, durante los últimos años del régimen, que España necesitaba ciertas reformas políticas que facultaran cierto grado de participación política a los ciudadanos. Serán protagonistas, entre otros, de la Transición.

Capítulo 18

El camino hacia la democracia

1. LOS MOTIVOS DEL PROCESO DEMOCRÁTICO

El hecho que encaminó nuestros pasos hacia la democracia fue sin duda alguna la muerte de Franco el 20 de noviembre de 1975. No debemos olvidar que el Régimen era una estructura personalista y "acomodada" a Franco, por lo que a su muerte, el país quedó "huérfano y débil".

Sin embargo, encontramos también otros motivos que sirvieron de puente para "endulzar" la transición al nuevo sistema democrático. El desarrollo económico producido entre los años 1960 y 1974, tras la puesta en marcha del Plan de Estabilización de 1959 por parte de los tecnócratas, supuso un importante avance no sólo económico, sino también social.

Las nuevas necesidades y "gustos" económicos del Régimen orientaron las políticas económicas y sociales hacia propuestas más occidentales. Además, la llegada del Príncipe D. Juan Carlos como futuro heredero, marcó decisivamente la nueva orientación del Régimen y la necesidad de separarse del franquismo más tradicional. Pero los cambios producidos durante el franquismo no posibilitaban la futura transición sin la figura de un líder que ayudase y animase a la sociedad a afrontar los problemas y obstáculos del futuro.

Y todo, o casi todo, se hizo bien. El Rey y su preceptor, Torcuato Fernández Miranda, "diseñaron" los planes maestros de la Transición española, y en ella, "señalaron" como líder al joven y "moderno" Adolfo Suárez.

La elección de Suárez no rompía con la tradición, ni siquiera con el franquismo. Suárez procedía del Movimiento, por lo que su llegada significaba un cambio y no una ruptura. Era joven, políticamente inteligente, guapo y carismático, y estuvo apoyado en sus inicios por la Corona y gran parte del franquismo y de la sociedad.

Y en esto, llegamos al punto crucial, el modelo de transición a elegir. Y aquí volvimos a acertar. Liderados por la joven Corona y una mezcolanza de dirigentes de todos los signos políticos, se decidió un cambio desde la legalidad que ofrecía el franquismo.

El consenso histórico que se alcanzó entre dirigentes políticos, sociales y sindicales propició la elaboración y aprobación de la actual Constitución de 1978 y la creación de una Monarquía Parlamentaria Democrática, sustentada por el Estado autonómico y su amplio autogobierno, muy sensible hacia Cataluña, País Vasco y Galicia.

2. LA PRIMERA ETAPA DE LA TRANSICIÓN; 1975 -1982

A la muerte de Franco, la ansiedad, el miedo o el rencor guardado durante años "flotan" en el ambiente; la población mira desconfiada hacia las comandancias militares esperando el posicionamiento definitivo del ejército. Es importante reseñar la incertidumbre real de gran parte de la población, pues el nuevo y desconocido monarca accede al poder de la mano del propio Franco, y la continuidad del Régimen no es desdeñable.

No podemos olvidar los juramentos pronunciados por D. Juan Carlos en relación a su adscripción a las Leyes Fundamentales del Reino. El primero de ellos el 22 de julio de 1969, al nombrarle Franco su sucesor a título de Rey: "Si, juro lealtad a su Excelencia el Jefe del Estado y fidelidad a los principios fundamentales del Movimiento y demás Leyes Fundamentales del Reino". El segundo, al poco de morir Franco, el 22 de noviembre de 1975, al jurar su nombramiento como D. Juan Carlos I, Rey de España: "Juro por Dios y sobre los Santos Evangelios cumplir y hacer cumplir las Leyes Fundamentales del Reino y guardar lealtad a los principios que informan el Movimiento Nacional"

Unido a la incertidumbre sobre la inclinación del monarca, la elección de Carlos Arias Navarro como sucesor del asesinado Carrero Blanco, situó en España un Gobierno continuista entre los años 1973 y 1976, y con el único objetivo de mantener los viejos resortes del Estado. Su función al frente del Ejecutivo no puede ser más decepcionante: conservador y tremendamente atrasada, que nos alejaba de Europa.

Violencia. A la falta de ideas y respuestas para la nueva generación de jóvenes, se le unió la elevada actividad de la banda terrorista ETA entre los años 1975 y 1980. Para complicar aún más la conflictiva situación, en 1977, pistoleros de extrema derecha asesinan a cinco abogados laboralistas cercanos al Partido Comunista, y conocida como la "Matanza de Atocha", generando una ola de crispación y miedo que hizo pensar en un nuevo golpe de Estado. Sin embargo, y bajo la tutela del Rey, el ejército se mantuvo en una actitud pasiva.

2.1. LA FIGURA DE ADOLFO SUÁREZ, 1976 -1981

El inicio del cambio se sitúa el 3 de julio de 1976, cuando el monarca, asesorado por Torcuato Fernández Miranda, preceptor del rey y motor del cambio político en España, y apoyado por el Consejo del Reino, destituye a Arias Navarro y nombra al joven Adolfo Suárez como su sucesor y nuevo Presidente del Gobierno. Ésta decisión es considerada como "vital" para el futuro desarrollo de la Transición en un momento en el que son necesarias las primeras medidas "visibles".

Adolfo Suárez no es un desconocido para los franquistas, pues entre 1969 y 1973 dirige RTVE, y entre diciembre de 1975 y julio de 1976 ocupa las funciones de Secretario General del Movimiento, es por lo tanto un "hijo" del Movimiento, lo que invita a la calma a los más intransigentes y fieles al Caudillo en un proceso de transición "desde dentro" del sistema.

Por otra parte, su imagen moderna, su capacidad de visión de futuro y su liderazgo hacia las nuevas mayorías sociales lo convierten en el eje vertebrador desde el cual se pone en marcha la Transición española. Tal efecto tuvo sobre los antiguos y nuevos votantes, que obtuvo sendas victorias electorales en las elecciones generales de 1977 y 1979, además de conseguir un amplio respaldo popular en el referéndum de 1976.

El año 1976 pasará a ser el año clave de la política de Adolfo Suárez, ya que se presenta la Ley de Reforma Política que debía sentar las bases del futuro político español.

Su elaboración supuso un gran esfuerzo del propio Presidente y de Fernández Miranda, ya que debían llevar a la Cámara una ley que contentara a la oposición y evitara cualquier desequilibrio social o político que condujera a España a un nuevo enfrentamiento.

PROPAGANDA POLÍTICA

El uso que Adolfo Suárez hizo de la televisión y de la publicidad fue vital para la aprobación de la Ley de Reforma Politica. Ante toda la opinión pública presentó la nueva ley y dotó a los españoles de la confianza y la fuerza para elegir en referéndum su aprobación o rechazo.

2.2. LEY DE REFORMA POLÍTICA, 1976 (4/1/1977)

Conforma, para algunos historiadores, la 8ª Ley Fundamental del Reino. Lo vital de dicha ley fue que planteaba un nuevo modelo de Estado proponiendo un cambio desde dentro, utilizando todos los resortes políticos creados durante el franquismo y basado en la "conquista" de los apoyos de las familias más tradicionalistas.

La nueva Ley necesitaría del voto popular en referéndum, para así poder institucionalizar, con los suficientes apoyos, la España autonómica y sus relaciones con el Gobierno y la ansiada reforma sindical.

"Referéndum. Consenso. Constitución. Modelo de Estado": La base de la Ley de Reforma Política se halla en la constitución de las Cámaras representativas, Congreso y Senado, eliminadas en 1931 por la República, para dar forma democrática a las Cortes Generales, cuya misión sería la elaboración de una Constitución que posteriormente debería ser aprobada en referéndum por los propios españoles, dando al Rey el poder para convocar dichos referéndums a criterio personal y como medida de freno ante cualquier "resistencia" al proceso de reforma iniciado.

La empresa no fue fácil, pero contó en todo momento con el entusiasmo y la esperanza de la juventud española como "punta de lanza" de la oposición en la calle. Desde la oposición política, comunistas, a través del mundo obrero y sindicalista, y socialistas, veían con reparos dicha Ley, pues afirmaban que era continuista y perpetuaba las bases del Régimen. Sin embargo, la mayoría de la Cámara se mantuvo expectante ante la evolución de los acontecimientos.

El 18 de noviembre de 1976 se aprobaba en las Cortes españolas la Ley de Reforma Política, y se ponía en marcha el 4 de enero de 1977, con 425 votos a favor, 59 en contra y 13 abstenciones; el primer paso hacia la democracia se acaba de dar. Falta por dictaminar si los diputados franquistas asumieron, apoyaron o no supieron ver el alcance de dicha votación; lo cierto es que la política española nunca volvió a ser igual, y que la renovación era un hecho. Se establece el primer gran paso político para dar "legalidad" a la Transición.

En diciembre del mismo año se llevó a referéndum la consulta popular sobre la Ley. Hubo una masiva participación popular, un 77% del electorado fue a votar, del que un 80% apoyó con entusiasmo las nuevas medidas.

2.3. 1977, EL AÑO DEL DESAFÍO POLÍTICO.

LEGALIZACIÓN DEL PCE

El 9 de abril, Sábado Santo, Adolfo Suárez, en rueda de prensa, anuncia la legalización del Partido Comunista y del resto de fuerzas políticas en la clandestinidad así como los sindicatos. Las dudas de la sociedad española sobre la continuidad del franquismo se van despejando.

El impacto fue absoluto, miles de españoles salieron a la calle a celebrar la democratización del país desafiando el malestar del Ejército español, que aguardaba en los cuarteles preparados para intervenir ante cualquier orden del Estado Militar. En esos momentos, la figura del Rey volvió a ser clave tomando un papel moderador, pero, a su vez, de fuerza y control.

LEY DE AMNISTÍA GENERAL

Además, en octubre de 1977 se aprobó con gran mayoría la Ley de Amnistía General, continuación de la Ley de Amnistía de julio de 1976, que liberaba a todo preso encarcelado por cuestiones políticas.

ELECCIONES GENERALES

En junio de 1977, legalizado ya el Partido Comunista, se celebran las elecciones generales, libres y democráticas, con victoria de la UCD, Unión de Centro Democrático, liderada por el propio Adolfo Suárez. Los resultados ofrecen una gran igualdad entre la UCD de Adolfo Suárez (34% y 165 diputados) con el PSOE (29% y 118 diputados). El giro hacia la izquierda se está preparando.

LOS PACTOS DE LA MONCLOA, 1977

De ésta etapa surgen los importantes "Pactos de la Moncloa" del 27 de octubre de 1977, que se basan en el consenso alcanzado entre Gobierno, UCD, la derecha, AP, y la oposición política de izquierdas y nacionalismos, PSOE, CIU, PCE y PNV, para alcanzar acuerdos globales en cuestiones económicas y en la elaboración de la futura constitución.

Los Pactos de la Moncloa reunió, entre el 8 y el 21 de octubre, a representantes del Gobierno, de los sindicatos y de toda la oposición política; allí se marcaron, a su vez, los objetivos fundamentales de la futura política social y económica española, es decir, el control de la inflación y del paro, la aplicación de medidas económicas para disminuir el gasto público, devaluar la "costosa" peseta, limitar los aumentos salariales y conseguir la ansiada liberalización económica para acercarnos al resto de la Europa Occidental (- gasto público / + gasto privado)

MEDIDAS

Para ello, se trazó un plan que pretendía adaptar y tomaba como modelo las economías de la OCDE, Organización para la Cooperación y Desarrollo Económico. En un primer momento estas medidas son apoyadas solamente por CCOO, pero finalmente, y ante el buen ritmo económico y social, la UGT se unirá al Pacto.

Además de las medidas económicas, se plantearon propuestas en el ámbito político y judicial que intentaban "democratizar" la vida política española. A la "nueva" libertad política, se añade la igualdad ante la justicia, la igualdad entre hombres y mujeres, el fin de la pena de muerte o la total libertad de movimientos.

Éstas medidas fueron necesarias debido a la importante crisis económica que planeó sobre España y el resto de Europa entre 1974 y 1977, y que dejó en España una tasa de inflación del 24,5%, el aumento de la deuda exterior, debido a nuestra dependencia energética, y un paro generalizado y anclado que motivó una cruel recesión económica.

Además de las medidas económicas, los Pactos de la Moncloa supusieron una mayor libertad de prensa, de reunión y de expresión que otorgaban a la sociedad un estilo de vida más moderno y democrático. Supuso, a su vez, el fin del Movimiento Nacional y el derecho de asociación sindical.

Si bien la economía española mantuvo cifras negativas, la estabilidad económica, social y política derivada de los Pactos de la Moncloa, consiguió mitigar las consecuencias más graves generando un panorama de gran estabilidad.

LA CONSTITUCIÓN DE 1978

La Constitución fue aprobada por el Congreso y el Senado el 31 de octubre de 1978, y finalmente respaldada en referéndum el 6 de diciembre de 1978. Establece un Estado social y democrático de derecho, y es la piedra angular de todo el ejercicio democrático en estos primeros años de Transición.

Se aprueba una Constitución democrática, amplia y moderna basada en las siguientes características: establece una soberanía nacional que reside en el pueblo español y que se ve representada a través de una monarquía parlamentaria y sus diferentes poderes, la aplicación de un Estado de las autonomías, donde 17 comunidades y 2 ciudades autónomas, con diferente historia y desarrollo, conviven dentro del Estado español.

La Constitución se presenta a través de unas Cortes bicamerales y establece un papel "secundario" para el Rey, que se somete a las leyes y normas aprobadas por el Congreso.

ARTICULADO DE LA CONSTITUCIÓN DE 1978: PREÁMBULO A LA CONSTITUCIÓN

"Consolidar un Estado de Derecho que asegure el imperio de la ley como expresión de la voluntad popular. Proteger a todos los españoles y pueblos de España en el ejercicio de los derechos humanos, sus culturas y tradiciones, lenguas e instituciones.

Promover el progreso de la cultura y de la economía para asegurar a todos una digna calidad de vida.

Establecer una sociedad democrática avanzada, y colaborar en el fortalecimiento de unas relaciones pacíficas y de eficaz cooperación entre todos los pueblos de la Tierra.(...)

Artículo 1

1. España se constituye en un Estado social y democrático de Derecho, que propugna como valores superiores de su ordenamiento jurídico la libertad, la justicia, la igualdad y el pluralismo político.

2. La soberanía nacional reside en el pueblo español, del que emanan los poderes del Estado.

3. La forma política del Estado español es la Monarquía parlamentaria. (

Artículo 3

1. El castellano es la lengua española oficial del Estado. Todos los españoles tienen el deber de conocerla y el derecho a usarla.

2. Las demás lenguas españolas serán también oficiales en las respectivas Comunidades Autónomas de acuerdo con sus Estatutos. (...)"

Constitución aprobada por las Cortes en sesiones plenarias del Congreso de los Diputados y del Senado celebradas el 31 de octubre de 1978; ratificada por el pueblo español en referéndum de 6 de diciembre de 1978, y sancionada por S.M. el Rey ante las Cortes el 27 de diciembre de 1978.

http://www.boe.es/legislacion/documentos/ConstitucionCASTELLANO.pdf

Quizá lo más característico de su contenido sea la separación definitiva con cualquier modelo anterior: se asegura la pluralidad política y sindical; se pone fin a la pena de muerte;el Estado se presenta como aconfesional; se legaliza el aborto; y se establece la libertad de expresión y de imprenta como medio para alcanzar las libertades democráticas.

Su elaboración estuvo consensuada por todos los partidos políticos con representación parlamentaria y fue redactada por los llamados "Padres de la Constitución": Gabriel Cisneros Laborda (UCD), Miguel Herrero y Rodríguez de Miñón (UCD), José Pedro Pérez -Llorca Rodrigo (UCD), Manuel Fraga Iribarne (AP), Gregorio Peces -Barba, Martínez (PSOE), Miquel Roca i Junyent (CiU) y Jordi Solé Tura (PCE); quedando fuera el PNV, lo que hizo que no votará a favor de la misma.

3. ESTADO AUTONÓMICO. LA RUPTURA DEFINITIVA CON EL MODELO DE ESTADO FRANQUISTA

Durante los primeros años de democracia se alcanzaron otros acuerdos a diversos niveles. La aprobación del Estado autonómico alentará a las regiones a negociar, proponer y alcanzar altas cotas de autogobierno.

En 1977 se restableció la Generalitat Catalana en manos de Josep Tarradellas a modo de lazo de unión con los nacionalistas catalanes. El caso vasco es diferente, durante estos años de legislatura la violencia de ETA estará muy presente, y como hemos dicho antes, el PNV, presidido por Xabier Arzallus, no vota la Constitución.

En ese mismo año, diversas fuerzas políticas vascas, incluído el PSE, votan a favor de crear un "compromiso autonómico" por el cual se pueda elaborar un estatuto de autonomía propio.

Durante 1979 se aprueban definitivamente los estatutos de autonomía catalán y vasco, y en las elecciones municipales de 1980, el PNV y CIU alcanzan la gobernabilidad en el País Vasco y Cataluña respectivamente.

Remando a favor del viento, se aprueba también el Estatuto de Autonomía de Galicia en abril de 1981, coincidiendo con las elecciones municipales gallegas donde Alianza Popular alcanza la mayoría.

Otras comunidades que logran aprobar sus estatutos son: Murcia y C. Valenciana (1982); Madrid (1983) entre otras, y Ceuta y Melilla (1985). A su vez, en las elecciones municipales andaluzas de 1982, será el PSOE quien obtenga la gobernabilidad.

Las consecuencias del proceso autonómico aún se están produciendo, la amplitud de caminos y salidas que abre un Estado autonómico parece no tener fin. Durante la década de los 80 se reestructuró el poder político y territorial de todas las comunidades españolas.

4.   EL GOLPE DE ESTADO (23/2/1981). "LAS LÁGRIMAS DEL PRESIDENTE".

La entidad de España como Estado único, unificado y centralista ha dejado de existir, y quizás por eso, el 21 de febrero de 1981, Adolfo Suárez presenta su dimisión como Presidente del Gobierno, en un momento donde parecía que la Transición estaba finalizada, sin saber que a poco menos de un mes, la solidez del Estado de derecho se pondría a prueba. Es un momento crítico para Suárez y para la Transición ya que el Gobierno pierde apoyos constantemente tanto a su izquierda como a su derecha.

El 23 de febrero de 1981, a las 18:23 horas, en plena sesión de nombramiento del nuevo Presidente del Gobierno, el Teniente Coronel de la Guardia Civil, Antonio Tejero, al mando de unos 200 guardias civiles toma por las armas el Congreso de los Diputados.

En una operación fallida y mal orquestada, sólo el Capitán General de Valencia, Milans del Bosch ordena salir de sus bases a los tanques a la calle y decreta la ley marcial. Aunque Sevilla, Zaragoza y Barcelona apoyan el golpe, ninguno de sus capitanes decide sacar las tropas a la calle.

Durante estas horas de angustia, la actuación del Rey fue decisiva, ya que tras su discurso televisivo, emitido en directo a las 01:14 horas del 24 de febrero, y las diferentes llamadas realizadas a las Comandancias Militares, mantuvo la disciplina militar y ninguna región secundó a Valencia.

El golpe de Estado fracasaba, y a las 10:00 del 24 de febrero salieron liberadas las diputadas del Congreso de los Diputados; dos horas más tarde serán liberados el resto de diputados. Antonio Tejero ordenaba el fin del golpe y la entrega de armas.

Otra figura importante en el fallido golpe de Estado fue la de Alfonso Armada, según diversos testimonios de algunos golpistas, Armada era el "elefante blanco" que se esperó en el Congreso de los Diputados, y que debía asumir las funciones de Presidente del Gobierno interino.

Sin embargo, y a pesar de que el intento militar mostraba que parte del ejército aún tenía serias dudas sobre el proceso democrático, el resultado conseguido fue el contrario al pretendido por los golpistas, la movilización social en España en favor de la democracia fue masiva, y la población salió en masa a las calles a manifestarse en favor de las libertades y por la democracia.

5. LA SEGUNDA ETAPA DE LA TRANSICIÓN (1982-1996). LOS GOBIERNOS SOCIALISTAS Y LA CONSTRUCCIÓN DEL ESTADO DEL BIENESTAR

Tras un breve periodo de Gobierno de Calvo Sotelo tras el fallido golpe de estado, 1981-1982, los españoles votan de nuevo en unas elecciones generales.

En ellas el PSOE, liderados por los jóvenes Felipe González y Alfonso Guerra, alcanza la victoria con más de 10 millones de votos (48,11%), seguidos de Alianza Popular, de Manuel Fraga, con cerca de 5,5 millones votos (26,36%), mientras que la UCD de Landelino Lavilla se desploma como fuerza política con sólo 1,4 millones de votos (6,77%). A gran distancia se sitúan el PCE (4,02%) y CIU (3,67%).

5.1. ETAPA SOCIALISTA, 1982-1996. EL SOCIALISMO MODERADO Y MODERNO

En su inicio, el socialismo moderado y moderno del PSOE encontró su espacio entre la España tradicional y conservadora; los jóvenes buscaron, así, el modo perfecto para parecerse al resto de la juventud europea. Los socialistas lograron de forma consecutiva victorias electorales en los años 1986, 1989 y 1993.

El PSOE va a continuar con la labor de asentar la joven democracia española. Un proceso que se inicia tras el nombramiento de Adolfo Suárez y la elaboración de la Constitución de 1978 y el inicio del proceso autonómico.

Una segunda etapa bajo el Gobierno de Calvo Sotelo apostando por la normalidad frente al golpe de estado de 1981, y los pactos entre Gobierno y autonomías, para alcanzar acuerdos en la elaboración y aprobación de los estatutos autonómicos como Galicia, Asturias, Murcia, Andalucía, entre otros.

El Gobierno del PSOE asentará dichos pasos formando una sociedad plural y activa, como se mostró en la entrada de España en la OTAN en 1982 y el posterior referéndum por su permanencia en 1986.

5.2. CAMBIOS ESTRUCTURALES EN ESPAÑA, 1982-1985. LA RECONVERSIÓN INDUSTRIAL Y LA ENTRADA EN LA OTAN

En el año 1982, España se enfrentaba al declive de la industria siderúrgica, naval y minera tradicional localizada en el norte peninsular y en los puertos de Cádiz o Cartagena.

Además, el desempleo alcanzaba la cifra del 20%, por lo que la entrada en la OTAN precisaba de afrontar cambios esenciales en la economía española. Por eso se hizo necesario afrontar la reconversión de todo el sector industrial para estructurar un sistema competitivo con el resto de Europa.

Pero la entrada en la OTAN y la "europeización" necesaria, abarcó otros sectores: así hubo que promover una reforma militar que hiciera al ejército partícipe de las futuras operaciones de la OTAN; y hubo que modernizar las infraestructuras nacionales y ajustarlas al modelo europeo. En política interior, el Gobierno socialista afrontó la finalización del proceso autonómico.

Todas estas medidas provocaron una etapa de crecimiento económico durante la segunda gran etapa socialista desde 1985 hasta 1996.

5.3. LIBERALISMO, PRIVATIZACIÓN Y CRECIMIENTO ECONÓMICO, 1985-1996

Como ya hemos comentado, las medidas que se tuvieron que aplicar a partir de la entrada de España en la OTAN en 1982, alcanzaron cierto éxito y se produjo un crecimiento económico notable, por lo que se pudo orientar el Estado hacia la liberalización económica con la privatización del INI, red de empresas públicas para promover la industria.

Se activó, en parte debido al dinero europeo, y al plan de ajuste económico que puso fin a la reconversión industrial. Se reformó el "anclado y viejo" sector público de reminiscencias franquistas, e intentó negociar y aplicar medidas de tipo laboral y salarial para frenar la ola de descontento social ante los problemas laborales y la alta tasa de desempleo. Las protestas fueron localizadas pero violentas y de gran impacto social.

Ante las mejoras económicas, el Gobierno socialista emprendió otra serie de medidas paralelas para la modernización del país. Se emprendieron fuertes reformas en la educación para "alejarla" del adoctrinamiento tradicional y conservador de años atrás, y se modificaron contenidos, estructuras, planteamientos y objetivos, tanto en la enseñanza primaria como la secundaria y la universitaria.

5.4. EL PROBLEMA DE ETA. UNIÓN ESPAÑA Y FRANCIA

La lucha armada emprendida por ETA durante los años del franquismo buscó nuevos "aliados" para mantener activas sus matanzas y objetivos.

En el haber socialista, hay que indicar el acercamiento y entendimiento con Francia en política antiterrorista, y las negociaciones directas con la cúpula del PNV que ofrecieron a la sociedad vasca y española unos años de distensión política entre los años 1987 y 1996, que incluso derivaron en gobiernos de coalición entre PSOE y PNV.

Este acercamiento político sirvió también para la firma en el año 1998, de diversos acuerdos políticos entre Madrid, Ajuria-Enea y Pamplona que mejoraron las relaciones entre el Estado y el País Vasco y Navarra, y activaron un movimiento social y político en defensa de la democracia y frente al terrorismo.

Si los avances en materia política y autonómica fueron importantes, la banda terrorista ETA se aisló aún más en su sinrazón e inició una campaña de atentados mortales dirigidos fundamentalmente hacia la Guardia Civil, con crueles atentados como el de Madrid en 1986, y los de Zaragoza y Barcelona de 1987.

5.5. POLÍTICA EXTERIOR. DIPLOMACIA Y INFLUENCIA EXTERIOR

Si entre los años 1976 y 1980, los ministros de Suárez habían "normalizado" las relaciones diplomáticas con Europa y el resto de países, no fue hasta la entrada de España en la OTAN en 1982, bajo la presidencia de Felipe González, cuando España fijó su "espacio" en el nuevo contexto internacional del que era partícipe.

Se emprendieron nuevas y mejoradas relaciones con países de nuestro entorno como Marruecos, Portugal o Francia; se intentó mejorar la imagen de potencia europea dentro del ámbito Mediterráneo y de América Latina, además de iniciar acercamientos diplomáticos de primer nivel con los EEUU, por cuestiones económicas y militares, y con Gran Bretaña por la cuestión de Gibraltar. Además, tras largos años de espera, España es admitida el 12 de junio de 1985 en la Unión Europea como miembro de pleno derecho, y siendo efectiva el 1 de enero de 1986.

5.6. REFORMA MILITAR O "TRANSICIÓN MILITAR "

La entrada española en la OTAN obligó al Gobierno a introducir cambios y reformas dentro del estamento militar. El nuevo ejército español no podía parecerse al viejo de las antiguas colonias de 1898 o al de la Guerra de Ifni en 1957, y que puso fin al protectorado español en Marruecos.

El Ministro de Defensa, Narcís Serra, convirtió al Ejército en un ministerio, y unió los ejércitos del Aire, Marina y Tierra bajo su único mando político. Las medidas que se promovieron iban dirigidas a la profesionalización y hacia una moderna gestión de los recursos humanos, materiales y económicos en un nuevo concepto de defensa global Occidental. El "nuevo" ejército pronto pudo desarrollar sobre el terreno sus nuevas fórmulas, y en 1991, España participa, bajo mando de la ONU, en la Guerra del Golfo.

5.7. PERIODO DE ESTABILIZACIÓN DEMOCRÁTICA. GRANDES INVERSIONES "SOCIALES"

En definitiva, podemos "entender" el periodo socialista como la etapa que condujo a España hacia la normalización del país. Desde los Pactos de la Moncloa de 1977, donde partidos políticos, empresarios y fuerzas sindicales alcanzaron acuerdos globales de tipo político, social y económico que contuvieron la fortísima inflación del 47%; pasando por acometer la difícil reconversión industrial; o "preparar" la entrada de España en Europa y reactivar y modernizar la economía tradicional, a través de programas económicos de dinamización social, de apoyo a la inversión extranjera, y al inicio de la inversión en infraestructuras tales como el AVE, o el aumento de las prestaciones sociales y públicas en sanidad, educación, desempleo o jubilación.

6. FIN DE LA TRANSICIÓN. LA ETAPA POPULAR, 1996-2004

La llegada al poder del Partido Popular va a marcar el fin de la segunda etapa de la Transición española y con ello el giro desde una dictadura militar a un gobierno social y de izquierda bajo el amparo de una monarquía constitucional.

Este proceso estuvo marcada por el profundo desgaste del PSOE, que, tras una etapa larga de gobierno, acusaba la falta de nuevas medidas que "engancharan" a la ciudadanía, a la vez que su programa económico era incapaz de salvar la crisis económica entre los años 1991 y 1993.

Desde el punto de vista político, los casos de corrupción, la financiación ilegal del partido, la utilización de los fondos reservados o la "guerra sucia" contra ETA, motivaron que la ciudadanía se alejara cada vez más de las propuestas socialistas, para acercarse a nuevas medidas o soluciones que proponía el Partido Popular.

6.1. CARACTERÍSTICAS DE LAS POLÍTICAS DEL PARTIDO POPULAR ENTRE 1996-2004

Cercana aún la Transición, el cambio de ideología política no fue traumática, y el programa electoral popular: medidas de choque para lograr el crecimiento económico, la lucha contra ETA; y la autoridad del Estado frente a los nacionalismos, "engancharon" a la opinión pública, que giró ideológicamente dando una mayoría relativa; 156 diputados frente a los 141 socialistas, que les sirvió a los populares para emprender una nueva forma de hacer política bajo la tutela de José María Aznar.

Desde el punto de vista de la política exterior y defensa, España estrechó lazos con sus dos grandes aliados, EEUU y Gran Bretaña, con los que se embarcará en la lucha mundial contra el terrorismo, incluida la invasión de Irak tras los atentados del 11 de septiembre de 2001 en Nueva York y Washington.

Como tantas otras veces, el Ministerio de Educación elaboró una nueva Ley de Educación "acercando" posturas con los sectores más tradicionalistas de la sociedad española. Es triste pensar cómo la "manida" Ley de Educación se convierte, una y otra vez, en una ley ideológica donde impera el "alejamiento cultural" y el adoctrinamiento político.

Dicho problema nos sigue persiguiendo tristemente hasta nuestros días, salvo quizás el periodo de 2009 hasta 2011, donde el Ministro de Educación Ángel Gabilondo intentó elaborar una ley educativa bajo el consenso político y social, pero que fue torpedeada por la imposición de unos y otros.

Las infraestructuras y obras públicas serán un método de enganche a gran parte de la sociedad. El inicio de grandes obras hidrológicas, como motor económico de ciertos territorios, aumentó la solidez del Gobierno Aznar. Además, se utilizaron las obras hidrológicas dentro del discurso ideológico y político del partido.

En empleo y economía cabe destacar la aprobación de la moneda única, el euro, común para toda la zona euro. Desde enero de 1999, el euro entra en circulación en los mercados financieros con una paridad 1:1 frente al dólar americano. En 2002, 12 países de la Unión Europea la aceptan como moneda única, entre ellas, España.

En política exterior, el PP, como el resto de gobiernos, va a tener que tratar el asunto etarra entre el desconcierto, la indignación y la acción policial.

En política interior, el concejal del PP por Ermua, Miguel Ángel Blanco, fue asesinado el 13 de julio de 1997 por la banda terrorista ETA. El 11 de julio Miguel Ángel Blanco es secuestrado y se da un plazo de 48 horas al Gobierno para acercar a todos los presos etarras hacia las cárceles vascas.

Ni siquiera se llegó a cumplir el plazo, los asesinos le dispararon dos tiros en la cabeza y lo dejaron abandonado atado a un árbol, muriendo pocas horas después en un hospital de San Sebastián. Tal acción motivó una marea de sentimientos tal, que millones de españoles salieron a las calles de toda España en defensa de la democracia, como años antes lo hacían tras el golpe de Estado de 1981.

La movilización social llegó incluso a la propia policía vasca, la Ertzaintza, que en un gesto de apoyo a las víctimas y contra los asesinos de ETA, se quitaron sus pasamontañas reglamentarios y mostraron su cara descubierta ante la sinrazón etarra.

Esta movilización frente al cobarde asesinato arrinconó a la banda terrorista que, en 1998, va a formalizar una tregua, la conocida como "falsa tregua" o "tregua trampa", ya que utilizó dicho tiempo para reorganizarse y "financiarse" paravolver a la senda del terrorismo con una cruel cadena de asesinatos a miembros del PP y del PSOE.

La respuesta del gobierno Aznar fue la de la acción policial y la persecución de los criminales. La sociedad vasca se agrupó en asociaciones como el Foro de Ermua o la Plataforma "Basta Ya!" en 1999, en defensa de las víctimas del terrorismo y en favor de la Constitución, el Estado de Derecho y el Estatuto de Autonomía del País Vasco.

Sin embargo, los grandes problemas para el Partido Popular vendrían de diversos hechos aislados, pero que formaron un frente social común para derribar al Gobierno.

En 2002 se produce la catástrofe ecológica del Prestige. Barco monocasco que se hunde ante las costas gallegas, y por cuya "delicada" gestión acabó con el buque partido en dos, hundido y derramando enormes cantidades de petróleo y creando una marea de fuel hasta las costas de Galicia. Tal situación provocó una marea de oposición hacia el Gobierno, y que en algunos casos fue utilizada políticamente.

Durante 2003, el accidente aéreo del avión Yak-42 en Turquía, donde fallecieron 62 militares españoles además de los 12 tripulantes. El avión era alquilado al Gobierno de Ucrania, lo que despertó el rencor y el sentimiento de humillación de los familiares. La gestión del accidente fue rápida, y en algunos casos deficiente, y se reconocieron cuerpos erróneamente. Al mismo tiempo, el Gobierno de Aznar, dio su apoyo incondicional a EEUU y a su presidente George W. Bush en la guerra de Irak y "su cruzada frente al mal", lo que generó una ola de descontento social y político liderado por la izquierda española.

Como punto final a la etapa popular, el atentado islamista del 11 de marzo de 2004, con 191 muertos, acabó por "hundir" al Gobierno. La autoría señalaba primero hacia la banda terrorista ETA, mientras se iniciaban duros ataques de la izquierda política, que trataba de relacionar el atentado con el apoyo español a la guerra de Irak. Incomprensiblemente, y teniendo en cuenta la situación moral del país, el 14 de marzo de 2004 se llevaron a cabo las programadas elecciones generales que dieron un giro absoluto a la política española; liderada a partir de ahora por el PSOE, con 164 diputados por 148 del PP, de los 350 de la cámara, y por su presidente Jose Luis Rodriguez Zapatero.

7. EL GOBIERNO SOCIALISTA DE JOSÉ LUIS RODRÍGUEZ ZAPATERO, 2004-2011

Entre 2004 y 2011, coincidiendo con el atentado islamista del 11 de febrero de 2004, desaparece el consenso y la unión política en los asuntos más importantes del país, y se convierte en una España de división ideológica y social que ha marcado hasta la actualidad nuestro crecimiento como joven democracia europea. La tensión política entre los grandes partidos, PP y PSOE, se traslada a la calle, y el odio y la intolerancia ideológica se "consolidan" en nuestro día a día.

Los años que coinciden con la segunda legislatura del Gobierno socialista de Zapatero, ayudado por la bonanza económica general, se enmarcan dentro del éxito económico y por el incremento del gasto en la aplicación de reformas de carácter social, tales como educación, sanidad o dependencia.

Serán dos legislaturas marcadas también por la introducción en la vida política del concepto "igualdad de género", que le llevará a confeccionar una cartera de ministros paritaria, y por la aplicación de la Ley de Memoria Histórica en 2007, por la que se reconocen derechos y se proponen medidas en favor de quienes padecieron persecución o violencia durante la guerra civil o la dictadura franquista; ley que ha causado más división y enemistad que la reconciliación entre los que sufrieron los horrores de la guerra y la represión franquista. El Gobierno socialista intentó, además, lograr espacios de entendimiento con los nacionalistas, hecho que no llegó a consolidarse, manteniéndose en la actualidad, posiciones de ruptura y desacuerdo.

La segunda legislatura del gobierno socialista entre 2008 y 2011, estará marcada por la profunda e intensa crisis económica mundial, y que afectará gravemente a la, poco preparada, economía española. Posiblemente su mala gestión, o el no ver o no querer ver sus dimensiones, hizo "doblegar" al Gobierno que en las elecciones de noviembre de 2011 son derrotados por el PP de Mariano Rajoy.

El nuevo Gobierno establecerá como objetivos prioritarios el control del gasto público y el recorte de ciertos servicios en pos de la macroeconomía, dirigida por los grandes grupos de poder como el BCE y el FMI.

8. LA NUEVA SOCIEDAD ESPAÑOLA

La sociedad nacida tras el fin del franquismo tuvo que hacer frente a los grandes problemas estructurales que afectaban al país como la gran tasa de paro, el envejecimiento de la población, lo que a su vez hacía más complicado la "revolución social", el bajo nivel educativo, el problema terrorista, la confrontación social que incendiaba las calles y el problema añadido del nacionalismo en Cataluña y el País Vasco.

Tras la muerte de Franco, los españoles dieron su apoyo a la figura de D. Juan Carlos, que representaba una línea más moderada y moderna a la vez. En cuestiones religiosas, y tras la aprobación de la Constitución de 1978, se dio un giro hacia un Estado laicista, donde las diferentes religiones pudieran cohabitar en igualdad.

En general, el último tercio de siglo fue una época de cambios. España apostó por realizar grandes inversiones en infraestructuras, y se inició una campaña de privatización de las costosas y mal gestionadas empresas públicas, convirtiendo a España en la octava economía del mundo. Fue el momento de la creación de las grandes empresas o "buques insignia" del país como Repsol o Telefónica, que exportaron e invirtieron sus capitales en el extranjero, sobre todo por Sudamérica.

El turismo siguió como motor económico, al igual que en la actualidad, aunque acompañado de las exportaciones hortofrutícolas, lo que llevó al aumento de la población activa y al auge de la construcción de carácter residencial y "de playa". El crecimiento del sector estuvo acompañado de movimientos de inmigración que se localizaron en las zonas costeras de Andalucía y Levante.

Tras "salvar" la crisis económica de 1992, los españoles mejoraron sus condiciones y expectativas de vida, lo que se tradujo en el auge de las nuevas zonas urbanas, zonas residenciales donde vivir alejados del ruido, ajetreo y contaminación de la gran ciudad.

La mujer pudo despertar de su letargo inducido, y se lanzó a dominar el mercado laboral y a llenar las aulas universitarias. Es preciso señalar, que el proceso fue o es largo, y que los usos o tradiciones machistas impiden, aún en la actualidad, el desarrollo igualitario de la mujer frente al hombre.

Para separarse de los viejos ideales del franquismo, la sociedad española se hizo europeísta, y se siguieron las directrices comunitarias marcadas por Maastricht en 1992, y que, coincidiendo con la moneda única, convirtió a España en un firme defensor de la nueva Europa. Es cierto que estuvo, quizás, animada por las suculentas ayudas económicas que el país recibió entre los años 1986 hasta 2006, sobre todo en el sector agrícola y para el desarrollo regional.

9. LA POSTRANSICIÓN

La etapa post franquista estuvo dividida en tres momentos diferentes. Por un lado, la etapa entre 1975 y 1990, marcada por la sensación de liberación social e ideológica debido a la aplicación de nuevas políticas económicas y sociales, el aumento del gasto social y el acceso a una amplia gama de derechos y libertades individuales y colectivos.

La siguiente etapa, la que va desde 1990 hasta 2004, cuando se terminan de acometer los cambios estructurales y democráticos que afectarán a las futuras generaciones. Desaparecen los viejos estigmas del franquismo y el miedo y la preocupación por la Transición.

Desde 2004 hasta la actualidad, la política española se ha enfangado en una lucha ideológica sin control, han desaparecido los conceptos unión, consenso y espíritu, y la política se desarrolla en la oscuridad del enriquecimiento personal y la corrupción generalizada. Mientras, la sociedad española, poco instruida en democracia y respeto, asume como propios los pensamientos y doctrinas de los grandes partidos.

CONCEPTOS CLAVE

Estatuto de autonomía: Es el conjunto de normas que establece para un territorio una condición jurídica y política de cierta independencia dentro de la estructura del Estado, y siempre sujeta a la Constitución.

Ley para la Reforma Política: Aprobada en 1976 por referéndum y previamente por las Cortes franquistas. Fue el inicio del proceso de cambio legislativo hacia el sistema democrático actual.

Pactos de la Moncloa: Acuerdos firmados en 1977 por los principales partidos, organizaciones empresariales y sindicales y aprobados por las Cortes, que supusieron el primer gran conjunto de medidas para afrontar la crisis económica iniciada en 1973. Sus dos objetivos básicos fueron reducir la inflación y poner en práctica un conjunto de reformas para repartir equitativamente los costes de la crisis.

Capítulo 19

2014, el año del cambio. Un futuro incierto

1. ELECCIONES EUROPEAS

El 25 de mayo de 2014 se produjeron las elecciones al Parlamento Europeo. Los resultados rompieron todos los pronósticos, y nuevas fuerzas políticas "tomaron" las urnas de toda Europa. En Francia, el Frente Nacional se hacía con las elecciones, partido dirigido por Marine Le Pen y de carácter xenófobo y de ultra derecha.

Europa tiembla pensando en la ruptura del continente y en el final de la idea de unidad europea. En el Reino Unido, el partido euroescéptico del UKIP derrota a Laboristas y Conservadores, y el aumento de los partidarios de alejarse de Europa muestra un escenario altamente preocupante.

En España, la situación es similar, el duro golpe sufrido por los partidos generalistas incendia las redes sociales. El auge de los partidos minoritarios, incluido Podemos, creado en pocos meses y con una muy baja financiación, ha abierto el debate sobre el cambio de sistema político en España. Sin embargo, la situación no es tan grave como en Francia y el Reino Unido. Los cambios producidos tras las elecciones europeas han sido limitados; el PP ha conseguido volver a ganar las elecciones con un total de 16 escaños, seguido de cerca por el PSOE, con 14. Tras ellos, Izquierda Plural con 6, Podemos con 5 y UPyD con 4 escaños.

Es muy significativo el descenso porcentual de los grandes partidos, cifrado entre un 34% y el 39%, pero a diferencia de otros países, PP y PSOE siguen vivos y con un número amplísimo de votantes y militantes que no nos puede hacer hablar de crisis política y, por lo tanto, los cambios futuros deberán ser tomados dentro de una visión generalista de la realidad y de las necesidades de la sociedad.

Es evidente que la crisis económica trasladada a la calle como crisis moral y social ha tomado las urnas, la crisis de confianza ante nuestros políticos y hacia el propio sistema nos debe hacer pensar en una regeneración, si no completa, sí de carácter estructural.

Quizás ha llegado el momento de buscar una forma de gobierno más humana y cercana a los problemas de la calle; quizás sea el momento de buscar alianzas entre los grandes partidos y las nuevas minorías.

2. ABDICACIÓN DE JUAN CARLOS I. EL REINADO DE FELIPE VI, 2014-

El 2 de junio de 2014, a las 10:30 de la mañana, el Presidente del Gobierno, Mariano Rajoy, realizaba una declaración institucional anunciando el deseo del monarca de abdicar en su hijo Felipe, tal y como contempla el artículo 57 de la Constitución española.

Minutos más tarde, la Casa Real hacía pública una carta firmada por el propio D. Juan Carlos donde exponía brevemente su decisión: "A los efectos constitucionales procedentes, adjunto el escrito que leo, firmo y entrego al señor Presidente del Gobierno en este acto, mediante el cual le comunico mi decisión de abdicar la Corona de España" Casa Real, 2 de junio de 2014.

Terminan, por tanto, treinta y nueve años de reinado del "monarca de la democracia"; protagonista de la Transición y motor, junto a Adolfo Suárez y Torcuato Fernández Miranda, de los cambios políticos producidos durante los últimos años del siglo XX. Los motivos de la abdicación se relacionan con el intento de salvaguardar a la Monarquía de la crisis institucional creada desde 2010 ante los problemas de salud y de las confusas actividades privadas del monarca.

Don Juan Carlos I de Borbón y Borbón-Dos Sicilias, nace en 1938 en Roma; pero no será hasta 1948 cuando llegue a España para su formación como futuro monarca. Casado en 1952 con la Princesa Sofía de Grecia de la que tuvo tres hijos, Felipe, Elena y Cristina. Coronado Rey el 22 de noviembre de 1975 como heredero del General Franco, pronto ofrecerá gestos indudables de su visión de Estado.

El 25 de noviembre de 1975 establece un indulto general para todos los presos políticos del franquismo; el 17 de junio de 1977 se realizaban las primeras elecciones democráticas tras la dictadura, y el 6 de diciembre de 1978 se proclama en España la Monarquía Parlamentaria.

Evidentemente su reinado tuvo momentos delicados, quizás el más importante fue el intento de golpe de Estado del 23 de febrero de 1981 llevado a cabo por el teniente coronel Tejero, miembro de la Guardia Civil, y que a punto estuvo de cercenar la vida democrática en España. Sin embargo, la crisis económica de 2007 parece que afectó sobremanera a la propia Institución, y a los problemas personales de la Familia Real, se unieron las controvertidas actividades del monarca durante sus viajes privados.

Además, los problemas médicos surgidos desde 2010, han corroído las bases de la confianza de la población sobre su figura, y durante los últimos años su idoneidad se ha puesto en duda por ciertos sectores de la sociedad.

Ahora, tomada la decisión de abdicar en su hijo, el futuro Felipe VI, no queda más que esperar que la monarquía pueda o sepa adaptarse a una nueva sociedad nada complaciente y que va a exigir lo máximo de sus líderes.

3. UNA SOCIEDAD DIVIDIDA, UN PAÍS EN ESPERA

La crisis económica global, pero de gran incidencia en España, castigó al Gobierno de Rodríguez Zapatero; quizás la mala gestión de la crisis, una tardía respuesta, la difícil situación económica de las clases medias o el incumplimiento de gran parte de las promesas políticas, llevaron a la caída socialista en las elecciones generales del 20 de noviembre de 2011.

3.1 ELECCIONES GENERALES, GOBIERNO DEL PP Y MOVIMIENTO 15M, 2011

Las elecciones generales de noviembre de 2011 supusieron un vuelco político absoluto. Los españoles castigaron al PSOE, y dieron su apoyo al PP, alcanzando la presidencia Mariano Rajoy y otorgándole una mayoría absoluta con el 44,62% de los votos y un total de 186 diputados, perdiendo el PSOE casi 20 puntos y un total de 59 diputados.

La X Legislatura estará marcada por el movimiento 15M, movimiento de carácter social, también conocido como de "los indignados", y que se inició el 15 de mayo de 2011 con una serie de manifestaciones por toda España de crítica al modelo político, económico y social que consideraban injusto. De todas las manifestaciones, cabe destacar la llevada a cabo en la Plaza del Sol en Madrid, verdadero catalizador de las protestas, y tomando como lema "No nos representan". Tal movimiento de protesta, tuvo su eco en diferentes países, y que provocó manifestaciones y oleadas de protestas similares a las españolas bajo la denominación "#spanishrevolution".

El 15M fue, en sus inicios, un movimiento no político, y que aprovechó el malestar general de la población más desfavorecida por los efectos de la crisis, para crear una fuerza social que terminará por tener imagen política con grupos como Podemos o las llamadas Mareas o movimientos locales.

En el plano político, el Gobierno del PP oscilará entre datos económicos que aseguran el inicio de la recuperación económica y los casos de corrupción , los recortes y el lastre del paro. Una Legislatura tremendamente complicada y que mantuvo en jaque a la política y sociedad española durante sus cuatro años de "vida".

Figura: Una nueva generación, Lucía Cervantes, 2020

3.2 PODEMOS

Caso aparte merece la aparición de Podemos, partido de corte social que surge vinculado al 15M en enero de 2014, y que tiene como líder carismático y absoluto a Pablo Iglesias. Sus bases políticas marcan espacios frente al bipartidismo y en la lucha a favor de una "democracia más humana" siguiendo con el espíritu de los "indignados" de 2011. Sus objetivos políticos se centraron en las elecciones generales de 2015, momento en el cual, querían dar un golpe de efecto a la vida política española.

4. FIN DE LA X LEGISLATURA Y NUEVAS ELECCIONES GENERALES; 2015

El 27 de octubre daba por finalizada la X Legislatura entre sensaciones de agotamiento y falta de unión entre la ciudadanía y la clase política.

El 20 de diciembre de 2015, los españoles acuden a las urnas con diferentes objetivos: algunos buscan un cambio radical apoyados en los ideales del 15M; otros, un cambio moderado que frene el poder del PP y reoriente las políticas sociales, PSOE y Ciudadanos; por último, el PP, que busca afianzar su política de crecimiento repitiendo éxito electoral.

Los resultados demostraron la fracturada sociedad española; el PP ganaba las elecciones conquistando 123 escaños, pero muy lejos de los necesarios 176 que otorgan la mayoría absoluta; le seguirá el PSOE, con unos escasos 90 escaños, a todas luces un resultado pobre para sus expectativas de gobierno; por último, los dos nuevos partidos en liza, Ciudadanos y Podemos, alcanzaron los 40 y 42 escaños respectivamente.

Un resultado que ofrecía un panorama "roto" y casi inviable para la obtención de un nuevo Gobierno. Después de las correspondientes rondas de consultas a los líderes de los partidos políticos, y tras la negativa de Mariano Rajoy a presentarse a la investidura, será el líder socialista, Pedro Sánchez quien lo intente pero con escasos apoyos. Son momentos de conversaciones y análisis de pactos; PSOE y Ciudadanos sellan un pacto de gobierno que no convence a Podemos. Finalmente, el Congreso rechazará la investidura de Pedro Sánchez los días 2 y 4 de marzo. La única salida, la repetición de las Elecciones Generales para intentar "obligar" a los diferentes partidos políticos a buscar el consenso y acuerdos que devuelvan la gobernabilidad al país; un ejemplo de ello es la coalición Podemos e IU. La cita, el 27 de junio de 2016.

5. EL DESAFÍO CATALÁN

Tenemos que recordar que el 9 de noviembre de 2014, la Generalitat convoca unas elecciones "ilegales" en defensa de la democracia y el derecho al voto y a la autodeterminación; es el primer paso para lograr la desestabilización social en Cataluña y entre españoles.

El 2016 se recordará como el año del desafío independentista catalán; el acuerdo en el adelantamiento de las elecciones en Cataluña para el 27 de septiembre pondrá en marcha los resortes propagandísticos, económicos y políticos de los partidos independentistas catalanes.

En el mes de mayo, el Tribunal Supremo abre causa contra diversos consejeros de la Generalitat en relación al 9N; hecho que convertirá a la política española en un polvorín. En junio del mismo año, el Tribunal Constitucional anula la Agencia Tributaria catalana por "ponerse" al servicio de la consulta del 9N.

En plena escalada de tensión, el Parlamento catalán aprueba un nuevo referéndum para septiembre de 2017 y la gestión del presidente Carles Puigdemont.

Desde hace varios meses se vienen intensificando las "maniobras" independentistas en Cataluña. El Parlament se encuentra dividido entre las fuerzas constitucionalistas y las independentistas, y el uso partidista de los votos de los catalanes se pone de manifiesto en las sesiones del Parlament. En marzo de 2018, el Parlament catalán inicia los trámites que permitirán aprobar la ley de ruptura con España; paso previo para la aprobación de la Ley de Transitoriedad.

La respuesta del Gobierno de Mariano Rajoy será la de "activar" el artículo 155, recogido en la Constitución española y que conlleva la destitución del Gobierno catalán y la convocatoria de elecciones autonómicas. Al mismo tiempo, el Tribual Supremo inicia los trámites para la acusación y arresto de los principales líderes independentistas.

6. SEGUNDAS ELECCIONES GENERALES, 2016

Como muchos analistas vaticinaron, los resultados fueron tremendamente similares, el PP ampliaba su victoria electoral, aunque de manera insuficiente, hasta llegar a los 137 escaños; por el contrario, el PSOE bajaba hasta los 85 escaños; descenso que se producía igualmente en Ciudadanos que bajaba hasta los 32 escaños.

Situación diferente será la subida de la coalición Unidos Podemos, que se convertía en una fuerza importante de la izquierda española con 71 escaños.

Se temía en el PSOE el sorpasso de Unidos Podemos, pero finalmente, el votante histórico del PSOE optó por no cambiar de voto y mantener con vida al histórico partido. Han sido los momentos más difíciles de la formación, que veía su fin a manos, no de la derecha sino de la propia izquierda. Sin embargo, la victoria del PP en las urnas no era suficiente, y la "aritmética parlamentaria" hacía insuficiente los "pactos naturales".

Como ya hemos comentado, 2016 será un año complejo para el Gobierno por el desafío independentista, y la falta de apoyos será patente durante la "corta" legislatura. Finalmente, Mariano Rajoy será investido Presidente el 29 de octubre.

A los problemas en Cataluña y a la oposición de la izquierda, ya con Pedro Sánchez al frente del PSOE, se le une los problemas internos con los casos del Yak -42 y la "red Gürtel". Tal situación lleva a Podemos a promover una moción de censura en junio; moción que fracasará con la abstención del PSOE.

La política y convivencia española atraviesa una grave crisis, momento histórico que "obliga" al rey Felipe VI a realizar un mensaje institucional para asegurar el orden constitucional de la monarquía española frente al desafío secesionista catalán.

Capítulo 20

España en Europa y en el contexto mundial

La historia de España no puede ni debe entenderse sin circunscribirla a su entorno más cercano, es decir, Europa.

La idea de Europa es tan vieja como su mito, la de la princesa fenicia de dicho nombre que enamora locamente al dios Zeus. Pero aquí no hablamos de leyendas ni de mitos, hablamos de hechos, de ideas y de transformaciones sociales, económicas y políticas que derivarán en la construcción de un marco único europeo.

Europa es un proyecto, o quizá un sueño, de largos objetivos y de grandes metas, y para ello, España ha debido reconfigurarse para adaptarse a los requerimientos europeos tanto en materia económica, como en política y en democracia.

En este sentido, la historia contemporánea española transcurre por varias etapas: La primera de ellas se desarrolla durante el siglo XIX europeo. Toda Europa se halla inmersa en una lucha fratricida contra los regímenes antiguos y en pos de la creación de los nuevos estados-nación. La segunda etapa se centra en la primera mitad del siglo XX. España lucha entre el aislamiento internacional derivado del franquismo y su paulatina inclusión en los principales órganos internacionales, primero con la ayuda de los EEUU y posteriormente a través de políticas cada vez más abiertas y modernas.

El salto definitivo lo encontramos con el inicio de la 2ª etapa de la Transición y la victoria del PSOE en las elecciones de 1982. Aquí, la situación política, social y económica se tornará puramente occidental y registrará una larga época de crecimiento económico y democrático sustentado por una sociedad que ya solo mira hacia su futuro.

1. LA INTEGRACIÓN DE ESPAÑA EN LA UE. EL DIFÍCIL CAMINO PARA LOGRAR EL FIN DEL AISLAMIENTO POLÍTICO LA CONSOLIDACIÓN DEMOCRÁTICA.

El año 1985 será el año de inicio de la integración española en la UE. Este proceso supondrá enormes cambios políticos, sociales y económicos, todos ellos con el objetivo de alcanzar los estándares de modernización y democracia europeos.

Es importante destacar la importancia de asentar los plenos valores democráticos en una sociedad con un pasado violento y de odio, pero España, en su conjunto, apuesta por el cambio y el progreso Sin embargo, el aspecto clave será la reestructuración económica a la que se enfrentó el país, tanto en cuestiones fiscales (impuestos) como relacionados con el euro, fondos europeos, etc.

Estas exigencias económicas pondrán en jaque a la sociedad española surgida de la dictadura. Para 1986, España registra enormes diferencias sociales y económicas, lo que hará que el "camino europeo" sea incierto en el tiempo y en sus resultados. Lo que sí es cierto es que se impondrán cambios que van a impulsar a las nuevas generaciones nacidas en democracia y sustentadas en nuevas políticas educativas.

Como tal, el Acta de adhesión a la UE se firmará el 12 de junio de 1985, siendo aplicable el 1 de enero de 1986 e incluirá posteriormente una serie de tratados que consolidarán la idea de unidad dentro de Europa tales como: Tratado de Maastricht en 1992, Tratado de Ámsterdam en 1997, que impulsa y fomenta la libre circulación de ciudadanos europeos; Tratado de Niza en 2001, que consolida el funcionamiento del Parlamento Europea o el Tratado de Lisboa en 2007, cuya firma permitirá a la UE tener amplia potestad en la toma de decisiones políticas y económicas que afecten a los países miembros.

Este proceso de europeización no estuvo, ni está, ajeno a movimientos euroescépticos, el más importante el llamado Brexit inglés que acabó, tras referéndum con la salida del Reino Unido de la UE en 2020. Este hecho marcó un antes y un después en el pensamiento comunitario de los europeos, que comenzaron a dudar de la idoneidad de la integración total europea.

2. ESPAÑA Y EUROPA EN UN NUEVO CONTEXTO INTERNACIONAL

Desde un punto de vista histórico, la relación de España con Europa y EEUU se inicia con el fin de la II Guerra Mundial y el inicio de la Guerra Fría. En plena dictadura franquista, el odio enquistado durante la guerra civil contra el comunismo propiciará el lento acercamiento entre España y EEUU.

Ambos países, enemigos del poder soviético y de su influencia exterior, iniciarán una serie de contactos diplomáticos que derivarán en dos consecuencias principales: la firma de los Pactos de Madrid en 1953 por los que EEUU instalaba en territorio español bases militares, aumentando así su poder militar en el Mediterráneo y Oriente Medio, y el apoyo americano al fin del aislamiento español y su paulatina entrada en los organismos internacionales con el aval de los EEUU que culminaría con la entrada española en la OTAN en 1982.

Durante estos treinta años, España irá aumentando su presencia internacional, integrándose definitivamente en la estructura militar de la OTAN en 1999 e iniciando las primeras misiones humanitarias bajo el auspicio internacional. Lejos queda ya la sombra del franquismo, España ha crecido impulsada por la Transición y mira orgullosa a su futuro.

3. ESPAÑA EN LA ONU Y OTROS ORGANISMOS INTERNACIONALES

Paralelamente a las nuevas relaciones diplomáticas entre España y EEUU y del contexto de la Guerra Fría, España abandona el aislamiento internacional al mismo tiempo que el régimen franquista "lava" su aspecto y sus formas.

La entrada española, con el apadrinamiento americano, en la ONU en diciembre de 1955, supondrá un giro determinante en la política interior y exterior española y que coincidirá con la llegada al Gobierno de los tecnócratas. A partir de este momento, las "nuevas" políticas españolas deberán amoldarse a las directrices internacionales, aunque como ya hemos visto con anterioridad, el régimen franquista siempre estará enfrentado a aquellas políticas democráticas y de perdón.

En la actualidad, España es un país de plena vigencia democrática y está totalmente alineado con las agendas internacionales como son el respeto a los derechos humanos, los Objetivos de Desarrollo Sostenible o la actual y emergente Agenda 2030.

Hoy en día es inevitable no pertenecer a ninguno de los diferentes organismos internacionales que rigen las políticas económicas de Europa y Occidente, y aunque la aportación española sigue sin ser decisiva, se le considera un socio fuerte y decidido y participa de manera activa en el FMI, el BM, el Consejo de Europa o el propio G-20.

4. ESPAÑA EXPORTANDO CULTURA E INNOVACIÓN

Una de las grandes aportaciones españolas al contexto internacional es su aportación al desarrollo y protagonismo de la cultura y la innovación. El mundo de las ideas siempre ha sido un lugar preferencial para el talento español que suele exportar ingenio y talento a un gran número de empresas internacionales relacionadas con la tecnología y la publicidad.

Desde el punto de vista empresarial, desde finales del siglo XX en adelante se ha ido construyendo una red de empresas sólidas y competitivas a nivel internacional tales como: Santander, Repsol, Telefónica, BBVA, ACS.., generando una importante red de negocio aumentando cada año los niveles de exportación e inversión extranjera.

5. ESPAÑA POTENCIA TURÍSTICA

Desde el fin de la dictadura franquista España se fue convirtiendo en destino turístico de relevancia, sus precios asequibles, su clima, gastronomía y su rica cultura la hicieron destino emergente. En la actualidad, en reñida disputa con Francia, España es potencia turística, tanto temporal como permanente. Su calidad de vida, sus servicios y su seguridad hacen de España y su turismo un motor irremplazable de la economía, siendo una parte importante y vital del ingreso por PIB del total (+/- 13%).

6. ESPAÑA LIGADA A SU PASADO AMERICANO

España permanece fuertemente ligada a Iberoamérica, las raíces culturales asentadas desde siglos siguen construyendo un sólido puente entre ambos continentes teniendo como nexo fundamental la lengua, el instrumento perfecto de unión, comunicación y acuerdo. El español es, actualmente, uno de los idiomas más hablados y productivas del mundo y es la lengua vehicular de casi toda Iberoamérica.

La huella española hoy se respira en más de veinte países, en parte por la presencia de miles de migrantes españoles que durante décadas han depositado su sesgo cultural, en parte por las políticas desarrolladas por el Instituto Cervantes en pos de exportar la lengua y cultura española por todo el mundo, sobre todo en Iberoamérica. Esto ha supuesto consolidar los nexos de unión ya existentes a ambos lados del Atlántico.

El futuro, aún así, es incierto, y la máxima globalización nos lleva a ser prudentes y activos en nuestros siguientes pasos si no queremos vernos alejados de los países líderes en Europa y en el mundo.

Capítulo 21

La democracia ante el difícil reto de su consolidación

La España actual, la España democrática, surge de los diferentes procesos políticos, sociales y económicos gestados durante la Transición. La muerte de Franco y la posterior unión política bajo el liderazgo del rey Juan Carlos I guiará a la sociedad española en la búsqueda y aceptación de la nueva identidad colectiva tras la dictadura.

Este no es solo un proceso interno, España, libre de ataduras forma ya, de pleno derecho y obligaciones del sistema mundial, lo que le hará transitar por las dificultades económicas que las potencias europeas sufrirán, desde la crisis del petróleo en 1973 y por las sucesivas recesiones o crisis económicas cíclicas que el capitalismo afrontará. En el caso español, el paso de una economía poco competitiva a una global y productiva supondrá un gran ajuste económico y un aumento del paro general.

1. LA TRANSICIÓN. LOS PRIMEROS PASOS DEL MODELO DEMOCRÁTICO.

La muerte de Franco el 20 de noviembre de 1975 apenas despejaba dudas sobre el futuro democrático en España; un Presidente del Gobierno cercano a Franco, un Parlamento franquista y un rey que juró fidelidad al régimen hacen temer, dentro y fuera de España una continuidad oficial.

Los primeros movimientos políticos del presidente Arias Navarro solo vislumbraban pequeños cambios y ninguno estructural. Estas propuestas no gustó a ninguno de los bloques, cuestión que activó, de manera decisiva, a una sociedad que quería cambios, estímulos y libertades.

Para coordinar estos movimientos se creó en 1976 la Coordinación Democrática, un organismo democrático, laico y europeísta también conocido como la Platajunta. Su objetivo principal, unas elecciones generales y una total amnistía política. Es en esta crítica situación social cuando la corona toma la iniciativa de las futuras gestiones políticas y sociales del país. El rey Juan Carlos I apuesta por un nuevo y joven presidente: Adolfo Suárez, que unto a Torcuato Fernández Miranda, conformarán el bloque institucional que va a dirigir la transición hacia una España democrática.

Como primeras medidas se aprobará una Ley de Amnistía y una Ley de Reforma Política destinada a organizar unas próximas elecciones generales con el mayor de los apoyos. Estos movimientos incluyó la legalización, en 1977, del PCE y la elaboración de una Ley electoral que asegurase la plena participación política, incluida la nacionalista.

Las elecciones de junio de 1977 darán como vencedor a la apuesta institucional; Adolfo Suárez y la UCD salen victoriosos y el plan de la Transición se pudo llevar a cabo. No olvidemos que es el primer gobierno democrático desde la II República y que el miedo a errar es constante, al mismo tiempo, Iglesia y ejército observan dichos movimientos con cautela.

Quizá sea en esta época donde el concepto consenso se muestre como total protagonista dentro de nuestra historia reciente. La necesidad de llegar a acuerdos políticos, sociales y económicos hará que los diferentes partidos políticos aparquen temporalmente sus rencillas en pos a un objetivo común: mejorar la economía española y dotar a la sociedad de nuevos valores basados en el respeto y la libertad.

Todos estos objetivos tomará cuerpo con la firma, en octubre de 1977, de los Pactos de la Moncloa, donde los líderes políticos de los principales partidos políticos, incluido el PCE, acuerdan trabajar en el mismo sentido.

1.1 LA CONSTITUCIÓN DE 1978

Pero todos estos cambios, objetivos y leyes, necesitan de un marco legal que los cobije, esta será la Constitución de 1978 y que surge del mismo sentir que los Pactos de la Moncloa. Los grandes partidos aportarán su visión de la nueva España que nace del consenso y del pluralismo.

Aunque mantiene la forma de Monarquía, ésta será constitucional, con soberanía nacional y división de poderes. Quizá los grandes cambios vengan del tipo de organización territorial, pues estará basada en sus comunidades, desarrollando el modelo republicano previo a la guerra civil. Este modelo autonómico se irá estableciendo con los sucesivos estatutos de autonomía elaborados entre 1979 y 1995, siendo entre los años 1980 y 1982 cuando se firmen la mayoría de ellos.

Esta Constitución fue refrendada por la sociedad española en referéndum con un 87% de votos afirmativos, el fin del régimen y sus poderes quedan eliminados para siempre.

2. PRIMERA ETAPA DE LA TRANSICIÓN, 1977-1982. SUÁREZ Y LA UCD. LA DEMOCRACIA DA SUS PRIMEROS PASOS

La victoria de la UCD y de Suárez va a permitir continuar con los planes de la Transición, y es que, y de esto no cabe duda, la Transición es un proceso de transformación y cambio regular, paulatino y desde dentro, desde las entrañas del régimen. No por ello debemos castigar su desarrollo, pues evitó el conflicto y los odios.

Como ya hemos comentado, es aquí donde se ponen las bases del sistema constitucional actual. En esta primera época todo es un examen a la Corona y a Suárez.

En 1979 se convocan las siguientes elecciones generales que mantienen similares resultados, aunque sí se aprecia el progresivo descenso de los partidos e ideas más cercanas al antiguo régimen.

Siguen siendo años de incertidumbre política y social, la persistente crisis económica pone en entredicho la Transición, y a pesar de regular las relaciones entre la patronal y sindicatos en los feudos locales la izquierda española va sumando votos. Y es que el objetivo inicial de dejar atrás al franquismo prácticamente está concluido, por lo que la nueva sociedad democrática quiere cambios políticos más amplios y el giro definitivo a la izquierda.

El desgaste de Suárez, hombre del régimen puesto a dedo por la Corona, es total y en enero de 1981 presentará su dimisión. En plena sesión de investidura, el 23 de febrero de 1981 se produce el golpe de Estado dirigido por el teniente coronel Antonio Tejero. Son 24 horas de angustia, la posibilidad de volver a un régimen militarizado y a la censura y represión impregna la calle. Sin embargo, en otro gran movimiento del rey Juan Carlos I y su posición sin fisuras al Parlamento obligará a paralizar dicho golpe y a deponer las armas.

Sin embargo el intento de golpe de Estado mostró la debilidad de la UCD y de su nuevo líder Calvo Sotelo, por lo que se ve obligado a convocar nuevas elecciones en octubre de 1982; el giro hacia la izquierda está cerca y con él, el inicio de la 2ª etapa de la Transición.

3. SEGUNDA ETAPA DE LA TRANSICIÓN., 1982-1996. GOBIERNOS DEL PSOE. LA SOCIEDAD ESPAÑOLA ANTE EL RETO DE LA VUELTA DE LA IZQUIERDA

Las elecciones de 1982 dan como resultado un giro total e inapelable de la política española. La sociedad española vota en masa al PSOE duplicando en votos a la derecha. Su líder y nuevo Presidente del Gobierno, Felipe González.

El PSOE gobernará hasta 1996 y permitirá completar la Transición liderando el camino hacia políticas sociales y económicas progresistas pero también moderadas, donde todo ciudadano se viera reflejado.

También es el inicio del bipartidismo político, España se europeiza y desde el punto de vista ideológico se dividirá en dos opciones, la izquierda y la derecha.

3.1 LOS CAMBIOS POLÍTICOS

Si durante la 1ª etapa de la Transición los objetivos políticos fueron introducir los elementos políticos y legales necesarios para iniciar la transformación pacífica tras 36 años de dictadura, ahora hay que poner en práctica dichos elementos con el objetivo de crecer, de modernizarse y de consolidar la nueva convivencia.

Para todo ello España tuvo que adaptarse a las políticas y organismos europeos como fue la entrada en la CEE, la entrada en la OTAN, ambas en 1986, y alcanzar ciertos niveles económicos de crecimiento y también de tasas de empleo y de paro.

Todos estos estándares europeos supusieron un gran esfuerzo político del Gobierno y también de toda la ciudadanía, a cambio, los niveles de seguridad, educación, sanidad y de bienestar fueron ampliándose.

Ser europeo no fue fácil, y los grandes sectores económicos españoles tuvieron que reconvertirse como fue la banca o la industria. Fueron años de control económico y de grandes retos y sacrificios para las rentas medias, pero el camino estaba trazado y los españoles habían decidido alcanzarlo a pesar del coste económico, de huelgas generales y de un aumento generalizado del paro. A pesar de las dificultades, se firmará en 1992 el Tratado de Maastricht y los españoles pasaron a ser ciudadanos europeos de pleno derecho.

4. FIN DE LA TRANSICIÓN. VICTORIA DE LA DERECHA CON EL PP; 1996-2004

Los últimos años del PSOE también estarán marcados por el terrorismo de ETA, un terrorismo dirigido contra el Estado y sus representantes políticos, sobre todo del PP y del PSOE, y los Cuerpos y Fuerzas de Seguridad del Estado.

Los problemas internos derivados de las restricciones económicas, el auge de los partidos nacionalistas y de la violencia de ETA van a socavar la fortaleza del PSOE y su Gobierno. Así en las elecciones generales de 1996, el PP da un vuelco electoral y consigue hacerse con el poder bajo el liderazgo de José Mª. Aznar.

Las tensiones nacionalistas continúan a pesar de alcanzar pactos de gobierno y la banda terrorista ETA continúa su plan criminal. Son años de acuerdos económicos con la UE a través de fondos europeos de desarrollo que van a posibilitar una importante inyección económica al país permitiendo una gran mejora de la infraestructuras del Estado.

Quizá, y a diferencia de la etapa socialista, la lucha social fue constante contra el Gobierno del PP, bien por sus medidas privatizadoras, bien por su mayor empatía con la patronal. El bipartidismo se potencia y la separación ideológica del país se agrava.

La política exterior española, muy cercana a EEUU y la posterior entrada en la guerra de Irak, va a provocar el inicio de una campaña anti PP dirigida por la izquierda bajo el lema "no a la guerra".

Sin embargo, el suceso que va a provocar la caída del PP, sucede pocos días antes de las elecciones de 2004. El atentado terrorista en Atocha, Madrid, con 192 muertos y casi 1.500 heridos provocará un terremoto político y social por su mala gestión. En las elecciones de marzo de 2004, el PSOE obtendrá la victoria por apenas 15 escaños, pero supondrá la vuelta al poder del PSOE bajo la presidencia de Jose Luis Rodríguez Zapatero.

5. LA REALIDAD DEMOCRÁTICA ESPAÑOLA A INICIOS DEL SIGLO XXI; 2004-2022

Las luchas de carácter social van a protagonizar el inicio de siglo junto al logrado estado de bienestar, el desarrollo de los servicios públicos y al disfrute generalizado de amplios derechos que convierten a España en foco de atracción turística y también económica.

Es también el siglo que verá la rendición policial de ETA, que arrinconada por los esfuerzos policiales conjuntos de España y Francia abandona su lucha armada en 2011. Eliminado, por tanto, uno de los episodios más oscuros y violentos de la etapa democrática española, es momento de proponer políticas de entendimiento entre partidos, pero inmersos en un sistema capitalista y globalizado, España no escapará a la crisis de las hipotecas y que afectará, de manera directa, al coste de las hipotecas, al freno de la construcción y a la pérdida de capital y aumento de la deuda de las familias. Esta situación derivará en la toma de políticas menos sociales y más austeras para alcanzar los estándares propuestos por Europa en materia económica.

Es en esta complicada etapa, donde parte de la población se siente apartada y menospreciada, cuando surgen movimientos populares que exigen cambios políticos, económicos y sociales más comprometidos con el ciudadano. Uno de estos movimientos, el 15-M, surgido en 2011 supondrá la aparición de un nuevo movimiento político que irá tomando fuerza como fue Podemos.

Son años complejos, el bipartidismo muere con el auge de los nacionalismos y de partidos nacionales como Podemos, Ciudadanos o Vox. El mundo y España están en constante cambio; en marzo de 2020 estalla la pandemia de la COVID-19, Rusia invadió Ucrania en febrero de 2022 y en la actualidad, Israel combate en Palestina tras los atentados terroristas de Hamas en 2023.

El futuro es incierto, cada vez es más difícil diferenciar lo real de lo inventado, las redes sociales y la IA son utilizadas por todos los grupos y formas de poder en su beneficio. Cada vez somos menos independientes y críticos, hemos perdido todo contexto histórico y nuestras valoraciones se parecen cada vez más a meros anuncios publicitarios.

Capítulo 22

El renacimiento de las artes. Arte, historia y cultura a partir del siglo XVI

El arte ha sido siempre un hilo conductor de la propia historia. En tiempos de oscuridad, es el arte quien puso el conocimiento y los medios para hacer llegar y narrar los diferentes procesos de construcción social desde la antigüedad hasta nuestros días, aunque en la actualidad, los relatos rápidos, unilaterales y faltos de belleza se han apoderado de dicha narración.

España no ha sido ni es ajena a este proceso, y el arte es parte esencial de la creación de una identidad o idea común cultural de lo que algún día fuimos y nos hace ser, ver y sentir lo que nos rodea.

1. EL RENACIMIENTO DE LAS ARTES. CULTURA Y INTELECTUALIDAD EN LA ESPAÑA DE LOS SIGLOS XV-XVI-XVII

Europa registra durante los siglos XV y XVI un evidente despliegue cultural animado por el auge de las ciudades y de su crecimiento urbano y económico. La creación de grandes núcleos de población irá paralela a la fundación de nuevas universidades que se convertirán en grandes focos culturales.

En cuanto al arte, el Renacimiento español será proclive en las tres artes: arquitectura, escultura y pintura. En España, las variantes plateresca y herreriana marcarán la arquitectura, y El Escorial será su mayor ejemplo y emblema, siendo la monarquía su principal cliente.

En escultura, la imaginería castellana pondrá los pilares fundamentales de la gran imaginería barroca posterior. Esculturas de madera ricamente decoradas, rostros bellos capaces de transmitir paz o dolor.

En pintura, el Renacimiento dará la bienvenida al concepto artista, alejado ya de todo significado peyorativo y manual. Como en todas las artes, todo será un proceso paulatino y conectado con el periodo anterior, el Gótico.

En España encontramos como primera gran figura artística al Greco, que elevará a lo sublime la pintura renacentista española. Por suerte, el camino de la grandeza, de lo bello y de la perfección solo acaba de empezar.

2. EL SIGLO DE ORO DE LAS ARTES ESPAÑOLAS

Entre los siglos XVI y XVII España será un torbellino de creatividad, producción y calidad artística. A este periodo se le llamará el Siglo de Oro y reúne un torrente de artistas ligados al humanismo pero también unidos a la religiosidad imperante en la Corte.

Pero si hablamos de Siglo de Oro tenemos que poner nuestra mirada en nuestra literatura y en los maestros Lope de Vega, Calderón de la Barca y al inmortal Cervantes. Las letras españolas serán copiadas y admiradas por toda Europa, poniendo las bases de la literatura picaresca y caballeresca hasta nuestros días.

En arte, el Barroco español tomará sus propios caminos estilísticos tanto en arquitectura, escultura como en pintura, siendo su contexto religioso lo que la una y la organice, sin menospreciar los temas mitológicos, costumbristas y relacionados con la corte.

Si Cervantes era la figura clave de la literatura, en las bellas artes será el pintor sevillano Velázquez, pintor de corte de Felipe IV. Su obra, admirada en el mundo entero por su maestría y precisión, puede ser admirada en profundidad en el Museo del Prado.

3. EL SIGLO XIX, EL FIN DEL ARTE HOMOGÉNEO, EL SURGIR DEL INDIVIDUALISMO: ROMANTICISMO, REALISMO Y MODERNISMO

El siglo XIX verá renacer el arte tras siglos de academia e historicismo. Los nuevos valores liberales que inundan Europa tras la Revolución Francesa van a afectar a los artistas, que abandonan la corte para crecer en libertad, pensamiento y sentimiento artístico. Es en este contexto de cambio, los artistas en absolutos protagonistas e inician diferentes caminos artísticos a través de la idealización, la lucha política o la introspección personal.

En el caso español, este siglo XIX estará marcado por las ideas francesas asentadas durante la ocupación francesa así como durante los posteriores períodos liberales y constitucionales. Es el momento del auge nacionalista, y que en las artes tendrá movimientos de apoyo como el literario Renaixença o el Rexurdimento. Bécquer, Rosalía de Castro, Zorrilla o Espronceda son algunos de sus protagonistas.

Como respuesta a estos movimientos disruptivos aparecerá, unida al auge de la nueva burguesía, tanto castellana como catalana el Realismo, movimiento de tipo moralizante y descriptivo que pretende visibilizar los retos sociales de la España del siglo XIX.

A finales de siglo, y centrado en Barcelona, surge el Modernismo, unido a la burguesía catalana y que pretende romper con las propuestas del Realismo y dar paso a la imaginación. Su gran exponente será el ilustre Antonio Gaudí y sus diferentes intervenciones en la nueva ciudad de Barcelona.

4. EL INICIO DE SIGLO XX: CIENCIA, ARTE Y CULTURA

El inicio del siglo XX está marcado por el protagonismo de la intelectualidad, la investigación científica y el pensamiento humano. Arte y ciencia caminan juntas y se las valora por su impacto en la sociedad.

Este inicio de siglo viene marcado por el Regeneracionismo, una corriente de pensamiento surgida tras el desastre de 1898 y que propone una nueva mirada para el nuevo siglo, donde razón y cultura deben guiar el pensamiento y la política.

Es en este ambiente intelectual y moderno donde se van a instaurar medidas para hacer llegar la cultura a la gente, ejemplo de ello será la Institución Libre de Enseñanza dirigida por Giner de los Ríos. En esta época destacan intelectuales de la talla de Pío Baroja, Valle-Inclán o Unamuno y la creación del movimiento llamado Generación del 98. Desde el punto de vista menos literario destacan el pensador Ortega y Gasset o el médico y ensayista Gregorio Marañón.

5. OLOR A GUERRA. LA GENERACIÓN DEL 27

Todo el desarrollo cultural español se verá frenado o por lo menos alterado por el estallido de la guerra civil. Y es que tras el fin de la I Guerra Mundial, Europa vivirá un espectacular desarrollo intelectual y cultural, surgen movimientos novedosos que darán lugar a las llamadas Vanguardias.

En España destaca la creación de la Generación del 27, un movimiento literario de raíz social liderado por Lorca, Alberti o Miguel Hernández. En el resto de artes la tendencia es la misma. Pintores como Picasso o Dalí introducirán nuevos géneros pictóricos que pondrán patas arriba las bases artísticas del siglo XX español. Lamentablemente la guerra civil pondrá a prueba la solidez de las propuestas artísticas y de la libertad de los propios artistas.

6. EL ARTE DEL RÉGIMEN. CONTROL Y REPRESIÓN

La victoria franquista supondrá la imposición del relato religioso. El nuevo orden intelectual estará marcado por los valores cristianos, expulsando y castigando a aquellos intelectuales y artistas que se comprometieron con la libertad y el desafío.

El franquismo será un duro carcelero para las artes, imponiendo a su voluntad, su estilo, temática y límites creativos, todo ello con el fin de consolidar al régimen. A todo este engranaje se le conocerá como cultura del nacionalcatolicismo, donde la censura y el revisionismo histórico guiará la producción artística oficial y permitida. Todas las artes se ponen a trabajar para recuperar la historia imperial de España.

Los artistas tendrán dos caminos, trabajar en mayor o en menor medida para el régimen o exiliarse en el extranjero. Ortega y Gasset, Baroja o Joan Miró son algunos de aquellos intelectuales que decidieron continuar su trabajo en España manteniendo cierta conexión con el régimen. Otros, a pesar de permanecer en España, elaborarán producciones de contenido social y político criticando la deriva totalitaria de España; entre otros: Camilo José Cela, con su obra La colmena, Buero Vallejo o Cármen Martín Gaite en literatura; García Berlanga en cine, con su película Bienvenido Mr. Marshall; o pintores como Tàpies o Saura.

7. EL ARTE DEL EXILIO. MEMORIA Y DOLOR

Pero donde verdaderamente el arte y los artistas se convierten en luchadores contra el totalitarismo y la libertad. Y es que la cultura española del exilio va a ser tremendamente poderosa, su compromiso político con los que no pudieron abandonar España fue total. Sus obras tendrán un importante poso intelectual e histórico, obras, a veces, difíciles de entender, en muchos casos para evitar la censura. Cernuda, Alberti, Picasso, Bardem, fueron parte de los grandes exiliados.

8. EL ARTE DE LA TRANSICIÓN Y LA DEMOCRACIA

La muerte de Franco en 1975 y los procesos políticos que dirigieron la Transición, posibilitaron la vuelta a España de numerosos artistas exiliados y la creación de un nuevo modelo artístico basado en la transgresión y ruptura con su pasado reciente.

Los museos, las ferias, las ponencias y reuniones literarias van a proliferar para presentar y mostrar al nuevo ciudadano la nueva cultura que nace libre y que permitirá a los artistas producir obras de gran calado simbólico, expresionista e intimista. Entre otros, destacaron escritores de la talla de Ana María Matute, Muñoz Molina, Javier Marías o al mejor Camilo José Cela.

Es adecuado mencionar, que el fin del franquismo posibilitó la producción de literatura en los distintos idiomas autonómicos, lo que generó una nueva corriente literaria prohibida hasta la fecha.

El lenguaje en las grandes artes también se verá afectado, ahora, su cliente ha cambiado, la nueva cultura de masas proveniente de EEUU revoluciona el arte, cada vez más accesible a la vez que sorprendente. El arte es joven, impredecible, y unido a estos cambios se crean ferias, museos y exposiciones que popularizan y democratizan el arte y a los artistas.

El concepto visual del arte es ahora protagonista; cine, televisión, vídeos musicales, grafitis, todo con el objetivo de lanzar mensajes contundentes de consumo inmediato y de gran alcance. El arte y la cultura de finales del siglo XX coloca a España al nivel de los grandes países europeos, ya no hay censura ni limitaciones al pensamiento y a la creación artística.

Capítulo 23

El papel de la mujer entre los siglos XIX y XX. Un proceso de lucha y liberación

1. SIGLO XIX

El papel de la mujer en la historia de España ha experimentado una transformación radical desde el siglo XIX hasta la actualidad, pasando de una posición de subordinación legal y social a una de creciente igualdad y empoderamiento. Este cambio ha ido paralelo a la configuración del Estado moderno actual, por lo que podemos destacar la influencia de la mujer en dicho desarrollo.

Este proceso no ha sido lineal, ni mucho menos fácil, sino que ha estado marcado por avances, retrocesos y luchas constantes en distintos ámbitos como el político, laboral, educativo y cultural. Durante el siglo XIX, la mujer española estaba relegada al ámbito doméstico, bajo el modelo tradicional de esposa y madre, que le negaba autonomía y crecimiento personal y profesional. El Código Civil de 1889, fruto de las políticas durante la regencia de María Cristina de Habsburgo, consolidó su dependencia legal, estableciendo la obediencia al marido y limitando su capacidad para administrar bienes o ejercer profesiones sin autorización masculina.

Este hecho supuso un cambio en el "sentir" de la mujer que vió como, a finales del siglo XIX, sus esperanzas de autonomía se desvanecen. Es en este momento cuando surgen voces que cuestionan este orden, como Concepción Arenal, quien defendió la educación femenina y la reforma penitenciaria, argumentando que "la sociedad no puede en justicia prohibir el trabajo a la mujer" (Concepción Arenal, 1861).

Siguiendo los pasos del "movimiento femenino" europeo de finales del siglo XIX, el movimiento sufragista internacional comenzó a influir en España, aunque, sin embargo, con menor fuerza que en otros países europeos.

Figuras como Emilia Pardo Bazán, con su ensayo La mujer española" (1890), denunciaron la desigualdad educativa y abogaron por el acceso de las mujeres a la universidad, logro que se materializó parcialmente con casos excepcionales como el de María Elena Maseras, la primera mujer en matricularse en una facultad de Medicina en 1872, hecho tremendamente importante para una época y una sociedad que no cedía ante el empuje de la "nueva mujer".

2. SIGLO XX

La Segunda República, 1931-36, supuso un punto de inflexión en los derechos de las mujeres y en su lucha por la igualdad de derechos y de oportunidades. La Constitución de 1931 reconoció por primera vez el sufragio femenino gracias a la labor de Clara Campoamor, del partido Acción Republicana, quien en las Cortes defendió que "la libertad se aprende ejerciéndola", estableciendo la base moral e intelectual de la lucha de la mujer. Este logro contrastó con las resistencias incluso dentro de la izquierda, como la postura de Victoria Kent, del partido Izquierda Republicana, que temía que el voto femenino favoreciera a la derecha y a las élites conservadoras.

Además, la República impulsó leyes de divorcio y equiparación laboral, y promovió la presencia de mujeres en espacios públicos, como Margarita Nelken o Federica Montseny, primera ministra de Europa en un gobierno democrático. No obstante, estos avances fueron truncados por el estallido de la Guerra Civil, 1936-1939, donde muchas mujeres participaron activamente en la resistencia pero que también sufrieron represión y la pérdida de sus logros políticos.

La dictadura franquista impuso un modelo de mujer sumisa, basado en los principios del nacionalcatolicismo. La Sección Femenina, dirigida por Pilar Primo de Rivera, difundió un ideal de feminidad centrado en la abnegación y el servicio a la patria, mientras que leyes como la del Fuero del Trabajo de 1938 prohibieron el trabajo femenino en numerosos sectores (Gallego Méndez, 1983), la educación diferenciada y el Fuero de los Españoles 1945, reforzaron la desigualdad.

Pese a ello, hubo resistencias: mujeres como las llamadas, por su valor y posterior represión, "Trece Rosas" fueron ejecutadas por su oposición al régimen, y en las décadas de 1960 y 1970, el movimiento feminista clandestino, influido por mayo del 68 europeo, comenzó a organizarse.

Con la muerte de Franco en 1975, se inició un proceso de recuperación de derechos de la mujer. La Constitución de 1978 consagró la igualdad ante la ley, y en los años siguientes se aprobaron hitos como la despenalización del adulterio (1978), la legalización del divorcio (1981) y, muy posteriormente, la Ley de Igualdad (2007).

El acceso masivo de las mujeres al mercado laboral y a la universidad transformó su papel social hasta el día de hoy. Sin embargo persisten brechas salariales y techos de cristal sobre todo relacionado con estratos sociales y conómicos bajos.

Figuras como la jueza María Tardón, que impulsó la Ley contra la Violencia de Género (2004), o políticas como Cristina Garmendia, ministra de Ciencia en 2008 durante el Gobierno del PSOE, simbolizaron este cambio. Sin embargo, como señala la historiadora Mary Nash, "la igualdad formal no siempre se traduce en igualdad real"* (Nash, 2004), lo que explica la persistencia de movimientos como el 8M y la lucha constante por alcanzar una normalidad todavía lejana en 2025.

3. DESAFÍOS

En 2025, España es un país líder en derechos de género, con leyes pioneras, pero también controvertidas por su uso y aplicación, como la del "Solo sí es sí" (2022) y una presencia femenina récord en puestos de poder (el 60% de los jueces del Tribunal Constitucional son mujeres).

No obstante, desafíos como la conciliación laboral, la violencia machista o la discriminación en sectores tecnológicos persisten. La historiadora Ana Aguado afirma que "el feminismo del siglo XXI debe combatir nuevas formas de desigualdad en un mundo globalizado" (Aguado, 2023). Aspecto que nos debe llevar a reflexionar sobre los objetivos aún incumplidos.

Anexo 1

Transformaciones económicas y sociales, siglo XIX y primer tercio del siglo XX

Los ecos de la Revolución Industrial llegarán a España de manera irregular y nunca influirán en grandes cambios sociales, económicos o políticos como en la mayoría de la Europa Occidental. La falta de tejido industrial donde acometer las nuevas formas de producción y la falta de mercado donde exportar nuestros productos, lastró definitivamente las posibilidades de un país agrícola y anclado en un mar de privilegiados y de analfabetos.

1. LA DEMOGRAFÍA

El siglo XIX verá crecer la población española desde los diez a los dieciocho millones de habitantes. Un crecimiento irregular que despuntará a partir del segundo tercio de siglo, cuando los efectos de la Guerra de Independencia queden ya lejanos.

Será bajo el reinado de Isabel II cuando se produzca el mayor aumento, motivado por el periodo de paz interno, las buenas cosechas y sobre todo, al igual que en el resto de Europa, por la construcción del ferrocarril.

A finales de siglo, coincidiendo con la implantación de la Restauración, España mantendrá un leve pero constante crecimiento asociado a los movimientos migratorios hacia los núcleos industriales en busca de una vida mejor, y con la emigración española rumbo a América.

2. LA AGRICULTURA Y LAS DESAMORTIZACIONES

El sector económico dominante en la España del siglo XIX no podía ser otro que la agricultura, a pesar de que la propiedad de las tierras se hallaban, en su gran mayoría, depositadas en manos de los estamentos privilegiados, por lo que no estaban disponibles para su compra y venta. Muchas de esas tierras se encontraban en situación de "manos muertas".

Los progresistas van a promover las desamortizaciones a nivel nacional, con ellas se pretende nacionalizar gran número de fincas para ponerlas en venta. Su objetivo es principalmente recaudatorio, ya que las arcas del Estado se encuentran vacías tras las sucesivas guerras carlistas; pero también el de crear un nueva masa de propietarios afines a la República .

Podemos encontrar diversas desamortizaciones durante el siglo XX. Una de las más importantes será la llevada a cabo por Madoz en 1855, y que estaba relacionada con la construcción del ferrocarril. Las desamortizaciones no tuvieron el éxito deseado, y en la mayoría de casos las tierras puestas en venta acabaron en manos de los terratenientes. Como aspecto positivo destacar el aumento de la superficie cultivada, lo que produjo un aumento en la producción agrícola.

3. LA INDUSTRIALIZACIÓN

Como ya hemos mencionado, los efectos de la Revolución Industrial no inciden con fuerza en España: la mayoría de la población trabaja en el campo, existe escasez de capitales destinados a la inversión industrial, no existe, salvo en Cataluña, una clase empresarial, y la falta de fuentes de energía imposibilitan el desarrollo industrial español.

La excepción fue el desarrollo de la industria textil en Cataluña de inicios de 1830. El sector textil catalán basaba su crecimiento en los buenos precios del algodón cubano y a los aranceles "nacionales" que protegían los productos catalanes.

La forma en que se fueron creando las empresas fue puramente familiar, dotando a Cataluña de una nutrida clase media burguesa que se fue enriqueciendo poco a poco. Respecto a la siderurgia, destaca el desarrollo de la siderurgia en Asturias, en torno a Gijón y Avilés; siendo la siderurgia vasca la que se desarrolló más tarde por los efectos de la Tercera Guerra Carlista de 1876.

El gran desarrollo vasco vino unido al británico, que necesitaba del acero español para mantener sus altos ritmos de producción y crecimiento. La siderurgia vasca fue la mayor concentración industrial de España, y de ella nació un importante sector bancario con el nacimiento del Banco de Bilbao y del Banco de Vizcaya.

Al igual que en el resto de Europa, la transformación más importante de las infraestructuras fue la construcción del ferrocarril. En 1848 ya se construyeron los primeros ferrocarriles españoles con las líneas Madrid - Aranjuez, Barcelona-Mataró y Gijón -Avilés. Sin embargo el despegue de la construcción de ferrocarriles se produjo en el Bienio Progresista con la aprobación de la Ley de Ferrocarriles de 1855, y que supuso la creación del primer entramado de capital privado en España, además de la llegada de inversiones extranjeras provenientes de Francia y Reino Unido.

4. EL COMERCIO

Históricamente, España ha establecido una política ampliamente proteccionista, tanto los productos agrícolas del centro de España como los textiles catalanes. Ésta política proteccionista ayudaba a las grandes fortunas, pero penaba a las clases más bajas, que veían como los productos de primera necesidad aumentaban de precio ante su carencia.

Para limitar los efectos más graves en la población, se iniciaron tímidas políticas de "estilo" librecambista que no tuvieron grandes efectos, pues, la población más pobre continuó viviendo en la más absoluta pobreza.

5. LA SOCIEDAD

El impacto de las ideas revolucionarias en la industria provocó el nacimiento de una nueva sociedad, la sociedad de clases, igual de injusta que la interior, y que basaba sus diferencias en el nivel de rentas y de propiedades. Fue el peaje necesario a pagar para la nueva sociedad que consiguió ciertas mejoras sociales y laborales.

Junto a los nuevos avances, se mantienen las élites de siempre, la antigua nobleza, la alta burguesía, los grandes banqueros, etc. De todo este entramado social, destaca la burguesía periférica catalana que se asimilará a la moderna burguesía europea. La clase media era escasa, seguía predominando la población rural, que, eso sí, comienza a emigrar hacia las grandes ciudades.

6. INICIOS DEL MOVIMIENTO OBRERO

Desde mediados del siglo XIX empiezan a surgir nuevas formas de entender la organización política, social y económica de los estados, basadas en la oposición al liberalismo proponiendo dos nuevas corrientes ideológicas: el Socialismo y el Anarquismo.

Dentro del Socialismo destacará la "rama" del Socialismo Científico o Marxismo, basado en las ideas de Karl Marx y que conformará las bases socialistas en España y Europa. Uno de los grandes avances socialistas será la difusión de las Internacionales Obreras, cuyo objetivo era unificar los criterios y políticas de la corriente obrera.

La capacidad organizativa y de masas de los socialistas supuso el aumento de revueltas, donde obreros y campesinos luchan por mejorar sus condiciones laborales y sociales. A partir de la Revolución de 1868, el movimiento obrero español cambia significativamente. Entre 1869 y 1871, llegan a España las ideas anarquistas y socialistas de mano del anarquista Fanelli y del socialista Lafargue.

Aunque al principio el anarquismo tuvo mayor número de seguidores, motivado por el apoyo mayoritario de campesinos de las zonas rurales y más desfavorecidas, el auge del mundo obrero en las ciudades le fue otorgando un mayor protagonismo, además, la deriva violenta en la que cayó el anarquismo, le hizo acabar siendo un movimiento residual y perseguido por las autoridades.

Aunque ambas corrientes tendrán que convivir en la clandestinidad, el PSOE, fundado en 1879 de la mano de Pablo Iglesias, deberá esperar hasta 1910, para obtener su primer diputado y pueda desarrollarse con total legalidad.

7. LA ECONOMÍA DEL XIX E INICIOS DEL XX

7.1. INDUSTRIA

La etapa industrial en España es ciertamente tardía respecto al resto de países europeos, sólo Cataluña ofrecía un cierto nivel productivo, aunque basado más en las medidas proteccionistas que a su nivel tecnológico o capitalización.

La empresa española dependió de la llegada de capitales extranjeros y de las materias primas y población de las colonias; pero la pérdida de las colonias americanas deterioró y empobreció el crecimiento económico e industrial de España. La inestabilidad política fue también un factor negativo, ya que la falta de programas económicos estables propició la caída de las inversiones extranjeras.

Hay que decir, que el tímido crecimiento industrial español estuvo ligado, en parte, a la aplicación de ciertas reformas políticas como la desamortización, ya que produjo un aumento considerable de la producción agraria y favoreció la demanda de productos industriales relacionados con la maquinaria agrícola, la industria textil o la expansión definitiva del ferrocarril, con línea Barcelona-Mataró, Madrid-Aranjuez etc, aunque todos ellos con tecnología británica.

La industria española se fue transformando a lo largo del siglo XIX. En 1850 la siderurgia estaba situada en el sur y Levante español, pero a partir de 1860 se centra en Asturias y a partir de 1875 se asocia con Bilbao como ciudad portuaria y de enlace al mercado europeo.

7.2. SECTOR TEXTIL

La industria textil catalana será la gran protagonista del crecimiento industrial en Cataluña y España ayudada por la aplicación de medidas proteccionistas que aseguraban el control del mercado nacional y de la compra de materias primas en América, pero la pérdida de las colonias puso freno a dicho desarrollo.

7.3. MINERÍA

España era una tierra rica en recursos minerales como hierro, cinc, plomo, cobre o mercurio; pero no fue hasta la Ley de Bases sobre Minas 1868 cuando comenzaron a producir y a generar la llegada de capital extranjero y aumentar el crecimiento económico. Esta situación fue aprovechada para establecer una serie de medidas liberalizadoras como la rebaja de las tarifas aduaneras, la introducción del librecambismo y el establecimiento de la peseta como unidad monetaria única.

7.4. FERROCARRIL

En 1855 se promulga la Ley General de Ferrocarriles, en 1856 la Ley Bancaria, con lo que se permitió la concesión de líneas férreas a capital extranjero y eliminó las barreras arancelarias a la inversión hasta la crisis financiera internacional de 1866. La red ferroviaria se estableció de forma radial y centralizada en Madrid, fortaleciendo el poder central respecto a la periferia. En 1877, durante el reinado de Alfonso XII, se aprueba la nueva Ley de Ferrocarriles, donde se deja su explotación en manos casi enteramente privadas.

7.5. BALANZA COMERCIAL

El uso excesivo y dañino de los aranceles hicieron de España un país extremadamente proteccionista, con una balanza comercial deficitaria que no favorecía los intercambios comerciales. El funcionamiento español se basaba en la exportación de materias primas y la importación de maquinaria y materiales destinados a la construcción.

El Estado tuvo siempre una difícil financiación y necesitó de préstamos para mantener su maltrecha economía; en 1856 se crea el Banco de España, y a finales del XIX se crean los primeros bancos con capital español como el Banco de Bilbao, de Vizcaya, de Santander y el Español de Crédito.

7.6. DEMOGRAFÍA, SOCIEDAD Y ECONOMÍA

El siglo estuvo marcado por el cambio de una sociedad feudal y estamental a otra de carácter capitalista, de clases, igualdad jurídica ante la ley, y basada en la posesión de bienes y propiedades. Sin embargo, desde el punto de vista demográfico y económico, siguió pareciéndose al sistema estamental, una alta tasa de natalidad y mortalidad, con una gran repercusión motivada por las enfermedades y las crisis de subsistencia.

Aún así, la población aumentó debido a las mejores condiciones de vida, el movimiento interior de la población hacia la periferia, una mayor superficie cultivable y de producción, la construcciones de canalizaciones sanitarias y otras medidas modernizadoras, que mejoraron la vida diaria de la población más humilde.

7.7. ECONOMÍA

El elitismo social influyó decisivamente en la economía y en la política, la carga fiscal se centraba en las mayores fortunas, que a su vez eran los que tenían derecho al voto (sufragio censitario) y los que tenían acceso a los cargos públicos en la Administración y en el ejército.

Estas élites intentaron mantener el estatus preestablecido controlando cualquier protesta social, y aunque la nobleza perdió su poder mantuvo la propiedad de las tierras ya que eran los únicos, junto a la nueva burguesía financiera, que podían adquirir las tierras desamortizadas puestas a subasta. Surgen, así, nuevos trabajos y actividades asociadas al auge de las finanzas como la compra de deuda pública, la bolsa y la inversión en ferrocarriles.

7.8. SOCIEDAD

La burguesía tuvo un papel importante en la mejora de la producción industrial española del XIX, ya que invirtió decisivamente en el textil catalán y en la minería y siderurgia del norte español.

La alta burguesía terminó por emparentarse con la antigua nobleza, y fue la que tuvo acceso a los altos cargos del ejército, de la Iglesia, y por supuesto de la política, con lo que la democratización de la vida política y del Estado no llegó a culminar.

La clase media era muy heterogénea, formada por multitud de oficios y niveles profesionales: oficiales del ejército, pequeños propietarios de tierras, médicos, funcionarios, comerciantes menores, etc. Fueron los que soportaron dócilmente las épocas de crisis y en muchos casos apoyaron a los gobiernos autoritarios que, pensaban, protegían mejor sus intereses.

Influenciados por la Iglesia, cuando tuvieron acceso al voto, promovieron gobiernos conservadores hasta que los nuevos profesionales como profesores, médicos e intelectuales empezaron a apoyar los movimientos más progresistas y laicistas, e identificaron a la monarquía como atraso y se volcaron en conseguir un sistema totalmente democrático.

Las clases populares sufrían las peores condiciones y en muchos casos subsistían gracias a las instituciones de beneficencia. Caso especialmente grave fue el de las mujeres, denigradas en el hogar y en el trabajo. Cabe destacar la aparición de grupos feministas liderados por mujeres excepcionales como Concepción Arenal, que a través de sus escritos reivindicó el papel de la mujer en cualquier ámbito de la sociedad. Sus resultados no fueron los esperados y se quedaron en meras protestas que casi nunca fueron atendidas.

El mundo obrero experimentó un gran desarrollo ante la desaparición de los gremios y la aparición de las primeras fábricas, sin embargo, la falta de cualificación y el analfabetismo se tradujo en malos trabajos mal pagados y en su arrinconamiento en los suburbios de la ciudad.

Los campesinos, la mayoría de la población, se concentraron en determinadas zonas, como Extremadura, Castilla o Andalucía donde trabajaban como jornaleros por un sueldo mísero esperando la ansiada Reforma Agraria.

Los mendigos vivían exclusivamente de la caridad de instituciones de beneficencia y de algunos "buenos parroquianos", pero siempre en condiciones penosas.

La sociedad en su conjunto vivía en malas condiciones, estaba excluida de la cultura, seguía dominada por los caciques o por la propia Iglesia y la mujer continuaba arrinconada en el hogar. Dicho panorama fue caldo de cultivo para numerosos levantamientos militares que se aprovecharon de la credulidad del pueblo para conseguir su apoyo.

8. EL MOVIMIENTO OBRERO COMO ELEMENTO DE COHESIÓN SOCIAL

Procedente del excedente de mano de obra en el campo y del desempleo provocado por el fin de los gremios y la llegada de las primeras máquinas, generó un trabajo de escaso salario, largas jornadas de trabajo y falta de leyes laborales que los protegieran ante accidentes o enfermedades.

La legislación española beneficiaba a las oligarquías financiera, industrial, comercial y terrateniente, y estaban prohibidas las asociaciones obreras y las huelgas. A su vez, los obreros se hallaban localizados, en su mayoría, en la industria textil catalana, hecho que motivó la huelga obrera de 1855, que fue reprimida severamente.

El despegue obrero se produjo con la llegada de los ideales europeos que criticaban al capitalismo, la industrialización y al liberalismo, y que fueron los que promovieron la creación de las sociedades de ayuda mutua o de las cajas clandestinas destinadas a proporcionar ayuda en caso de necesidad.

8.1. ASOCIACIONES INTERNACIONALES

En 1864 se reunía en Londres la I Internacional con representantes obreros de los países desarrollados. En sus sesiones se identificaron dos tendencias diferentes: la visión política de Karl Marx y Engels con su socialismo científico, que sostenía que el capitalismo era el resultado de un proceso histórico caracterizado por un conflicto continuo entre clases sociales opuestas; y la visión federalista y anárquica de Bakunin.

Esta escisión llegó a España de la mano de Fanelli, partidario de Bakunin, que creó la clandestina Federación Regional de Trabajadores Españoles, y en 1885 la legalizada Federación de Trabajadores de la Región Española. Se proponía una visión anarquista del sindicalismo y tuvo aceptación en gran parte de la España obrera, especialmente en Andalucía, Valencia y Cataluña, donde en 1907 crearon el sindicato Solidaridad Obrera.

Dentro del propio movimiento surgieron dos formas de actuación: desde el punto de vista laboral, se funda en 1910 la Confederación Nacional de Trabajadores o CNT, desde el punto de vista de la acción violenta, grupos como la Mano Negra, que a través de atentados como los de Cánovas del Castillo o el propio Alfonso XIII, intentaron imponer su opinión y autoridad.

Las propuestas de Marx llegaron a España de la mano de Paul Lafargue, quien trató de inculcar los ideales del socialismo científico y racional de Marx en la sociedad obrera. El socialismo científico se vio reflejado en la fundación, por parte de Pablo Iglesias, del PSOE en 1879, que desde la clandestinidad intentó difundir dichos ideales. En 1882 el PSOE crea su sindicato, la UGT, para tratar temas laborales.

Durante la celebración de la III Internacional en Moscú, en 1921, el PSOE se negará a firmar los puntos propuestos por Lenin, situación que provocará la escisión española del movimiento y que dará origen al futuro PCE.

Señalar también, la aparición de sindicatos de origen cristiano que tenían como objetivo obras sociales, pero que finalmente se fueron acercando a los intereses de patronos y al poder de la Iglesia.

Anexo 2.
Las desamortizaciones del siglo XIX

Estamos sin ninguna duda ante la medida económica más importante y de mayor impacto de todo el siglo XIX; y eso, teniendo en cuenta que su impacto real en la población fue desigual y de muy largo recorrido. Como casi todo en la España del XIX, las propuestas de desarrollo y de modernización llegaron tarde y mal.

El objetivo fundamental de las desamortizaciones será el económico, aspecto fundamental para intentar sanear o revertir la vacía Hacienda española; sin embargo, presenta un objetivo no tan secundario, el político; ya que suponía una vía de entrada a los ideales liberales procedentes de gran parte de Europa y que tenían a la Iglesia como mayor adversario. Tres son las desamortizaciones que van a tener lugar en este siglo; pero solamente dos de ellas las podemos indicar como importantes o "grandes"; la desamortización de Mendizábal de 1835 y la desamortización de Madoz en 1855.

1. DESAMORTIZACIÓN DE MANUEL GODOY, 1798

Sin embargo, el primer intento desamortizador en España surgiría unos años antes bajo el control político de Manuel Godoy, valido de Carlos IV, a finales del siglo XVIII, concretamente en 1798. Fue una desamortización de carácter puramente eclesiástico y motivada por la grave crisis económica surgida a raíz de los diferentes conflictos militares y la pérdida de las vías de comunicación y comercio con América por el hostigamiento de los piratas británicos y holandeses a los que la Corona española hizo frente a finales de siglo.

Su gran objetivo fueron las llamadas "tierras en manos muertas"; tierras en poder de conventos y órdenes religiosas pero que no estaban cultivadas y no tenían un fin productivo o económico. El impacto de las medidas fueron muy limitadas, sobre todo por lo limitada y atrasada de la estructura política y económica del momento.

2. DESAMORTIZACIÓN DE MENDIZÁBAL, 1835 -37

De mayor impacto que su antecesora, la conocida como "desamortización eclesiástica e ideológica", se centra exclusivamente en los bienes de la Iglesia. En plena lucha carlista; la regente María Cristina cede el Gobierno al liberal Mendizábal, que plantea una serie de medidas de carácter liberal que trascenderán las cuestiones puramente económicas.

Hay que entender el momento político español, en plena construcción del futuro Estado liberal, donde los planteamientos económicos mantienen un sesgo ideológico y que, como en este momento, encuentran en la Iglesia su primer y más grande objetivo. De moderado impacto, la desamortización de Mendizábal financió, en parte, la guerra carlista.

3. DESAMORTIZACIÓN DE ESPARTERO; 1841

La llegada al poder como regente de España entre 1840 y 1843 del General Espartero, propició la continuidad del proceso de "desamortización eclesiástica " en España con la elaboración de un nuevo decreto desamortizador firmado por Espartero en 1841, y que decretaba la expropiación y venta en subasta pública de los bienes de la Iglesia.

4. DESAMORTIZACIÓN DE MADOZ, 1855

Continuando con el objetivo de sanear la economía española, desde el año 1855 se establece la conocida como "Desamortización civil", y es que a diferencia de la de Mendizábal, se centra fundamentalmente en los bienes de Ayuntamientos y actividades industriales relacionadas con la minería, destinado en su mayoría, a propiciar y mantener el auge del ferrocarril en España.

Fue la desamortización más larga y ambiciosa; pero como todas las anteriores no llegó a cumplir sus objetivos principales y España se mantuvo dentro de un crecimiento "estancado" debido a la debilidad estructural del país y al peso de la Iglesia por un lado, y del campesinado español por otro.

5. CONSECUENCIAS DE LA DESAMORTIZACIÓN

A pesar del cambio en la forma de concentración de propiedad de la tierra; la mayoría de la misma acabó en poder de la alta nobleza y la nueva burguesía. El campesinado, que no podía competir por hacerse con las "nuevas" tierras, y la Iglesia, "expulsada" de su control, fueron los grandes perjudicados.

Anexo 3.

Cuadro de las constituciones españolas

1. ESTATUTO DE BAYONA, 1808

    Soberanía Compartida Rey y Cortes

    Sist. de Gobierno Monarquía limitada

    División de poderes

    No se exponen

    Parlamento Bicameral

    Sufragio Indirecto

    Derechos

    Carta Otorgada

    Falta regulación

2. CONSTITUCIÓN DE 1812

    Soberanía Nacional

    Sist. de Gobierno Monarquía hereditaria / moderado.

    División de poderes Si: Legislativo, Judicial y Ejecutivo

    Parlamento Unicameral (Parlamento)

    Sufragio Censitario

    Derechos Articulado

3. ESTATUTO REAL DE 1834

Soberanía Compartida Rey y Cortes

Sist. de Gobierno Monarquía hereditaria / moderado

División de poderes No se exponen

Parlamento Bicameral

Sufragio Censitario

Derechos No se exponen

4. CONSTITUCIÓN DE 1837

Soberanía Nacional y Cortes

Sist. de Gobierno Monarquía hereditaria y limitada

División de poderes Cortes con el Rey

Parlamento Bicameral

Sufragio Senado y Congreso (censitario)

Derechos Articulado

5. CONSTITUCIÓN DE 1845

    Soberanía Compartida entre Rey y Cortes

    Sist. de Gobierno Monarquía hereditaria /moderado

    División de poderes Cortes con el Rey

    Parlamento Bicameral

    Sufragio Censitario

    Derechos No se exponen

6. CONSTITUCIÓN DE 1856

    Soberanía Nacional y Cortes

    Sist. de Gobierno Monarquía hereditaria / limitada

    División de poderes Si: Legislativo, Judicial y Ejecutivo

    Parlamento Bicameral

    Sufragio Censitario

    Derechos Articulado

7. CONSTITUCIÓN DE 1869

    Soberanía Nacional y Cortes

    Sist. de Gobierno Monarquía hereditaria / limitada

    División de poderes Si: Legislativo, Judicial y Ejecutivo

    Parlamento Bicameral

    Sufragio Congreso (universal)

    Derechos Articulado

8. CONSTITUCIÓN I REPÚBLICA, 1873

    Soberanía Nacional y Cortes

    Sist. de Gobierno República Federal

    División de poderes Si: Legislativo, Judicial y Ejecutivo

    Parlamento Bicameral

    Sufragio Senado (Estados)/Congreso (Universal)

    Derechos Derechos "Naturales"

9. CONSTITUCIÓN DE 1876

   Soberanía Compartida entre Rey y Cortes

   Sist. de Gobierno Monarquía hereditaria / limitada

   División de poderes Cortes con el Rey

   Parlamento Bicameral

   Sufragio Universal a partir de 1880

   Derechos

   A desarrollar

10. CONSTITUCIÓN II REPÚBLICA, 1931

    Soberanía Popular

    Sist. de Gobierno República democrática de los Trabaj.

    División de poderes Si: Legislativo, Judicial y Ejecutivo

    (Presidente y Jefe de Gobierno)

    Parlamento Unicameral

    Sufragio Universal

    Derechos Articulado

11. CONSTITUCIÓN DE 1978

Soberanía Nacional y Popular

Sist. de Gobierno Monarquía Parlamentaria

División de poderes Si: Legislativo, Judicial y Ejecutivo

Parlamento Bicameral

Sufragio Universal

Derechos Articulado

Bibliografía

1. Juan Pablo Fusi, Historia mínima de España; Turner Publicaciones, Madrid, 2012

2. Rubén Martín Vaquero, Una Historia de España para Martina; Buenaventura Editorial, Madrid, 2012

3. Fernando García de Cortázar, Breve Historia de España; Alianza Editorial, Madrid, 2010

4. Juan Eslava Galán, Historia de España contada para escépticos; Editorial Planeta, Barcelona, 2011

5. Raymond Carr, Historia de España; Ediciones Península, Barcelona, 2014

6."Memorias" de Diego Martínez Barrio, Editorial Planeta, 1983

7. Centro Geográfico del Ejército. Archivo Cartográfico y de Estudios Geográficos. Ministerio de Defensa

8. Benito Pérez Galdós, Episodios nacionales. Madrid: Cátedra, 2007

9. Aguado, A. (2023). *Mujeres y modernidad en España*. Valencia: Universitat de València.

9. Arenal, C. (1861). *La mujer del porvenir*. Madrid: Imprenta de García.

10. Campoamor, C. (1931). *El voto femenino y yo*. Madrid: Editorial Horas.

11. Nash, M. (2004). *Mujeres en el mundo*. Barcelona: Editorial Península.

12. Scanlon, G. (1986). *La polémica feminista en la España contemporánea*. Madrid: Siglo XXI.

Consultas constitucionales:

http://www.congreso.es/portal/page/portal/Congreso/Congreso/Hist_Normas/ConstEsp1812_1978/Const

*Quisiera, también, poner en valor la gran cantidad de libros y fuentes leídas, comentadas y anotadas que me han aportado una visión diferente a la historia que todos tenemos preconcebida y que por no derivar de un análisis completo e historiográfico no aparecen aquí. Mención especial al ingente número de historiadores que trabajan desde el anonimato y que aportan un valor incuestionable.

El estudio de la historia consiste en poner en duda todo aquello que se nos muestra como irrefutable, y buscar la interpretación más amplia y justa con aquellos que la vivieron.

(Alberto Cervantes Galindo)

Fin y cierre.

Dedicado a mis alumnos, a los antiguos, a los nuevos y a los futuros.

Septiembre de 2025

www.ingramcontent.com/pod-product-compliance
Lightning Source LLC
Chambersburg PA
CBHW081125170426
43197CB00017B/2750